Montessori
de 0 à 3 ans

Publié pour la première fois par Schocken Books (New York) sour le titre Montessori from the Start

Paula Polk Lilliard
&
Lynn Lillard Jessen

Montessori de 0 à 3 ans

Élever des enfants confiants et autonomes dès la naissance

Traduit de l'anglais par Corinna Gepner

MARABOUT

À John Lillard et Ned Jessen,
incomparables « époux Montessori »,
pour leurs sages conseils et leur soutien,
leur patience et leur humour sans bornes.

Sommaire

Préface 9

Introduction 33

1. Un être humain accompli 43

2. Accueillir le nouveau-né 59

3. Découvrir le monde 75

4. La main et le cerveau 85

5. Apprendre à marcher 105

6. Vie pratique 133

7. Les soins personnels 163
   Le sommeil 170
   L'alimentation 181
   Se vêtir 198
   L'apprentissage de la propreté 205
   Faire sa toilette 212

8. Langage et intelligence 219
   Le développement du langage oral 221

Le développement du langage écrit 229
Art et musique 236
Jouets et jeu imaginatif 244

9. Le développement de la volonté 261

Conclusion 287

Remerciements 311

Bibliographie 313

Préface

Quand ils arrivent à l'école, le matin, nous avons l'habitude d'accueillir les enfants et leurs parents dans le hall d'entrée. Un jour, une jeune mère qui venait d'accompagner ses deux aînés jusqu'à leurs classes nous a fait part du plaisir qu'elle prenait avec son troisième enfant, né quelques semaines plus tôt. « Je voulais vous remercier pour ce que vous avez fait [nous proposons un cours destiné aux parents]. Quand c'est le premier enfant, on a peur mais, grâce à vous, la maternité devient une chose agréable. » Après un temps de réflexion, elle a repris : « Agréable, mais aussi plus intéressante et plus enrichissante. Vous m'avez donné la confiance dont j'avais besoin. Rien que d'en parler, j'en ai les larmes aux yeux. » Elle s'est détournée mais, avant de s'en aller, elle a ajouté d'une voix douce : « Vous m'avez montré ce qu'il fallait faire. » Ce sont des moments comme celui-là, et d'autres vécus avec des parents ayant suivi notre atelier, qui sont à l'origine de ce livre.

Nous sommes deux femmes de générations différentes : une mère, Paula Lillard, et une fille, Lynn Jessen. Mais nous partageons une même vocation : comprendre l'enfance et sa raison d'être, et partager ce savoir avec les parents afin qu'ils puissent aider leurs enfants à atteindre les objectifs de l'enfance. Nous sommes toutes les deux institutrices Montessori, qualifiées pour enseigner aux enfants de trois à six ans par l'Association Montessori internationale (AMI), dont le siège se trouve à Amsterdam. Lynn est également auxiliaire de puériculture, formée pour encourager le développement des enfants de la naissance à trois ans. Paula est titulaire d'une maîtrise en pédagogie Montessori de l'université de Xavier à Cincinnati (Ohio) et a déjà publié trois livres sur ce sujet : *Montessori: A Modern Approach* (Schocken Books, 1972)[1], qui met l'accent sur l'éducation des enfants de trois à six ans ; *Montessori in the Classroom* (Schocken Books, 1980), qui expose les principes Montessori appliqués à une classe de maternelle ; et *Montessori Today* (Schocken Books, 1996), description du programme Montessori en primaire.

Avec Jane Linari, ex-collègue de Paula à Lake Forest Country Day School, nous avons fondé en 1982 Forest Bluff School. Forest Bluff est un établissement Montessori d'enseignement primaire et secondaire destiné aux enfants de dix-huit mois à quatorze ans. Durant les six dernières années, nous y avons assuré un atelier parents/enfants sur le développement des enfants, de la naissance à trois ans. C'est à cet atelier que faisait allusion la mère dont nous avons cité les propos.

Nous sommes chacune venues à Montessori par une voie différente et à un moment différent de notre existence. Un bref aperçu de nos parcours personnels vous en donnera une idée plus précise. Voici tout d'abord l'histoire de Paula, mère de cinq filles et grand-mère de huit petits-enfants, allant du nourrisson à l'adulte de vingt et un ans.

Je me suis mariée peu après avoir obtenu mon diplôme à Smith College et j'ai élevé mes enfants pendant les années 1950 et 1960. Avant *The Feminist Mystique* de Betty Friedan[2], les femmes désiraient être épouses et mères à plein-temps. Cependant, ma génération avait de nombreuses activités bénévoles et c'est à ce titre que j'ai commencé à m'intéresser à la pédagogie Montessori. L'école primaire de Lynn (6 ans) et

1 Paru en français sous le titre *Pourquoi Montessori aujourd'hui ?*, introduit et traduit par Jacqueline Bigeargeal, Desclée de Brouwer, 1984. [*NdT*]

2 *La Femme mystifiée*, trad. Yvette Roudy, Gonthier, 1964. [*NdT*]

de sa sœur aînée Lisa (8 ans) ouvrait une classe de maternelle Montessori. Cette « ancienne-nouvelle » approche éducative, qui mettait l'accent sur la « liberté » des enfants, suscitait mon scepticisme. Quand le principal nous a proposé, à mon mari et à moi, d'inscrire dans cette classe notre troisième enfant, Pamela, qui avait alors trois ans, je me suis portée volontaire pour assister l'enseignant. Je me demandais comment ma fille réagirait à cette pédagogie inédite, et le fait d'être dans la classe me permettrait de savoir de quelle manière elle s'en sortait. Je voulais également voir par moi-même ce que des enfants de trois ans pouvaient faire de cette fameuse « liberté ». J'avais enseigné dans une école publique et rien, dans mon expérience précédente, n'indiquait qu'il était judicieux de laisser de jeunes enfants « libres » de prendre leur propre éducation en main.

Au cours des mois qui ont suivi, j'ai découvert que la pédagogie Montessori allait bien au-delà de cette « liberté ». L'enseignant doit être en mesure de comprendre la façon dont les enfants se développent et de créer un environnement structuré qui réponde à leurs besoins, en fonction de leur âge. Les enfants ne sont pas « libres de faire ce qu'ils veulent », comme je l'avais cru. Ils sont libres de « travailler », de s'impliquer dans des activités productives et de longue durée, tout en apprenant comment se comporter dans un groupe[1].

Peu à peu, j'ai commencé à prendre conscience d'une chose que je n'avais fait que pressentir quand j'avais eu mon premier enfant, à vingt-deux ans : être mère ne signifie pas seulement nourrir, laver, habiller les bébés et les jeunes enfants, jouer avec eux et les aimer. Ces petits de moins de six ans ne sont pas de

1 Pour plus de détails sur cette première expérience dans une classe Montessori, voir le livre de Paula Polk Lillard, *Montessori: A Modern Approach*, *op. cit.*, p. VIII-XI.

simples êtres miniatures qui se bornent à devenir plus grands, comme une graine qui germe pour donner une plante. Ils sont engagés dans un processus d'autoformation qui fera d'eux des êtres nouveaux au travers d'une série d'étapes programmées. Pour ma part, je suis passée d'une activité de surveillance aimante à la découverte, stimulante et fructueuse, d'un nouvel individu en formation que je devais aider. J'étais impliquée dans une tâche intellectuelle et scientifique d'une ampleur et d'une signification considérables.

Depuis, la science a confirmé que le cerveau du petit enfant réalise une véritable prouesse en termes de formation et qu'à cet égard l'environnement extérieur joue un rôle déterminant. C'est très encourageant. Désormais, les parents savent qu'ils représentent un facteur décisif dans l'évolution de leur enfant. Cela étant, cette prise de conscience a son revers et nous en arrivons maintenant à la raison qui m'a poussée à écrire ce livre. Alors que ma génération n'avait à sa disposition qu'un seul ouvrage sur l'éducation des enfants – l'édition originale du *Common Sense Book of Baby and Child Care du Dr Benjamin Spock*[1] – qui nous disait ce qu'il fallait faire (et pour être honnête, parfois nous avions plutôt recours à l'expérience de nos mères et de nos grands-mères), les mères d'aujourd'hui sont inondées de livres écrits par des psychologues et autres spécialistes sur la manière d'élever son enfant. Cette pléthore d'ouvrages dont les auteurs viennent d'horizons très différents prodigue des conseils contradictoires amenant trop souvent les mères à se retrouver dans l'embarras. Ajoutez à cela la culpabilité si fréquemment ressentie par celles qui travaillent, et l'éducation des enfants, au

---

1 *Le Guide des parents modernes, comment soigner et éduquer son enfant,* Centre national du livre familial, 1967. [*NdT*]

lieu d'être un parcours de découverte joyeux, quoique exigeant, se transforme en une expérience ardue et pénible.

Que faire ? Dans ce livre, nous reprenons les découvertes faites au tournant du xxe siècle par une jeune docteure en médecine, éducatrice pionnière : Maria Montessori. Ses observations et sa « découverte de l'enfant », fondées sur la sagesse et l'expérience du passé, ont encore beaucoup à nous apprendre aujourd'hui. La recherche et la technologie modernes ont corroboré toutes ses recommandations sur l'éducation des enfants dès la naissance[1].

Avant d'évoquer les chapitres qui suivront, donnons la parole à Lynn, mère de trois enfants.

La première chose dont je me souvienne à propos de Montessori, ce sont les lettres rugueuses. J'étais en CP et ma petite sœur était dans une classe de maternelle Montessori. Je me rappelle avoir pensé que ces lettres étaient magiques. « Il suffit de les tracer, me suis-je dit, pour qu'elles entrent dans le cerveau. » Pour moi, Montessori a donc été d'emblée associé à quelque chose d'unique et de mystérieux. Mais cela se fondait sur une expérience de la réalité, sur ce qu'on pouvait voir et sentir.

Dans mon souvenir suivant, je suis en train de faire des courses avec ma mère, qui participait à la création de trois classes du programme préscolaire Montessori dans des quartiers de logements sociaux et d'une classe de primaire dans une école publique de zone défavorisée. J'avais onze ans et je me souviens d'avoir pensé que c'était pour ces enfants un moyen d'échapper à la pauvreté, de sortir des cités et de prendre pied dans un envi-

---

1 Voir Angeline Lillard, *Montessori: The Science Behind the Genius*, Oxford University Press, 2005. Angelina Lillard, titulaire d'une thèse, enseigne la psychologie à l'université de Virginie. Elle est la quatrième fille de Paula et la sœur de Lynn.

ronnement social plus ouvert. Les classes Montessori étaient magnifiques, bien rangées et aménagées avec une attention extraordinaire. Chaque seau, brosse ou balai était mûrement choisi et placé dans un endroit précis. Les mères des cités préparaient leurs enfants avec tout autant de soin et de respect. Ceux-ci étaient parfaitement habillés, avec de minuscules tresses et des rubans dans les cheveux, ou des chemises rentrées dans des pantalons bien repassés. J'étais très impressionnée par l'amour de ces mères pour leurs enfants et par leur foi en l'éducation. Plus tard, un jour que j'accompagnais certains de ces enfants dans une ferme pour une excursion d'une journée, tous ces petits de cinq ans se sont mis à chanter « Mr. Mixed Up, Who Do You Think You Are ? » (une chanson très populaire des années 1960). Leur naturel, leur énergie et leur enthousiasme manifeste pour la vie m'ont profondément marquée.

Adolescente, je conduisais quotidiennement ma sœur cadette à son école Montessori et j'allais ensuite la récupérer en fin de journée. Quand j'entrais dans la classe, j'étais chaque fois surprise par son atmosphère paisible. J'avais beau n'avoir que seize ans, je savais que ce calme chez de jeunes enfants réunis en groupe était tout à fait exceptionnel. L'institutrice, sœur Anna (une jeune religieuse catholique, à l'époque en habit et voile noirs), témoignait le plus grand respect à ses vingt-huit enfants ; mais c'était leur attitude positive à son égard qui m'intriguait le plus.

Alors que j'étais en troisième à Smith College, ma mère a commencé à enseigner dans une classe de maternelle inspirée par les principes Montessori dans une école primaire de banlieue. Une fois de plus, j'ai été frappée par le soin apporté à l'aménagement de la salle. Chaque objet avait été choisi dans un but bien précis et placé à un endroit spécifique. Rien n'était là pour le simple divertissement. Un jour que j'étais en vacances, je suis allée y prendre des photos pour le deuxième livre de ma mère. L'atmosphère paisible de cette classe m'intriguait, comme celle de ma petite sœur des années plus tôt. Ma mère traitait les enfants avec respect et ils manifestaient en retour une attitude confiante, réfléchie, où l'on sentait l'estime de soi. Ce n'était pas ce que j'aurais attendu de la part d'élèves de maternelle.

À peu près à la même époque, j'ai commencé à m'apercevoir que ma sœur cadette, celle de nous toutes qui avait passé le plus de temps dans des classes Montessori, cinq ans au total, se livrait en permanence à des activités productives. Elle passait des heures entières assise dans la cuisine à écrire et à illustrer des histoires. Elle était capable de choisir elle-même ce qu'elle voulait faire, mais c'était surtout sa capacité à rester longuement concentrée – avec la discipline que cela exigeait – qui m'impressionnait le plus.

Durant cette période, j'ai travaillé plusieurs étés dans un centre de loisirs. Cette expérience m'a montré à quel point les enfants se comportent différemment dans un environnement inadapté à leurs besoins. Ils couraient d'une activité à l'autre toutes les trente ou quarante minutes, en proie à une perpétuelle agitation. Nous autres moniteurs devions les acheminer des travaux manuels à la natation, au tennis, au tir à l'arc, et ainsi de suite. Si une activité exigeait de se changer, ils étaient souvent obligés d'y renoncer parce que les trente minutes imparties ne permettaient pas de prendre dix minutes pour s'y rendre, dix minutes pour se changer et dix minutes pour revenir, sans compter le temps consacré à l'activité elle-même. C'était grotesque.

À l'époque je n'envisageais nullement d'enseigner un jour dans une école Montessori. Je suivais des études d'art graphique à Smith College dans l'idée d'en faire ma profession. Après mon diplôme, j'ai commencé à passer des entretiens professionnels pour travailler dans des agences et, très vite, j'ai eu des doutes. J'ai en effet découvert que mon travail d'artiste aurait peu de chances d'exercer une influence positive sur la vie des autres. Je voulais contribuer à rendre le monde meilleur, mais la voie la plus évidente était la publicité. Or, je ne voulais pas passer mon temps à convaincre les gens d'acheter des choses dont ils n'avaient pas besoin. Je ne savais plus quoi faire.

C'est alors que ma mère m'a suggéré d'aller passer un an à Washington pour suivre la formation à la pédagogie Montessori en primaire. Je me suis dit : « Que j'enseigne ou non, j'espère avoir un jour des enfants et cette formation me sera utile. » Je suis donc arrivée avec une grande disponibilité d'esprit. J'ai été enthousiasmée par les premiers cours de Margaret Stephenson, la responsable de la formation choisie par Mario Montessori, petit-fils de Maria Montessori, pour réintroduire la pédagogie Montessori aux États-Unis en 1968. Je me souviens que je rentrais chaque fois tout excitée à la maison. Je me disais : « Cette pédagogie pourrait changer le monde. Chaque enfant représente une nouvelle opportunité, une nouvelle génération. » À l'université, le seul cours qui me paraissait susceptible d'exercer un impact positif sur le monde était la sociologie, mais je le trouvais décourageant : avec les adultes, les problèmes sont déjà là. Or, si on prenait les enfants au tout début de leur existence, il était peut-être possible de les faire devenir des citoyens productifs, capables d'apporter leur contribution à la société.

C'est à ce moment-là que les pièces du puzzle se sont assemblées. J'ai repensé à mes impressions d'enfance : le magnifique aménagement des classes Montessori dans les quartiers pauvres ; le comportement respectueux de sœur Anna avec les enfants ; l'atmosphère calme et détendue de la classe de ma mère. Je me suis rendu compte que, pendant tout ce temps, je m'étais dit qu'enseigner la pédagogie Montessori n'était pas à la portée de tout le monde. Or cette formation me prouvait le contraire. Moi aussi, j'en serais capable, une fois formée. J'avais trouvé ma voie.

J'ai enseigné trois ans dans deux écoles Montessori avant de fonder la première classe de primaire à Forest Bluff. Mon premier enfant est né dans l'année qui a suivi et c'est ce qui m'a incitée à m'intéresser au niveau puériculture, puis primaire et secondaire de la pédagogie Montessori. En 1985, je suis allée à Houston, au Texas, pour suivre le cours sur les jeunes enfants avec Judi Orion et Silvana Montanaro, docteure en médecine, formatrice Montessori à Rome. Entre-temps, deux événements s'étaient produits. Premièrement, les choses se passaient très mal avec Margaret, ma fille de deux ans. Deuxièmement, j'avais compris que j'ignorais tout des enfants de moins de trois ans. Je savais leur donner de la liberté, mais pas leur apprendre à respecter certaines limites ; je pouvais leur permettre d'explorer et de développer leur intelligence, mais pas d'acquérir une discipline intérieure conforme aux exigences de la civilisation. J'avais acquis quelques rudiments sur la manière de préparer l'environnement du nouveau-né quand Judi et le Dr Montanaro m'avaient aidée à installer un modèle de chambre pour un colloque international à Lake Forest College, près de chez moi, juste après la naissance de Margaret. À la suite de cela, j'ai installé un lit sur le plancher pour que Margaret soit libre d'y accéder comme elle le voulait et de se déplacer dans sa chambre. Je la faisais participer aux activités domestiques quand j'étais à la maison. Je me rends compte maintenant que je possédais les grandes lignes, mais pas tous ces détails si importants qui servent à conforter les principes de base. C'était l'exemple classique d'un savoir limité et par là même dangereux.

Au cours des deux étés que j'ai passés à Houston pour ma formation, je suivais constamment le Dr Montanaro en lui posant des questions et en l'observant interagir avec les enfants. À l'inverse des étudiants qui n'avaient pas encore d'enfants, je savais quelles questions poser. Cependant, ma frustration persistait. En dépit de mon amour pour Margaret, je ne parvenais toujours pas à l'aider. Et puis un jour, le Dr Montanaro s'est tourné vers moi, m'a regardée et a dit : « Personne n'aimera cet enfant. » Elle n'avait cessé de me répéter que je devais apprendre à Margaret à vivre dans un monde dont elle n'était pas le centre et que tout ne se passerait pas toujours comme elle le souhaitait. Mais c'est à ce moment-là que ses paroles m'ont marquée et donné la motivation nécessaire pour suivre ses recommandations.

Deux anecdotes donneront un aperçu des problèmes auxquels j'étais confrontée. À deux ans, Margaret était habituée à ce qu'on la porte en permanence. J'étais son « cheval humain ». Le Dr Montanaro l'avait observée à califourchon sur ma hanche, quand je faisais l'aller et retour au parking, l'air d'être propriétaire de sa mère et du monde entier. Après avoir été témoin de ce comportement à cinq reprises en trois jours, elle m'a dit : « Posez-la par terre et laissez-la marcher. » « Ça n'ira pas, ai-je répondu. Elle ne voudra pas. » « Posez-la par terre, a-t-elle répété. Je l'observerai. Vous vous dirigerez droit vers la voiture en papotant avec votre amie Carol. Vous pouvez l'encourager à vous suivre, mais ne vous arrêtez pas. » Aussitôt dit, aussitôt fait. Margaret a eu un regard d'incrédulité totale. Elle s'est jetée par terre, puis elle a levé les yeux et vu que je continuais à marcher sans elle. Elle s'est relevée, a fait quelques pas, puis de nouveau elle s'est jetée au sol et a levé les yeux vers moi. Elle a répété ce manège plusieurs fois avant de faire le reste du trajet et d'arriver à la voiture, le visage barbouillé de larmes. Le Dr Montanaro m'a dit : « Ne la portez plus jamais. Elle a deux jambes pour marcher. » Pour ma part, j'ai été stupéfaite de voir à quelle rapidité Margaret a appris à marcher à côté de moi. Le problème, pour elle, c'est que je l'avais portée de manière systématique et que, s'agissant du parking, c'est elle qui l'avait décidé et non sa mère.

La seconde anecdote concerne le dîner. Margaret ne voulait manger que si elle était sur mes genoux. Le Dr Montanaro m'a dit : « Ne la laissez pas s'asseoir sur vos genoux. » J'ai protesté : « Elle va hurler pendant tout le repas. Ce ne serait pas gentil pour mes colocataires. » Elle a répliqué : « Faites tous semblant d'écouter une symphonie de Beethoven et continuez à manger. Associez Margaret à la conversation. Ne faites pas comme si elle n'était pas là, mais ne cédez pas à ses hurlements. » Et comme lorsque je ne lui avais pas laissé le choix au parking, elle a déclaré forfait au bout de quelques jours. De nouveau, je me suis rendu compte qu'elle n'était pas aussi résolue à imposer sa volonté que je l'avais cru. De son côté, je pense qu'elle a senti en moi une autorité nouvelle. C'était comme si elle disait : « Oh, c'est elle qui commande. » Moyennant quoi, elle s'est calmée et elle a commencé à suivre mes directives.

Ma formation m'a permis de compléter peu à peu ma connaissance des détails, si essentiels. Ce qui me frappait surtout, c'était de voir à quelle rapidité un bébé change et donc la nécessité pour l'adulte de s'adapter afin de pouvoir l'aider efficacement. Ces changements impliquent une myriade de détails depuis le moment où le nouveau-né se met à ramper jusqu'à celui où l'enfant marche, en passant par le bébé qui se déplace à quatre pattes. Chacune de ces étapes met en jeu un être spécifique avec des besoins spécifiques. Par conséquent, l'environnement doit lui aussi changer afin de pourvoir à ces besoins successifs. À la fin de la formation, ce qui me passionnait le plus, c'était de réfléchir à la façon dont on pouvait aider l'enfant à passer d'une étape à la suivante.

Ma formation sur l'instauration des limites ne faisait évidemment pas partie du cursus. C'était un « cours particulier » avec le Dr Montanaro. De même que les professeurs certifiés par l'AMI sont obligés de se recycler tous les trois ans pour conserver leur titre, je pense que proposer une formation continue aux parents constitue la meilleure garantie d'une bonne pratique Montessori. Les informations transmises dans les cours représentent un patrimoine inestimable. Cependant, pour pouvoir poser des questions, il faut être « sur le front » au quotidien, que ce soit à la maison ou en classe.

Comprendre l'enfance humaine et la manière d'aider chaque enfant à remplir ses objectifs est un processus qui dure toute la vie et que personne ne saurait appréhender en totalité. Ce que je peux faire, c'est continuer à poser de nouvelles questions et partager le savoir acquis avec d'autres.

Dans les chapitres qui suivent, nous exposons l'approche stimulante et exigeante de la parentalité telle qu'elle apparaît de manière implicite dans la pédagogie Montessori. Dans l'introduction, nous commençons par un bref exposé des vues de Maria Montessori en expliquant pourquoi nous y voyons une réussite là où d'autres ont échoué dans leur « découverte de l'enfant ». Nous évoquons sa conception du jeune enfant comme un être incomplet, soumis à des étapes spécifiques de développement au fil d'un processus d'autoformation, ainsi que sa définition révolutionnaire de l'éducation. Le chapitre 1, « Un être humain accompli », reprend la théorie sous-jacente aux détails pratiques exposés dans les chapitres qui forment l'essentiel de ce livre. Nous y décrivons la façon dont l'enfant se forme lui-même en travaillant la coordination des mouvements, l'indépendance, le langage et la volonté, et l'aide que nous pouvons lui fournir en encourageant certains comportements universels. Le chapitre 2, « Accueillir le nouveau-né », propose un plan d'aménagement détaillé pour la chambre du nourrisson et les avantages qu'en retirent à la fois les parents et les enfants. Le chapitre 3, « Découvrir le monde », s'intéresse à l'activité d'exploration du petit enfant, aux moyens dont il dispose pour assimiler son monde et à son « travail » d'autoformation. Les chapitres 4, « La main et le cerveau », et 5, « Apprendre à marcher », détaillent de manière parallèle le développement de la coordination des mains et l'acquisition de l'équilibre corporel. La préface est suivie d'une ligne du temps illustrée décrivant l'environnement le plus favorable à ce développement crucial (voir p. 22-32). Le chapitre 6, « Vie pratique », suggère des « cycles d'activités » pour l'enfant qui commence à marcher et se sert de ses deux mains pour tout explorer. Le chapitre 7, « Les soins personnels », explique comment encourager l'indépendance naissante de l'enfant et s'en servir pour lui donner confiance dans ses capacités émergentes. Le chapitre 8, « Langage et intelligence », retrace le développement du sens de l'ordre et de l'intelligence du petit enfant en relation avec ce don spécifiquement humain qu'est le langage. Le chapitre 9, « Le développement de la volonté », explique comment favoriser la volonté, cette capacité si insaisissable. Les idées de Maria Montessori sur le développement de l'enfant donneront des outils utiles aux parents pour équilibrer liberté et responsabilité, et aider leur enfant à acquérir la discipline nécessaire à une vie heureuse et accomplie. Le chapitre 10 nous permettra pour conclure d'exposer les résultats souhaités par la pédagogie Montessori : de jeunes adultes ayant une bonne connaissance d'eux-mêmes, de leurs forces et de leurs faiblesses, stables intérieurement, désireux de continuer à apprendre et de contribuer tout au long de leur vie à instaurer un monde meilleur.

DÈS LE DÉBUT, L'ENFANT PRÉPARE SES OUTILS POUR MAÎTRISER SON ENVIRONNEMENT.

Si on a donné de la liberté au bébé dès la naissance, il commencera à ramper

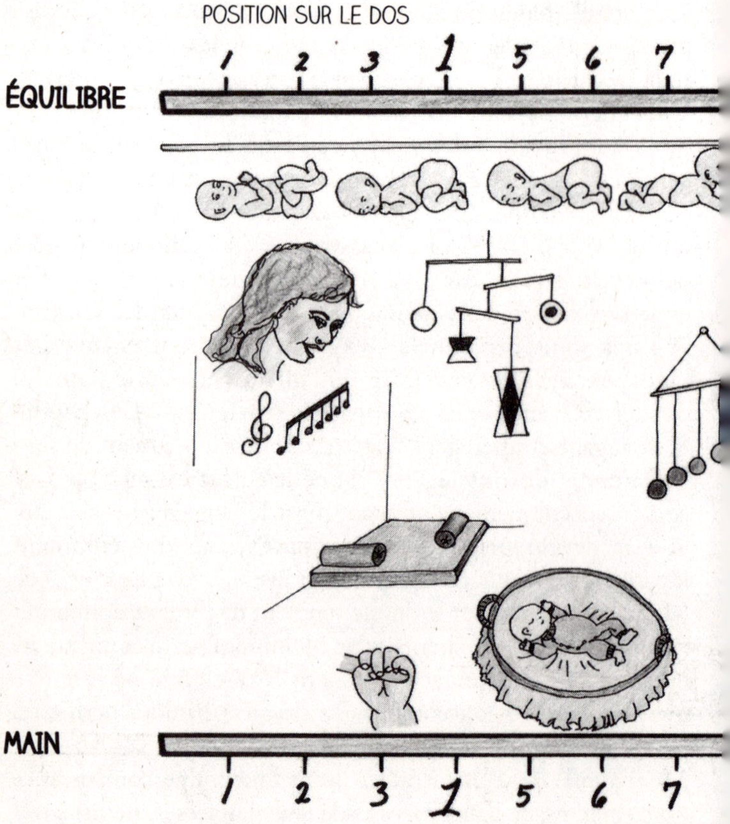

Préhension instinctive

DÉVELOPPEMENT PSYCHO-MOTEUR

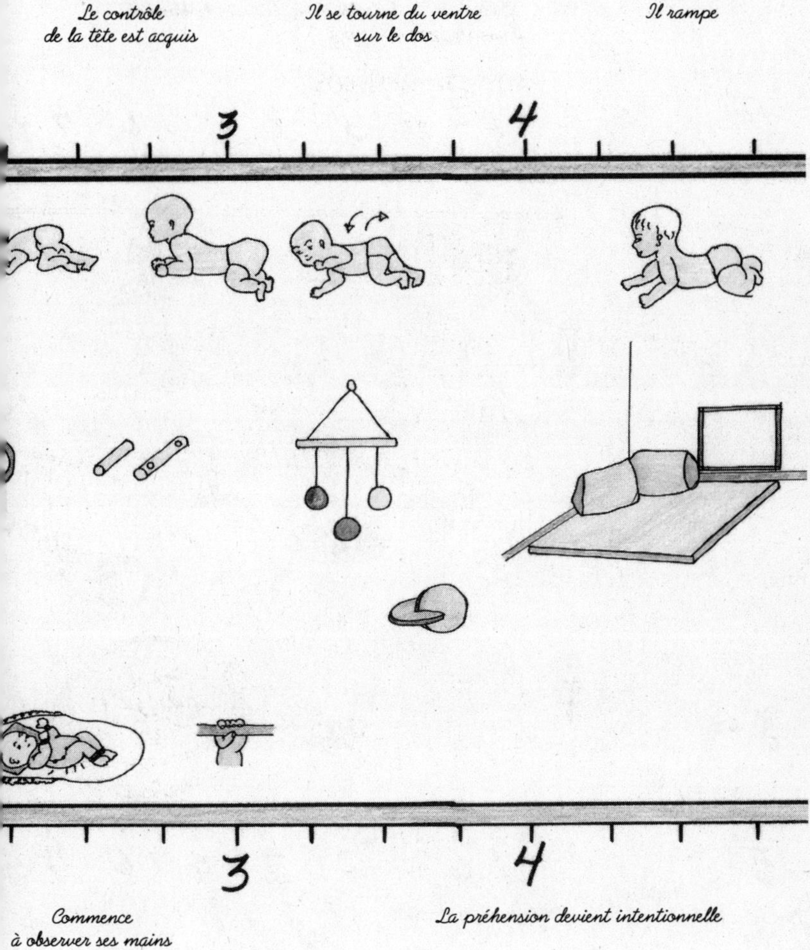

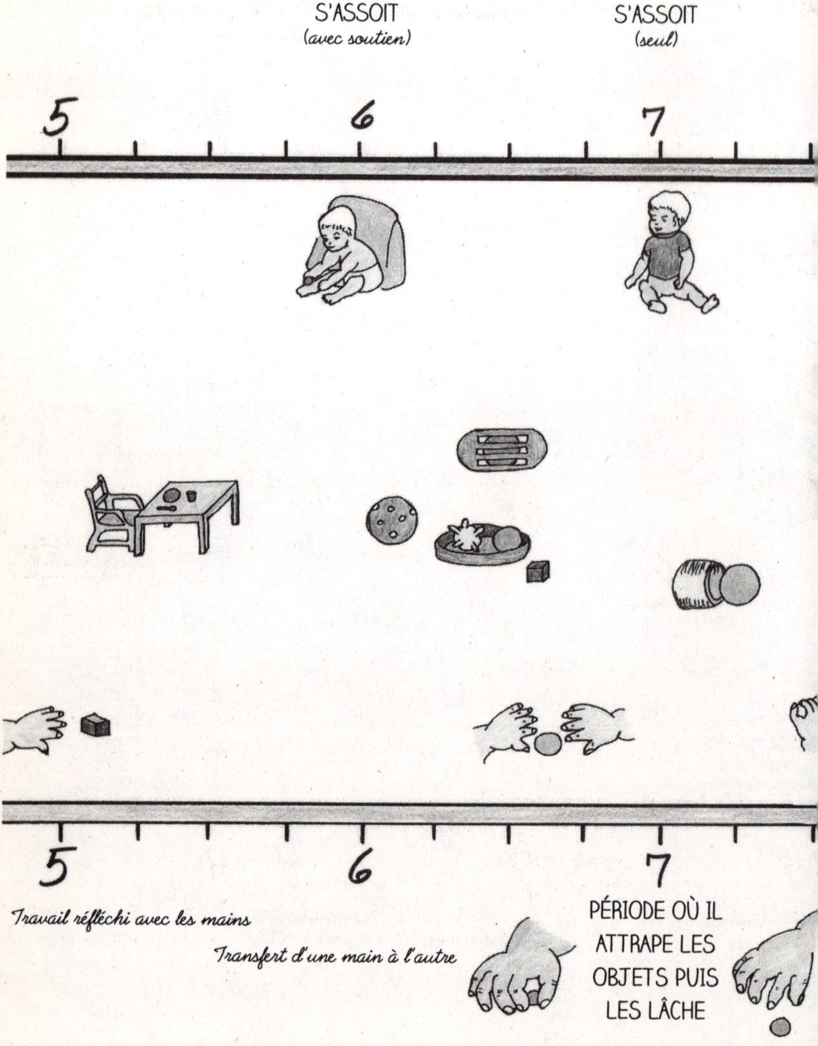

S'ASSOIT
(avec soutien)
S'ASSOIT
(seul)
5
6
7
5
6
7
Travail réfléchi avec les mains
Transfert d'une main à l'autre
PÉRIODE OÙ IL ATTRAPE LES OBJETS PUIS LES LÂCHE

MPE

Se redresse en position debout

Marche sur la pointe des pieds en se tenant

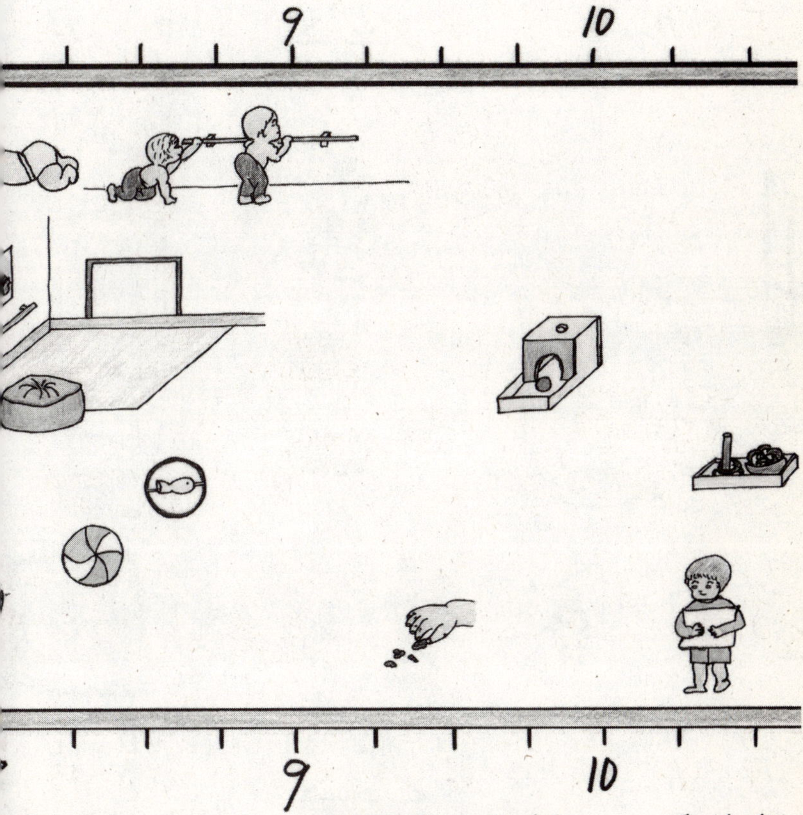

trôle des doigts

Préhension de très petits objets au moyen de la prise en pince

Tient les objets avec ses bras

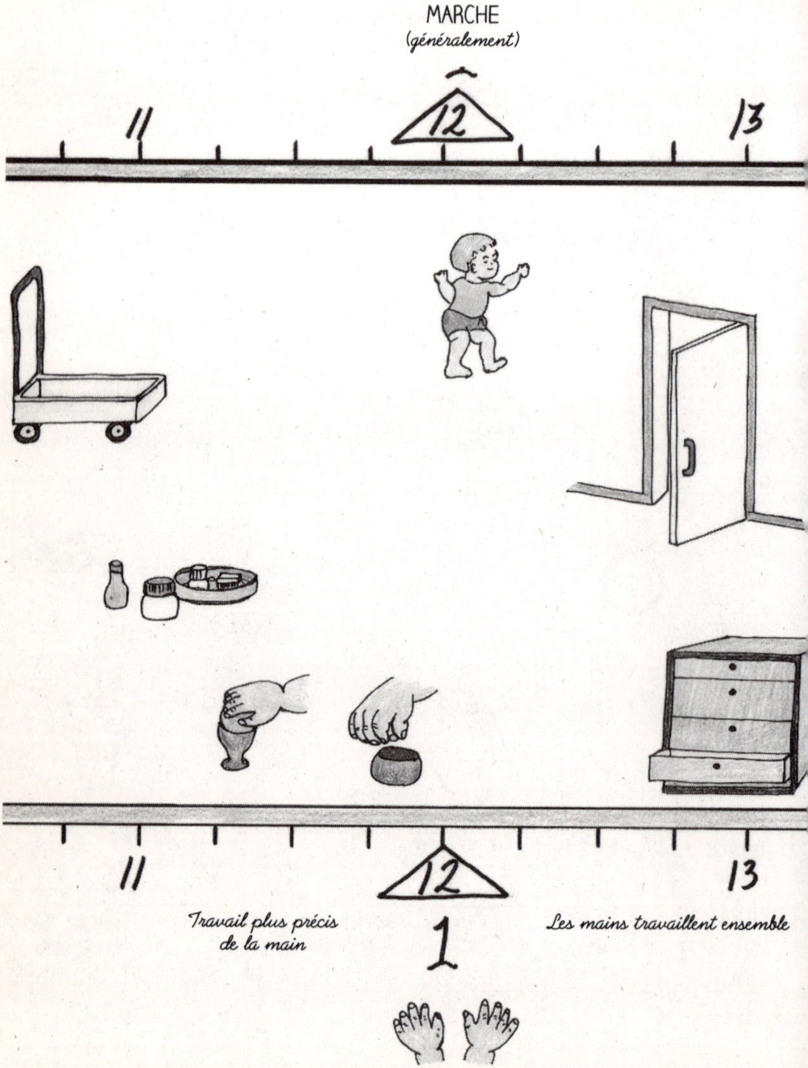
MARCHE
(généralement)
11
12
13
11
12
13
Travail plus précis de la main
1
Les mains travaillent ensemble

Effort maximal : marche avec des objets lourds
Monte l'escalier en tenant des objets

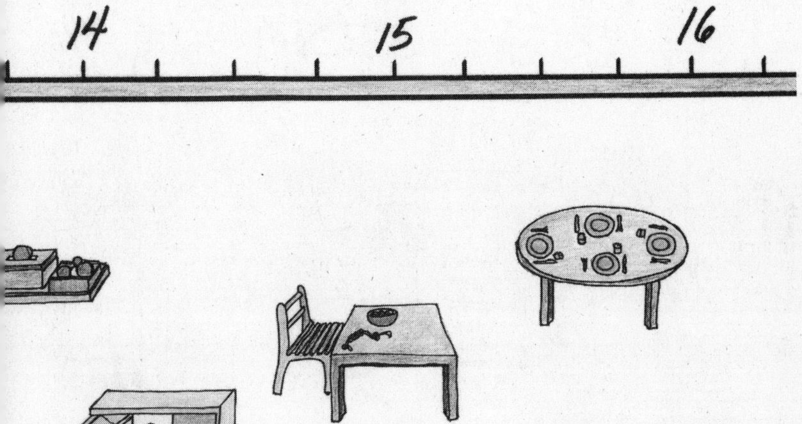

Activités de la main orientées
vers le travail

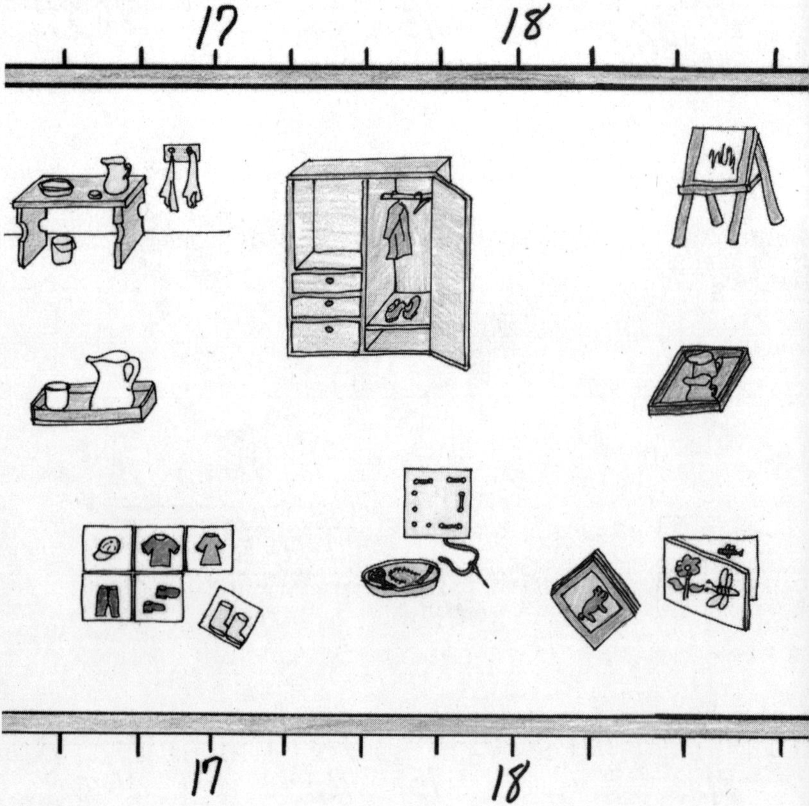
17
18
17
18

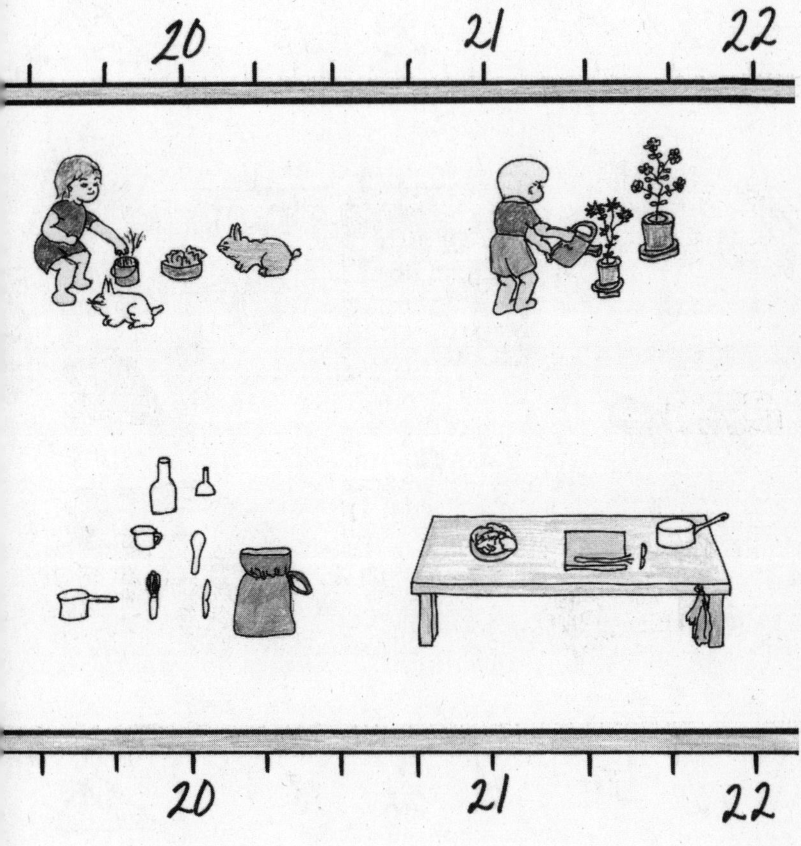
20
21
22
20
21
22

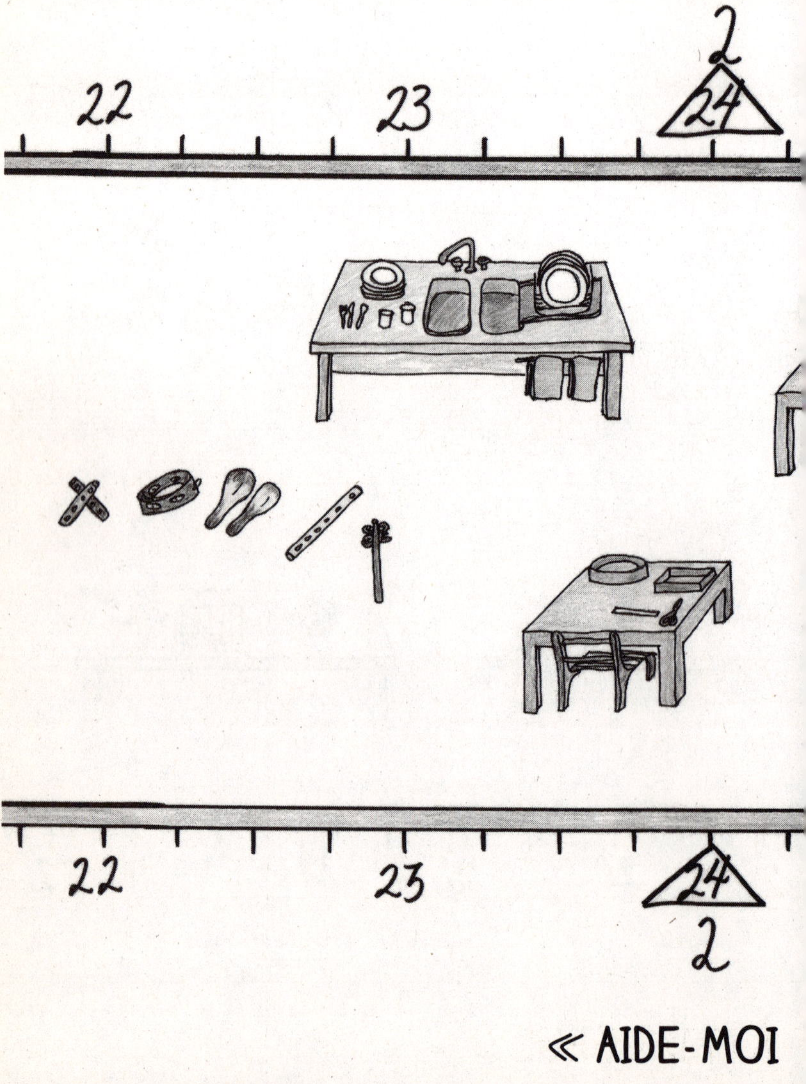

« AIDE-MOI

À FAIRE SEUL »

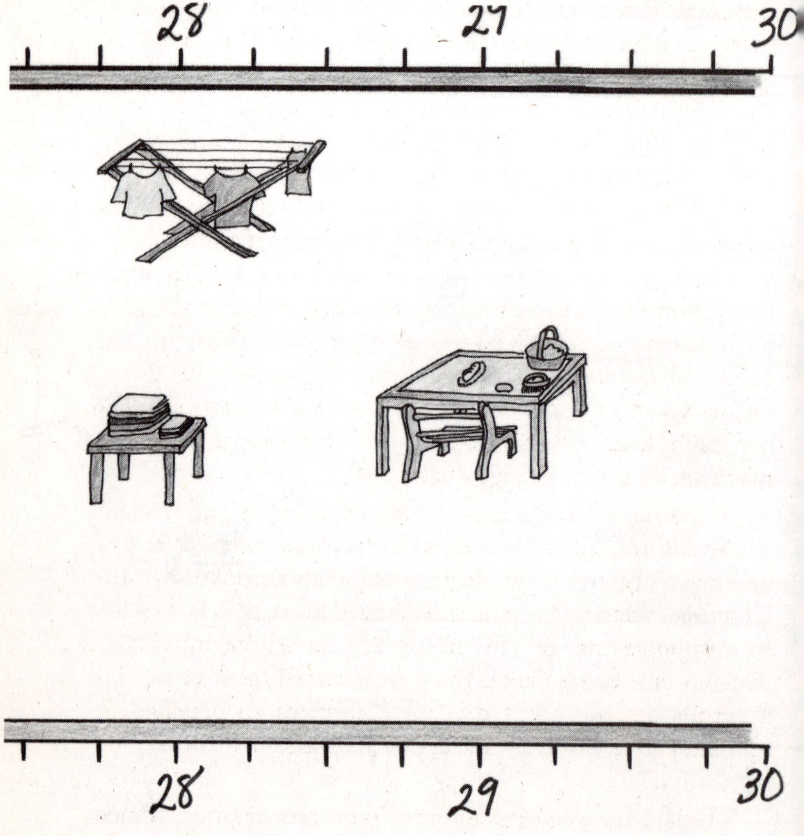
28
29
30
28
29
30

Introduction

Au début des années 1900, Maria Montessori, médecin en exercice et professeure d'anthropologie à l'Université de Rome, fit part d'une idée qui surprit le milieu académique. Elle affirmait qu'au moment de sa naissance, le petit être humain était une créature inachevée, dont l'unique tâche était de se former. Cette élaboration de soi couvrait toute la période de l'enfance jusqu'au début de l'âge adulte : de la naissance à vingt-quatre ans. C'était là une conception révolutionnaire, qui débouchait sur une conclusion surprenante : l'éducation doit commencer dès la naissance. Qui plus est, il fallait la repenser. On ne pouvait plus continuer à déverser des connaissances dans un cerveau d'enfant « tout fait ». L'esprit n'était pas « tout fait ». L'éducation devait aider les enfants à construire leur cerveau et à poursuivre cette tâche jusqu'à la maturité, c'est-à-dire vingt-quatre ans.

Jusque-là, les éducateurs considéraient l'enfant comme un être déjà formé et voyaient en lui un véhicule prêt à accueillir un savoir découvert par d'autres et préalablement assimilé. Comment Maria Montessori en était-elle venue à la conclusion opposée que l'enfant n'était pas un adulte miniature, mais un être fondamentalement différent ? Qu'est-ce qui lui a permis de tirer profit de cette différence au bénéfice de l'enfant, en développant une approche totalement inédite de l'éducation ?

Maria Montessori était une femme énergique, douée d'une grande intelligence, qui a fait preuve de beaucoup de courage dans une vie marquée par la guerre et les révolutions. Son principal trait de caractère était sa compassion à l'égard de toute forme de vie. Sa sensibilité aux besoins humains l'a conduite à choisir la médecine alors qu'elle avait montré des aptitudes précoces en mathématiques. La compassion qu'elle éprouvait pour les êtres et leurs conditions de vie dans sa pratique médicale montre qu'elle était préparée à observer les enfants.

Toutefois, cela n'explique pas l'ampleur de sa contribution au progrès humain. Pour comprendre la portée de ses découvertes et ce qu'elles signifient pour notre avenir, il faut examiner sa longue quête de l'esprit humain chez l'enfant. Le meilleur exemple en est fourni par une rencontre avec des enfants, au début de sa carrière médicale. Alors jeune médecin à Rome, elle s'était vu confier la responsabilité médicale des enfants déshérités des asiles municipaux. Dans ses écrits, elle les qualifiait de « déficients mentaux » parce qu'ils semblaient attardés. En réalité, ils représentaient toutes les facettes du malheur, orphelins ou enfants non désirés, sourds ou aveugles, handicapés physiques ou mentaux. Hébergés comme ils l'étaient dans des conditions inhumaines, ils se comportaient davantage comme des animaux que comme des êtres humains.

Elle allait les voir chaque semaine, cherchant un indice d'humanité dans leur comportement et donc un moyen d'avoir accès à eux. Elle raconte que, lors d'une visite dans un asile, elle aperçoit les enfants en train de ramper par terre à la recherche des miettes de leur repas. La femme qui s'occupait d'eux n'y voyait qu'une manifestation de gloutonnerie. Maria Montessori, elle, se rendit compte que ces enfants, qui n'avaient rien à manipuler ou à explorer dans leur environnement, ne mangeaient pas ces miettes. Ils les palpaient avec leurs mains et leurs doigts. La jeune médecin s'interrogea. Quel besoin humain ce geste essayait-il de satisfaire ? Après de longues observations, elle commença peu à peu à comprendre que l'être humain développe son intelligence en apprenant par l'intermédiaire de ses cinq sens, notamment grâce à la relation entre la main et le cerveau. Prenant conscience que l'intelligence se construit au travers de cette boucle de rétroaction entre la main et le cerveau, Maria Montessori déclara qu'il ne fallait rien donner au cerveau qui n'ait d'abord été présenté à la main. Elle entendait par là que les idées et les informations abstraites, de quelque nature qu'elles soient, devaient dans un premier temps parvenir au jeune enfant sous une forme concrète, pour être tenues, découvertes et explorées. C'est de cet aperçu initial du développement de l'intelligence, fondé sur son expérience avec des enfants en situation extrême, qu'est né tout le matériel Montessori tant apprécié de nos jours.

Lorsque, dans les premières années du XXe siècle, Maria Montessori commença à travailler avec des enfants, on avait tendance à penser qu'ils avaient un « mauvais fond » qui demandait à être « corrigé ». Une conception qui paraît étrange de nos jours et qui s'explique peut-être par la persistance, à l'époque, de la superstition et d'une vieille croyance dans les pouvoirs magiques. Depuis, notre culture a basculé dans l'extrême inverse, en considérant que l'enfant est bon par nature[1]. En tant que scientifique, Maria Montessori était objective. Elle mettait l'accent sur le fait que l'enfant était un être informe, quoique humain et spirituel. Cette neutralité lui permettait d'étudier librement son comportement, sans porter de jugement de valeur.

Dès lors, au fil de sa recherche, elle découvrit peu à peu les différentes étapes de développement de l'enfant et du

---

1 Pour un exposé historique clair et détaillé sur ce revirement, voir James Davison Hunter, *The Death of Character*, Basic Books, 2000.

jeune adulte – les moyens fournis par la nature pour les aider à atteindre leurs objectifs à chaque stade – et elle élabora une approche et des méthodes spécifiques pour les soutenir dans leur parcours. Quand elle observait que les enfants de moins de six ans étaient focalisés sur eux-mêmes et égocentriques dans leurs actions et leur comportement, elle voyait cela comme un phénomène dont il fallait saisir la raison pour pouvoir les aider. Elle finit par comprendre que cette pulsion naturelle leur donnait l'énergie et la concentration nécessaires pour œuvrer à leur propre construction. Loin d'être condamnable et d'être corrigée, cette pulsion permettait à l'enfant de se développer, avec le soutien de l'adulte, et de devenir un individu fort, capable d'autonomie dans l'action, le langage, la discipline et de compétences de base en écriture, lecture et mathématiques : en d'autres termes, d'être capable d'apporter une réelle contribution aux autres.

Elle remarqua d'autres caractéristiques chez les enfants de moins de six ans. Ils traversent des périodes marquées par des centres d'intérêt très spécifiques et bien définis. Par exemple, il y a un temps de concentration intense sur l'ordre, un autre sur le langage, un autre encore sur l'apprentissage de la marche. Durant ces périodes, dont la durée varie de plusieurs mois à plusieurs années, l'enfant est si absorbé dans une tâche particulière qu'il ignore d'autres phénomènes qui auparavant l'intéressaient beaucoup. Son énergie et son application sont extraordinaires, mais cessent aussi soudainement qu'elles sont apparues. Maria Montessori avait baptisé ces intervalles « périodes sensibles ».

Un autre phénomène observé concerne les capacités mentales de l'enfant. Si son esprit n'est pas encore formé à la naissance, comment parvient-il à acquérir des connaissances sur le monde qui l'entoure ? Comment fait-il pour accueillir les impressions sensorielles qui lui viennent de l'environnement et pour créer du savoir ? C'est donc qu'il possède une capacité d'apprentissage avant même de disposer d'un cerveau développé. Maria Montessori remarqua alors que l'enfant semblait avoir la faculté de saisir la totalité de son environnement par le simple fait d'être là. Il s'agit d'une faculté absorbante, qui n'est pas encore fondée sur le discernement : tout ce qui est accessible à l'enfant pour une exploration sensorielle s'inscrit dans son cerveau pas encore formé. Cette capacité d'absorber des éléments de l'environnement, à l'image d'une éponge s'imbibant d'humidité, et que Maria Montessori appelait « l'esprit absorbant », est un phénomène propre aux six premières années de la vie. À l'instar des périodes sensibles, l'esprit absorbant disparaît ensuite pour laisser place à une nouvelle manière d'apprendre. En raison de ces caractéristiques, Maria Montessori a fait de ces premières années le premier stade de développement de l'enfant.

De même, quand les enfants de plus de six ans commençaient à montrer des particularités et des facultés mentales très différentes de celles de leurs cadets, Maria Montessori essayait de comprendre leur comportement plutôt que de vouloir le modifier. Elle remarqua qu'entre six et douze ans les élèves de primaire développent un intérêt pour leurs camarades du même âge, non par égocentrisme, mais par une curiosité et un désir authentiques de comprendre plus profondément les pensées et les activités d'autrui. Au lieu d'être centrés sur une exploration sensorielle du monde factuel qui les entoure, ils veulent désormais consacrer l'essentiel de leur énergie à bien s'entendre avec les autres et à faire des choses avec eux. D'« explorateurs sensoriels », ils se muent en « explorateurs sociaux ». C'est un changement considérable.

Qui plus est, l'esprit de l'élève de primaire commence à raisonner, fût-ce à un niveau d'enfant, et il est capable de faire la distinction entre ce qui est réel et ce qui ne l'est pas – en se fondant non sur le savoir des autres, mais sur ses propres capacités de raisonnement et d'imagination. Il n'existe pas d'équivalent aux périodes sensibles du premier niveau dans cette deuxième phase de formation, mais il y a des traits de curiosité marqués qui aident l'enfant à devenir un être social. Maria Montessori a appelé ces intérêts sociaux de l'enfant du primaire des « caractéristiques psychologiques ». Ils incluent une attention poussée pour les questions du bien et du mal, de la justice et de l'injustice, de la loyauté et de la déloyauté, et pour les règles et les rituels de groupe. L'enfant a une énergie extraordinaire et, physiquement, il est en meilleure santé que dans la phase précédente. Avec son énorme curiosité et ses toutes nouvelles facultés de raisonnement, il est alors dans sa période d'apprentissage la plus intense. Maria Montessori a d'ailleurs baptisé celle-ci : « période intellectuelle ». En raison de sa force physique et mentale, de son intérêt pour la vie et de sa compréhension des idées abstraites, l'enfant est un compagnon facile et agréable pour ses parents durant cette phase.

Le « deuxième stade de développement » couvre les années entre six et douze ans. Comme les enfants ne sont plus aussi absorbés par eux-mêmes et montrent un intérêt sincère pour les idées et les contributions des autres, et comme ils sont capables d'une pensée abstraite et créative, Maria Montessori a élaboré une approche éducative complètement différente de celle du premier niveau. Pour celui-ci, elle avait conçu du matériel destiné à un usage individuel. Les enfants travaillent côte à côte en parlant librement et aident souvent spontanément les plus jeunes quand ils en ont besoin. En d'autres termes, ils apprennent à se comporter avec respect dans un groupe. Le programme du deuxième niveau, lui, met l'accent sur le tout nouvel intérêt de l'enfant pour les autres et encourage sa capacité à travailler avec plusieurs camarades à la fois sur un projet ou un objectif spécifique. C'est dans cette optique que Maria Montessori a créé son programme de primaire. Elle l'a, en outre, fondé sur des histoires ingénieuses qui présentent le cadre et l'unité sous-jacents à tout savoir. À partir de cette base, les enfants approfondissent leurs connaissances en se livrant à une recherche assidue dans des domaines d'intérêt spécifiques. Maria Montessori a inventé un matériel pour guider les enfants – qui travaillent à présent essentiellement en petits groupes – de la représentation concrète au concept abstrait. Elle y a employé autant de génie et de pragmatisme que pour les outils des plus jeunes.

Comme elle recherchait l'esprit humain chez l'enfant, Maria Montessori incluait musique et peinture dans l'environnement de la salle de classe, ce qui est un point important à noter. Elles sont librement accessibles aux enfants et jamais reléguées dans une salle séparée, aux bons soins d'un professeur « spécialisé ». Cela signifie que ces manifestations de l'esprit humain ne sont pas des activités ésotériques réservées à un petit nombre d'individus doués, mais qu'elles doivent être comprises et pratiquées par tous. La beauté et le naturel des illustrations réalisées par les élèves des écoles primaires Montessori en accompagnement de leurs travaux constituent un témoignage éloquent de cette association entre l'art et le scolaire.

Les deux premiers stades de développement, qui vont de la naissance à douze ans, constituent les années d'enfance. À leur terme, l'être humain a exploité toutes les occasions possibles de se former pour devenir un enfant accompli. À présent, une nouvelle étape débute, qui nécessite la disparition de ce qui précède. Cette période, notamment les trois premières années, est donc éminemment paradoxale. D'un côté, des forces et des capacités nouvelles et importantes apparaissent sous la forme de caractéristiques psychologiques plus complexes et plus stimulantes. De l'autre, il y a une vulnérabilité et une fragilité analogues à celles des trois premières années de l'existence. Ainsi, entre douze et quinze ans, les enfants redeviennent soudain, de façon apparemment inexplicable, très centrés sur eux-mêmes. Ils pensent que tout le monde remarque le moindre détail les concernant et que ce qui se passe mal (ou bien, d'ailleurs) est le résultat de ce qu'ils ont fait ou omis de faire. Comme durant la période de la naissance à trois ans, ils sont soumis à d'intenses changements physiques et mentaux. Ils sont enclins aux maladies et ont plus que jamais besoin d'une alimentation spécifique, de sommeil et d'une journée équilibrée avec du temps pour réfléchir et s'exprimer.

Plus important peut-être, il leur faut l'attention exclusive des adultes, comme au cours de leurs trois premières années de vie. Mais la différence, c'est que ces adultes ne peuvent plus être uniquement leurs parents, ni même essentiellement leurs parents, parce qu'ils savent déjà ce que leur famille défend et ce en quoi elle croit. Ils ont intégré ce savoir pendant qu'ils se formaient pour devenir un enfant accompli. Les caractéristiques psychologiques de l'adolescent l'incitent à vouloir déterminer la manière dont les membres d'autres sociétés du globe vivent et satisfont à leurs besoins humains. Pour ce faire, il veut des mentors en dehors de sa famille. Dans le même temps, comme il est très vulnérable et affaibli par rapport à l'étape précédente, il a besoin du réconfort et de la camaraderie de groupes du même âge pour remédier à sa solitude, et fournir à ses idées un havre de sécurité et de reconnaissance.

Au travers de tous ces changements, l'enfant disparaît pour laisser progressivement place à l'adulte. Maria Montessori a donc identifié la période de douze à dix-huit ans comme la troisième phase de développement et noté sa similitude avec la première moitié de l'enfance. Le dernier niveau, de dix-huit à vingt-quatre ans, rappelle la stabilité et l'essor intellectuel de la seconde moitié de l'enfance, la période intellectuelle de l'enfant. Cette quatrième période marque la fin des deux niveaux de l'âge adulte. Quand elle s'achève, l'adulte est parvenu au terme de sa formation. Si tout s'est bien passé, c'est désormais un être mûr, prêt à vivre de manière avisée et responsable, et à jouer son rôle au service de l'humanité.

Sa découverte des périodes de développement et du principe d'autoformation de l'enfant a poussé Maria Montessori à fixer un nouvel objectif à l'éducation, conçue comme un processus consistant à aider « au développement d'un être humain complet, axé sur l'environnement [c'est-à-dire conscient de sa place dans la création naturelle de l'univers] et adapté à son temps, son lieu et sa culture [prêt à affronter les défis d'une période historique spécifique] ». Qu'ils soient nés à l'âge de pierre ou dans le monde de la technologie moderne, les enfants ont toujours éprouvé le même besoin spirituel de survivre et d'apporter leur contribution au groupe humain dont ils faisaient partie. La raison pour laquelle nous sommes ici, sur cette Terre, réside dans notre aptitude à satisfaire notre besoin d'art, de musique, de religion et de toute autre forme d'expression de soi et d'amour à l'égard de la création et de l'humanité. C'est de cette façon que nous enrichissons notre culture spécifique et le groupe social auquel nous appartenons, et que nous pouvons leur apporter des changements bénéfiques. Nous sommes, en effet, une espèce tout aussi spirituelle que sociale.

La définition que Maria Montessori donne de l'éducation va donc au-delà de l'objectif parental qui vise à assurer le bonheur de l'enfant, pour inscrire le rôle de celui-ci dans le destin de l'humanité. Elle voyait les êtres humains comme des vecteurs de changement dans l'évolution. Nous avons changé la face du monde en créant et en agissant sur les plantes et les animaux, en dépassant les limites physiques de la communication, en voyageant dans le cosmos, et à présent nous scrutons le cerveau humain. Maria Montessori pensait que chaque enfant avait un rôle à jouer dans l'histoire en devenir de la compréhension humaine de l'univers et de l'action que mène l'homme. Elle appelait cette responsabilité individuelle la « mission cosmique ». La période de développement pendant laquelle l'enfant commence à se passionner pour ce concept coïncide avec la scolarité primaire, entre six et douze ans. Elle s'intègre donc au deuxième niveau.

Pour que les élèves de primaire puissent appréhender leur rôle dans l'existence humaine, Maria Montessori jugeait capital de leur faire comprendre que la qualité de leur présent était en lien direct avec les dons des générations précédentes. Son programme scolaire faisait une place aux accomplissements des hommes au fil des âges et mettait l'accent sur la reconnaissance qu'ils méritaient. À l'école primaire, plus qu'ailleurs, les enfants ont besoin d'avoir des héros du passé et de prendre conscience qu'ils participent du noble spectacle de la civilisation humaine. C'est donc à ce moment-là qu'il faut planter le germe du respect à l'égard du progrès humain et de la civilisation dans sa permanence. Tâche très difficile si, au cours du premier niveau, l'enfant n'a pas réussi à se construire une individualité forte. Ce livre traite donc de ce premier niveau si important, et plus particulièrement de celui qui le précède, à savoir les trois premières années de l'existence.

1.

Un être humain accompli

Avant d'entamer les chapitres pratiques qui constituent l'essentiel de cet ouvrage, il nous paraît important de revenir sur la formation de l'être humain. Pour pouvoir aider le jeune enfant dans sa tâche monumentale d'autoconstruction, il nous faut comprendre, premièrement, d'où l'être humain tire son énergie à se former et à répondre positivement à la vie. Comment encourager l'enthousiasme et l'interaction avec l'environnement ? Quels sont les facteurs de découragement ? Deuxièmement, si nous définissons le jeune enfant comme un être incomplet à la naissance, nous devons donner un aperçu du travail de formation qui lui est nécessaire pour se développer en totalité. Les différences qui existent entre les êtres humains et les autres espèces permettront d'éclairer ce questionnement.

Des potentialités infinies

Nous avons dit que le petit humain était incomplet à la naissance. Il nous incombe, à nous adultes, d'assister nos enfants dans leur formidable travail d'autoconstruction afin qu'ils deviennent des adultes accomplis et réalisent leurs potentialités. Ce défi, qui concerne à la fois l'adulte et l'enfant, donne aux êtres humains une place à part parmi les autres espèces. Certes, chez les mammifères notamment, les petits naissent immatures. Cependant, leur tâche est très largement prédéterminée par leurs gènes, et leur instinct obéit à un schéma de développement très limité. Compte tenu des desseins de la création à leur égard, ils ont juste besoin de temps pour grossir et devenir adultes. Cela étant, ils paient le prix de leur prédétermination. Leur adaptabilité à l'environnement manque de souplesse. C'est ainsi que le poulain et le veau, par exemple, sont destinés à manger de l'herbe et des céréales ; les tigreaux et les lionceaux, de petits mammifères. La façon dont ils affrontent les autres défis de l'existence est elle aussi programmée : la fourrure leur tient chaud, les cornes et les crocs leur permettent de se défendre, les pattes de fuir le danger, et ainsi de suite.

L'enfant humain, pour sa part, naît sans comportements préétablis pour répondre aux nécessités de la survie ; ses possibilités sont sans limites. Aucune prédétermination ne vient restreindre notre capacité d'inventer les moyens de satisfaire nos besoins fondamentaux : nourriture, abri, vêtements, déplacement et protection. Nous n'obéissons pas aux instructions spécifiques de l'instinct, mais à notre propension pour certaines actions. Bien que nous soyons nés nus et sans défense, dépourvus de toute possibilité de nous abriter, privés de la connaissance instinctive de ce qui est ou non comestible, ces propensions nous ont permis de survivre, et bien plus encore : nos tendances comportementales expliquent le développement des différentes civilisations à travers les âges, de la préhistoire jusqu'à l'ère moderne de la télécommunication. Maria Montessori a proposé une description de ces propensions pour nous aider à comprendre la manière dont les enfants réagissent à l'environnement dans lequel ils sont nés. Elle n'entendait pas fournir une liste restrictive ou définitive de comportements. Chacun de nous pourrait sans aucun doute en imaginer une de son cru. Toutefois, les idées que nous allons exposer peuvent servir de lignes directrices générales. Pour plus de clarté, nous les avons rassemblées en quatre catégories.

Les tendances comportementales

Première catégorie, qui suppose de répondre à la question « Qu'y a-t-il à l'extérieur ? ». Sont concernées les notions d'exploration, d'ordre et d'orientation. Les êtres humains entreprennent d'explorer leur environnement et d'en découvrir les possibilités. Mais quand nous nous livrons à cette activité, nous devons être capables de retrouver l'endroit d'où nous sommes partis. Ordre et orientation sont donc nécessaires. Nous avons besoin d'élaborer une carte mentale de ce qui nous entoure et de développer intérieurement un sens de la direction, de la distance, du temps et de l'enchaînement des actions. Notre usage du langage et l'organisation de nos pensées sont fondés sur cette capacité à reconnaître l'ordre dans notre vie et de nous en servir. Quand cette propension pour l'ordre et l'orientation est bouleversée – par exemple, lors d'un changement d'environnement géographique ou émotionnel –, nous éprouvons un sentiment de stress et de désorientation. Et si l'on nous empêche physiquement ou intellectuellement d'explorer notre monde, nous tendons vers l'ennui, voire la dépression.

La deuxième catégorie nous aide à exploiter les résultats de nos explorations : que puis-je faire avec ce qui est là ? Notre propension à l'abstraction et notre imagination nous permettent de créer à partir de ce que nous trouvons et voyons autour de nous. Tout le confort et l'aisance apportés par la vie moderne, toutes les visions de noblesse, de courage et d'amour sont issus de notre tendance innée à imaginer ce qui n'est pas encore sous nos yeux. En observant les animaux se servir de leurs sabots pour creuser et de leurs cornes pour se défendre, les premiers hommes ont inventé des outils et des armes de défense. En entendant raconter des actes de bravoure et de sacrifice, les nouvelles générations rêvaient des actes héroïques et des hauts faits qu'elles accompliraient à leur tour pour le bien de tous.

La troisième catégorie, la plus conséquente, concerne le passage crucial du rêve à la réalité : comment puis-je donner corps à mes représentations abstraites ? Pour ce faire, l'être humain dispose de cinq comportements fondamentaux : la manipulation manuelle, la rigueur, la répétition, le contrôle de l'erreur et la perfection. Pour que le vêtement soit aux mesures, que la maison puisse servir d'abri, que le bateau flotte et que la navette spatiale s'élève dans les airs, il aura fallu recourir à chacune de ces tendances humaines. Sur le plan des idées, communisme et fascisme ont été testés par le biais de ces comportements et leurs résultats jugés insuffisants, alors que la démocratie avec ses rêves de liberté et de justice pour tous attire de nombreux pays et fait l'objet d'une évaluation continuelle.

La quatrième catégorie ne comprend qu'une seule tendance. Mais celle-ci peut à bon droit être considérée comme la clé de toutes les autres dans la mesure où elle renvoie à une dimension spirituelle : le don de soi aux autres. Ce comportement répond à la question : comment puis-je dire aux autres ce que j'ai fait ? C'est ce que nous appelons communiquer. Sans communication, chaque génération serait obligée de redécouvrir tout le savoir et toute la sagesse du passé. Mais, ainsi, nous sommes juchés sur des épaules de géants et, au fil des décennies, nous pouvons poursuivre notre avancée pour atteindre de nouveaux sommets dans tous les domaines où l'homme s'illustre.

La globalisation induite par les télécommunications a rendu les idées et les réalisations des êtres humains, qu'elles soient passées ou présentes, accessibles bien au-delà de ce qu'on aurait pu imaginer. Les possibilités sont immenses. Mais les défis ont augmenté de façon exponentielle. Comment faire taire le bruit et le bavardage incessants qui nous entourent dans notre monde technologique, et dégager du temps pour la plus importante de toutes les communications : l'intimité de l'amour, la compréhension et le respect mutuels à la maison, à l'école, au bureau, dans la nature, dans nos lieux de culte et nos couples.

Ces tendances comportementales – exploration, orientation, ordre, abstraction, imagination, manipulation, rigueur, répétition, contrôle de l'erreur, perfection et communication – sont à l'œuvre pendant toute notre vie. Cependant, elles se manifestent différemment au fur et à mesure que nous avançons en âge. L'exploration ne revêt pas le même aspect chez un bébé de sept mois, un enfant de sept ans, un adolescent de dix-sept ans ou un septuagénaire. Mais le phénomène en soi reste une constante du comportement humain dans le cadre d'une vie pleinement vécue, de la naissance à la mort. Comme nos tendances comportementales s'expriment tout au long de notre vie et qu'elles possèdent une validité et une valeur universelles, chacun de nous les reconnaîtra en lui. Il nous suffit de les chercher dans notre comportement quotidien.

Le jeune enfant se construit au fil des différents stades de développement que nous avons exposés en introduction. Lors du premier stade, il se sert de son cerveau absorbant pour intégrer son environnement et des périodes sensibles pour développer des capacités spécifiques, telles que marcher et parler. Au cours des stades ultérieurs, il réagit en fonction de certaines caractéristiques psychologiques qui l'aident à travailler ses facultés.

Ce sont ces tendances comportementales – actives dès la naissance, perdurant au cours des niveaux ultérieurs de formation et en lien constant avec l'environnement – qui feront à terme de l'enfant un adulte en parfait état de fonctionnement. Elles nous donnent l'énergie et l'enthousiasme nécessaires pour entretenir tout au long de notre vie des relations avec ce qui nous entoure. Quand elles s'exercent pleinement au quotidien, quel que soit notre âge, nous éprouvons de la joie et un sentiment de plénitude. En leur absence, nous manquons de tonus et d'enthousiasme.

La force de notre réponse à la vie est donc étroitement liée à l'écho qu'elle rencontre. Il s'ensuit que les enfants n'ont pas seulement besoin d'occasions de réagir à l'environnement, il leur faut aussi un encouragement de sa part. Dans les chapitres suivants, nous verrons comment l'aménager de manière à favoriser les tendances humaines. Vous constaterez que nos suggestions sont souvent en désaccord avec la mode du moment ou le battage médiatique. Un exemple : à l'heure actuelle, les psychologues parlent beaucoup de la « stimulation » nécessaire à l'enfant. L'ennui avec ce terme, c'est qu'il est vague. Quoique animés des meilleures intentions, les parents font preuve d'excès et l'enfant en retire plus de mal que de bien. Comme vous le verrez, un projet simple mais bien pensé, adapté à la formation de l'enfant en fonction de son âge, est ce qu'il y a de plus fructueux.

N'oublions pas non plus que la mission de développement impartie à l'être humain constitue la base sur laquelle s'établit la possibilité pour l'adulte de se créer un foyer. Pour développer notre humanité, nous devons, tous autant que nous sommes, nourrir nos propres tendances humaines. Nos intérieurs domestiques devraient aussi être le reflet des besoins de l'adulte en matière d'exploration, d'orientation, d'ordre, d'imagination, de rigueur, de répétition, de contrôle de l'erreur, de manipulation, de perfection et de communication. Toutes ces tendances comportementales trouvent à s'exprimer dans la musique, l'art et les autres formes de manifestations spirituelles, par exemple, qui ont donc parfaitement leur place chez nous. Par le passé, l'aménagement intérieur incombait essentiellement aux femmes. Quelle que soit la personne qui assume désormais cette responsabilité, son rôle demeure crucial dans la destinée de l'être humain. À l'heure actuelle, bien que nous soyons désormais assez nombreux à jouir d'une aisance matérielle inédite, la création d'un environnement domestique qui soit au service de l'esprit humain, d'un environnement de beauté, d'ordre et de simplicité, reste une tâche exigeante.

Le développement de l'indépendance

Revenons à présent à l'enfant, que nous avons qualifié d'« inachevé » à la naissance. À certains égards, il partage cette incomplétude avec d'autres mammifères, qui ont eux aussi besoin d'être pris en charge par leurs parents pendant un certain temps avant de devenir des adultes parfaitement autonomes. Mais aucun d'eux ne requiert le soutien des adultes au sein de son groupe pendant presque un quart de siècle. Tel est le laps de temps nécessaire à la constitution de l'adulte chez l'être humain, selon Maria Montessori. De récents travaux de recherche sur le cerveau ont confirmé ses conclusions en montrant que les structures neuronales fondamentales des lobes frontaux n'étaient pleinement formées que vers l'âge de vingt-quatre ans. Or, les lobes frontaux sont le siège de nos connaissances et de notre capacité de raisonnement les plus élaborées, dont la sagesse.

Que doit accomplir l'enfant pour devenir un adulte ? Tout commence par le développement du cerveau au travers de la découverte sensorielle de l'environnement immédiat et de la création d'interactions. Ce développement est spécifique à chaque être humain : il n'existe pas deux cerveaux semblables. En ce sens nous sommes tous « originaux ». En fait, le cerveau que chacun se construit est si différent des autres que c'est un miracle que nous puissions nous comprendre et communiquer les uns avec les autres. Pourtant nous le faisons – à l'encontre de toutes les probabilités statistiques[1].

Chez l'enfant, le développement du cerveau se manifeste extérieurement par une indépendance grandissante, des mouvements coordonnés, le langage et une volonté effective. Pour devenir un être humain pleinement formé, l'enfant doit progresser dans tous ces domaines, dès les premiers jours de son existence.

Pour les petits animaux, devenir autonome le plus tôt possible est un gage de survie. Chez l'enfant humain, l'indépendance, la capacité d'agir par soi-même, est essentielle au plan psychologique : c'est ainsi que se construisent l'assurance et la confiance en soi. À sa naissance, l'enfant a besoin qu'on le prenne en charge. Peu à peu, il apprend, avec le soutien d'autrui, à accomplir par lui-même des actes simples, ce qui lui permettra un jour de s'occuper à son tour d'autres personnes. Pour créer la confiance nécessaire à ce processus d'autonomisation, l'adulte doit proposer à l'enfant des défis qui lui soient adaptés. Même un adulte perd confiance s'il se retrouve submergé par des situations où il n'a aucune chance de réus-

---

1 Voir Lise Eliot, *What's Going On In There ?*, Bantam Books, 1999.

site. Or, nous plaçons continuellement les enfants dans cette position en omettant de nous pencher sur les actes simples du quotidien et de trouver les moyens les plus appropriés pour eux de les accomplir seuls.

Tout ce que nous exposerons dans les chapitres ultérieurs aidera l'enfant à développer son indépendance d'action et donc sa capacité à aider ceux dont la compétence est moindre, qu'ils soient plus jeunes ou moins avancés pour d'autres raisons. Maria Montessori a conçu à cet effet des environnements adaptés, en milieu scolaire et familial, préparant ainsi l'enfant à acquérir son indépendance intellectuelle. Les éducateurs et professionnels qui ont à évaluer des élèves Montessori remarquent très souvent leur assurance tranquille.

L'indépendance joue sur la vision que l'enfant a de lui-même. Dans la pédagogie Montessori, une tâche réaliste accomplie en toute autonomie permet de s'autoévaluer. La confiance et l'estime de soi ne viennent pas des compliments ou des jugements de l'adulte, mais des efforts fournis par l'enfant lui-même. Celui-ci commence par explorer un objet, une carotte par exemple, en mobilisant le toucher, la vue, l'odorat. Dans un environnement adéquat, il pourra, à quinze mois, la laver avec une petite brosse. À dix-huit mois, il est capable de se servir d'un épluche-légumes pour ôter un bout de peau à la fois et le mettre ensuite dans un plat. Il peut utiliser un petit couperet avec une lame pas trop aiguisée pour couper la carotte pelée en morceaux afin de la manger ou de la servir au dîner. À cinq ans, un enfant est en mesure de préparer lui-même son déjeuner pour l'école à partir d'ingrédients présélectionnés et avec un minimum d'aide. C'est en faisant ainsi preuve d'indépendance qu'il acquiert un sentiment de maîtrise de soi et de confiance en ses capacités. (*Nota bene*:

le maniement de ce genre d'objets exige la présence de l'adulte ou sa surveillance étroite.)

Cette indépendance de l'enfant ne doit pas servir à faciliter la vie de l'adulte. D'ailleurs au début du moins, aider l'enfant à devenir autonome requiert de l'adulte beaucoup d'efforts et de réflexion. La pédagogie Montessori nous encourage à aller dans ce sens afin que l'enfant expérimente la confiance qu'on acquiert lorsqu'on n'a pas besoin d'attendre l'intervention d'autrui. Ce n'est donc pas pour aider l'adulte que nous aidons l'enfant à devenir indépendant au quotidien : c'est pour aider l'enfant.

La coordination des mouvements

Le lent développement de la coordination des mouvements chez le jeune enfant est le signe le plus évident de son état encore embryonnaire à la naissance. Il n'existe rien de comparable dans le monde animal. À peine né, le poulain se dresse sur ses pattes, quoique chancelant, et au bout de quelques heures il trotte au côté de sa mère. Cette mobilité précoce obéit incontestablement à un impératif de sécurité. Cela dit, les premiers mouvements du poulain sont guidés par l'instinct, non par la pensée. L'enfant, lui, doit développer des mouvements réfléchis, guidés par l'esprit. Ce développement des mouvements est fonction de l'évolution mentale, laquelle a besoin de temps et d'une interaction directe avec l'environnement.

C'est le rôle spécifique que joue l'être humain, facteur de changement dans l'univers, qui nécessite ce préalable de la réflexion. Si nous voulons assister l'enfant dans son apprentissage de la coordination, nous devons garder présente à l'esprit cette idée de responsabilité. Ce qui signifie offrir à l'enfant un environnement favorisant les actes réfléchis accompagnés de leurs possibles conséquences. Nous verrons plus loin la forme que peut prendre cet environnement. Nous dirons simplement ici que l'usage actuel de confiner les bébés et les jeunes enfants dans des lits à barreaux, des parcs, des sièges sauteurs, des balancelles, etc., les empêche de se mouvoir et d'explorer leur environnement. En outre, les pédiatres recommandent désormais de les coucher sur le dos pour des raisons de sécurité. Si les parents ne placent pas délibérément le bébé sur le ventre quand il est réveillé, il ne passera pas suffisamment de temps dans cette position et ne pourra dès lors acquérir assez de force dans les bras pour se redresser sur les genoux, se déplacer à quatre pattes, puis marcher en temps voulu. Ce retard dans la coordination des mouvements peut être lourd de conséquences pour son développement ultérieur.

Notre but est de l'aider à franchir toutes les étapes, ramper, se déplacer à quatre pattes, marcher, utiliser une main pour saisir et lâcher, se servir des deux mains en même temps, et, plus élaboré, la préhension par l'index et le pouce fonctionnant en opposition. C'est sur le perfectionnement de ces deux catégories de mouvement, le corps et la main, que se fondent les grands accomplissements de l'être humain en réponse à son environnement. Aucune autre espèce ne dispose d'une telle palette : de la grâce et de la maîtrise du danseur et de l'athlète qualifié aux gestes complexes, délicats et précis de la main du chirurgien dans la salle d'opération, du scientifique dans son laboratoire et de l'astronaute dans la navette spatiale. Tous ces mouvements féconds sont guidés par l'intellect. C'est cette union de la coordination des mouvements et de l'intelligence humaine que nous essayons de favoriser dès la naissance.

De l'importance du langage

La base du langage, c'est la communication. Les animaux sont assurément capables de communiquer entre eux et cela commence souvent dès la naissance. Paula se rappelle encore le hennissement d'une jument à l'intention de son premier poulain juste après son arrivée, lors d'une froide nuit de printemps, il y a de cela des années. On aurait dit un encouragement et, de fait, la petite pouliche s'était vaillamment redressée et, quelques minutes plus tard, elle tétait sa mère. Ce qui avait le plus surpris Paula, c'était que la jument accueillait son petit comme si elle le reconnaissait, comme si c'était lui qu'elle avait attendu et nul autre. Existait-il entre eux une communication instinctive pendant que le poulain était encore dans son ventre ? Mais s'il peut y avoir communication entre une jument et son petit, elle n'est pas du même ordre que dans le langage humain, qui entretient une relation unique avec la pensée abstraite. Notre langage, écrit ou parlé, est une manière de communiquer nos idées afin de connaître les autres et de nous faire connaître d'eux au travers de l'abstraction.

Le mot « enfant » vient du latin *infans*, qui signifie « qui ne parle pas ». Bien qu'il ne soit effectivement pas capable de parler à sa naissance, le bébé humain est génétiquement programmé pour le langage. Son cerveau reconnaît d'emblée les unités de sons basiques, ou phonèmes, de toutes les langues humaines. Ce phénomène met fortement en évidence le fondement biologique du potentiel du jeune enfant en matière de langage.

Des trois premiers domaines d'autoformation – indépendance, coordination des mouvements, langage –, c'est ce dernier qui est la clé de l'intelligence de l'enfant. C'est lui qui permet une pensée intelligente. Nous pensons en mots et en représentations symboliques. Le langage nous permet d'avoir quelque chose dans l'esprit, de le manipuler et de créer du nouveau. Nous sommes capables de retenir une idée, ce qui permet, même au jeune enfant, d'obéir à un ordre simple : « Apporte-moi le ballon rouge » ou « Va chercher trois cuillères ». L'une des raisons pour lesquelles nous tenons tant à donner le langage au jeune enfant, c'est qu'il s'agit là d'un outil dont il se servira pour penser et construire son esprit. D'une certaine manière, notre langage, c'est nous.

Les abstractions que nous créons par le biais du langage élèvent les actions humaines à un niveau supérieur et donnent du sens à une existence qui, autrement, resterait purement physique. Grâce au langage, le comportement sexuel, pure réaction physique chez les animaux, devient l'expression la plus profonde et la plus intime de l'amour et de l'union durable entre les êtres humains. C'est dans le processus d'abstraction que naissent les concepts du bien et du mal ainsi que les vertus qui nous sont nécessaires pour affronter leur antagonisme. L'art et la religion, ces modes d'expression si typiquement humains, deviennent alors possibles, tout comme les qualités que nous associons au domaine spirituel et artistique : contemplation, réconfort, compassion et goût de la beauté, que celle-ci naisse de la musique, de la peinture, de la littérature ou de la nature.

Le développement de la volonté vient mettre un terme à l'autoconstruction de l'enfant. Sans une volonté disciplinée, l'être humain ne saurait vraiment mériter le qualificatif d'humain. C'est notre faculté de choisir comment nous comporter, à l'inverse de la prédétermination par l'instinct, qui nous différencie en fin de compte du règne animal. L'écureuil fait provision de noisettes pour l'hiver, le rhinocéros se sert de sa corne comme d'une arme et le castor utilise ses dents pour couper des arbres et établir un barrage qui le protégera. Aucun de ces actes ne relève d'une décision consciente. Ils sont le résultat de l'instinct d'adaptation. À l'inverse des animaux, nous choisissons notre manière de nous adapter à notre environnement.

La maîtrise de la volonté

Libres de choisir notre comportement, nous avons pour mission première d'apprendre à nous contrôler. L'enfant passe les trois premières années de sa vie à acquérir une maîtrise consciente de sa volonté. Dans notre société, malheureusement, le terme « volonté » appliqué aux enfants est souvent utilisé de manière inadéquate. Certains ouvrages qualifient de « volontaire » au sens d'obstiné un enfant qui ne peut ou ne veut pas coopérer avec les adultes ou les membres de sa famille, alors qu'en fait il n'a pas pu développer sa volonté. Dans la pédagogie Montessori, nous mettons l'accent sur le développement de la volonté comme force positive nous permettant d'apprendre de notre environnement et de notre société, et de leur apporter notre contribution. Dès lors, comment les enfants acquièrent-ils cette capacité indispensable ?

Durant les premières semaines de son existence, le bébé emploie tous ses efforts à rester concentré sur un aspect de son environnement qu'il a lui-même choisi. L'attention prolongée et la répétition permettent au cerveau de créer des structures neuronales qui représentent le savoir acquis. C'est au travers de cet effort de concentration et de maîtrise de l'attention que se fait l'apprentissage. Toute la créativité humaine et la capacité de changer le monde viennent de cette faculté de porter son attention sur des détails spécifiques. Notre capacité de concentration est donc ce qui fonde la possibilité d'un progrès humain. Il n'y a pas de meilleur témoignage de ce que nous sommes destinés à poursuivre notre apprentissage tout au long de la vie. En tant qu'espèce, nous avons passé notre temps à résoudre des problèmes – depuis la découverte du bon usage du feu par les premiers hommes jusqu'à notre compréhension actuelle des biotechnologies et de leurs bénéfices pour l'humanité.

Peu à peu, le jeune enfant commence à pouvoir s'imposer une contrainte et, à dix-huit mois, il possède déjà une certaine conscience de soi. Mais il faut attendre l'âge de trois ans environ pour qu'il se rende progressivement compte que ses idées sont différentes de celles des autres. Entre dix-huit mois et trois ans, il doit passer du stade où il demande ce dont il a envie, quand il en a envie, où il en a envie, à celui de l'enfant capable de se soumettre aux requêtes de l'adulte. L'obéissance librement consentie est un premier pas nécessaire pour pouvoir s'adapter au comportement civilisé et vivre de manière responsable dans une collectivité. Nous suivons de près la progression de l'enfant, depuis l'affichage d'un comportement déterminé jusqu'à l'acquisition de la volonté : « Je peux canaliser mes énergies. Je peux refréner mes actes. Je peux contrôler mes impulsions. » Rien ne garantit que cette transformation se fera. Tout comme pour l'indépendance, la coordination des mouvements et le langage, nous ne naissons pas avec une volonté disciplinée, mais avec la capacité de l'acquérir. Les enfants ont besoin de moyens très spécifiques pour instaurer une volonté consciente avant la fin de leur troisième année.

Le rôle de l'adulte

À présent, nous comprenons la raison de la naissance précoce du petit humain. Elle vise à développer l'indépendance, la coordination motrice, le langage et la volonté dans un environnement historiquement situé. L'adaptation aux situations et aux habitudes humaines ne connaît dès lors virtuellement pas de limites. L'enfant est un être spirituel qui demande : Pourquoi suis-je ici ? Quelle est ma tâche, ma responsabilité ? Les adultes doivent être en mesure d'identifier cette quête de sens pendant qu'ils essaient d'aider l'enfant à devenir un être humain.

Leur rôle consiste à lui préparer un environnement, à le guider dans son interaction avec lui et à lui donner une liberté assortie de responsabilité. S'ils le font en connaissance de cause et avec amour, l'enfant reçoit tout le soutien nécessaire et, par la suite, il sera capable de continuer à apprendre sa vie durant, d'assumer des responsabilités, de se mettre au service d'autrui et, pour finir, de devenir lui-même parent. L'équation éducative selon Montessori comporte donc trois éléments essentiels : un adulte préparé, un environnement préparé, une liberté accompagnée de responsabilité.

2.
Accueillir le nouveau-né

Pendant neuf mois, l'environnement de l'enfant à naître existe sans que nous ayons à faire quoi que ce soit si ce n'est veiller au bien-être de la mère. Mais dès que le bébé entreprend de sortir du ventre maternel, il nous faut préparer son deuxième environnement en réfléchissant à comment répondre à ses besoins d'autoformation. La volonté et l'attention jouant à cet égard un rôle crucial, elles doivent pouvoir se développer le plus tôt possible. Les premières semaines sont déterminantes et le temps est précieux. Notre tâche consiste donc à fournir d'emblée au nourrisson la possibilité d'exercer sa concentration.

Préparer la chambre du bébé

Examinons la chambre du nouveau-né. Qu'y trouvons-nous généralement ? Un lit à barreaux, une table à langer, peut-être un fauteuil à bascule pour l'adulte. En fait, nous sommes déjà en train de dire : « C'est un endroit où le bébé n'est pas réveillé. » Dès le début, nous prenons l'habitude de transporter les enfants là où il y a de l'animation dès qu'ils se réveillent. Ils n'ont quasiment pas l'occasion de rester dans leur chambre à ce moment-là ni d'exercer leur attention sans être distraits. Nous allons voir comment créer un environnement où ils puissent passer du temps seuls, profondément absorbés, parfois même pendant plusieurs heures.

Pour favoriser ce degré d'implication, il est bon d'amener l'enfant à la limite de son seuil de compétence. Il y a un juste équilibre à trouver entre stimulation et soutien, et pour cela, il faut comprendre la façon dont l'enfant se développe et s'y conformer. À première vue, notre chambre de bébé Montessori paraît simple et quelconque, surtout si on la compare aux pièces gaies et colorées qu'on voit habituellement. Mais elle dégage une atmosphère de calme qui manque dans les environnements plus animés. Elle est belle et apaisante dans sa simplicité.

Dernièrement, nous sommes allés rendre visite à des parents qui attendent leur premier enfant et qui viennent juste de terminer notre atelier. Voici à quoi ressemble la chambre qu'ils ont préparée. Les murs sont d'un beau bleu ciel, nus, à l'exception d'une photo de paysage encadrée. Celle-ci est accrochée à côté d'un fauteuil à bascule. Le bébé peut donc la voir quand il est sur l'épaule de son père ou de sa mère et qu'on lui tapote le dos pour lui faire faire son rot. Une grande fenêtre dispense un éclairage naturel, il y a également un plafonnier qui diffuse une lumière chaude. Un large futon à deux places est installé dans un coin, bordé du côté des murs par des traversins rigides, couleur crème. Il est recouvert d'un drap-housse, sur lequel est posé un couffin (une nacelle souple pour le couchage et le transport, que l'on trouve dans les magasins et les catalogues d'articles pour bébé) où le nouveau-né passera ses premières nuits. À l'une des extrémités du futon il y a un miroir fixé au mur et, au plafond, un crochet servant à suspendre des mobiles. Sur une étagère basse en bois sont placés un petit panier et un minuscule hochet en argent. On a installé dans un coin un chauffage d'appoint sécurisé (on est en hiver) pour maintenir la pièce à la bonne température. Un tapis à poils de couleur vive couvre le plancher à côté du futon.

La partie de la chambre où est disposé le fauteuil est réservée à l'allaitement. Il y a un repose-pieds et une petite table pour les mouchoirs en papier, une pendulette et un verre d'eau pour la mère. Il y a aussi un endroit pour changer l'enfant, avec une petite armoire en bois d'un mètre de haut environ, qui peut servir de table à langer. Sur le dessus, un coussinet blanc formé d'une douzaine de morceaux réutilisables de flanelle caoutchoutée que la mère a achetés dans un magasin de tissus et coupés aux dimensions de la « table ». L'armoire est flanquée d'une poubelle pour les couches sales, munie d'une pédale servant à ouvrir et fermer le couvercle. Une seconde poubelle, moins grande, accueille les lingettes et les draps de flanelle sales.

À l'intérieur de l'armoire, on trouve une pile bien rangée de lingettes en coton et un bol d'eau chaude pour nettoyer l'enfant, des couches lavables pliées, taille nouveau-né, et d'autres articles de soin (huile d'olive, gelée sans pétrole et poudre sans talc). Sur la droite, il y a trois petits tiroirs pour les vêtements et, sur la gauche, un petit placard contenant un panier pour le linge sale du bébé. Une pièce de tissu bleu de 60 centimètres sur 90, équipée de poches, est suspendue au mur, au-dessus de l'armoire. Les poches accueillent des objets utiles : thermomètre, tampons de ouate, coupe-ongles, brosse à cheveux, etc.

La chambre est donc soigneusement, quoique sobrement, meublée pour satisfaire aux quatre besoins élémentaires de l'enfant : sommeil, hygiène, allaitement et activité. Presque tout est à une faible hauteur et les objets s'ajusteront à l'évolution des besoins de l'enfant au cours de sa croissance. L'étagère est suffisamment robuste pour qu'il puisse prendre appui dessus quand il commencera à se redresser et apprendra à marcher. Elle pourra aussi accueillir ses jouets. Et il utilisera la même armoire pour s'habiller lorsqu'il sera en âge de le faire.

Pour l'heure, cet environnement donne à l'enfant tout l'espace voulu pour être couché et actif. Même un nouveau-né peut se tortiller et se déplacer sur une courte distance. Quand il est étendu sur le dos, un mobile lui permet d'exercer son attention et de suivre des yeux le lent mouvement de ses composantes. Quand il est sur le ventre, il peut travailler à relever la tête et à se regarder dans le miroir mural placé à proximité du futon. Ce faisant, il acquiert la force nécessaire pour garder la tête redressée pendant une période plus longue et, bientôt, il sera capable d'embrasser la chambre du regard. Cette position l'aide aussi à exercer ses jambes et à renforcer ses bras en se repoussant du matelas de manière répétée. Et un jour, il parviendra à ramener ses genoux sous lui et à traverser la pièce dans un but précis.

Conformément aux informations dispensées en atelier, les parents lui donneront des hochets en suivant une progression logique, stimulant ainsi la préhension et l'esprit de découverte. À trois mois, ils suspendront un objet juste à sa portée pour qu'il puisse s'exercer à tendre la main. Il essaiera et réessaiera jusqu'à ce qu'il parvienne à le toucher. Puis, il améliorera son geste et saisira l'objet, l'attirant vers sa bouche pour l'étudier. Quand il sera assez grand pour s'asseoir, ses parents lui donneront une boîte en bois avec un trou sur le dessus pour y introduire une balle (suffisamment grande pour qu'il ne puisse pas l'avaler). Ce ne sera pas dans le but de lui apprendre à mettre une balle dans un trou, mais pour encourager l'attention nécessaire au développement de son intelligence.

Dans ces conditions, la tâche soumise à l'enfant ne doit être ni trop facile ni trop difficile. Joseph McVicker Hunt, célèbre psychologue américain des années 1950 et 1960, appelait cela « le problème de la juste corrélation » et rendait hommage à la solution imaginée par Maria Montessori. Celle-ci faisait de la concentration acquise par l'enfant grâce à cette « corrélation » avec l'environnement la pierre de touche de sa théorie éducative. Les environnements Montessori sont conçus pour favoriser la concentration des enfants, quel que soit leur âge, au moyen d'un matériel proposant un degré de difficulté progressif. De ce fait, l'enfant est toujours confronté au niveau de stimulation adéquat.

L'émerveillement ressenti par nombre de visiteurs en voyant la fascination des enfants pour leur environnement confère aux salles de classe Montessori une dimension de spiritualité. C'est notre capacité de nous transformer par l'attention soutenue que nous portons à ce qui nous entoure qui est la plus spirituelle des qualités de l'être humain. Nous entrons dans la création comme une espèce nouvelle, nous sommes constitués de poussière comme toutes les autres espèces, mais nous façonnons cette poussière pour en faire un autre être ayant à chaque fois un statut original. Ce ne sont pas les gènes et l'ADN qui font l'être humain. Notre destin consiste à construire notre personnalité tout au long d'une vie d'apprentissage et d'expérience. Si vous en doutez, allez voir une communauté enfantine Montessori (de dix-huit mois à trois ans) et observez la façon dont les enfants s'impliquent et s'absorbent dans leur environnement. Ils travaillent avec acharnement pour devenir des êtres humains capables d'indépendance, maîtrisant les mouvements, le langage, et contrôlant leur volonté.

Trouver l'équilibre entre soutien et stimulation

Lorsqu'on cherche à favoriser la concentration de l'enfant, il est important de garder présent à l'esprit que, si son attention est attirée par autre chose que sa tâche du moment, il se déconcentre. Applaudissements, compliments, baisers ou autres gestes bien intentionnés réorientent son attention vers l'adulte. Trop d'interférences de ce genre et l'enfant devient emprunté. Lorsqu'on est trop conscient de soi, il est difficile de se concentrer sur ce qu'on fait, quel que soit l'âge. C'est le cas au sport, par exemple, quand on se préoccupe surtout de l'impression qu'on produit sur les autres ou quand, en prononçant un discours, on se soucie davantage de son apparence que du public et du message qu'on veut faire passer. Lorsque l'enfant s'absorbe dans une tâche, il faut éviter d'attirer son attention sur ce qu'en pensent les adultes autour de lui.

Notre objectif, par conséquent, est de lui créer un environnement encourageant, qui maintienne un juste équilibre entre la stimulation et le soutien, et où l'adulte ne soit pas trop présent. Lorsque vous aménagez la chambre de votre enfant, commencez par réfléchir à l'endroit où il dormira parce que c'est ce qui déterminera ce qu'il verra au réveil. Le traditionnel lit à barreaux n'est pas intéressant pour lui. Que choisir, alors ? Permettre à l'enfant de voir toute la pièce serait utile. Un miroir mural placé à proximité lui offrirait un moyen supplémentaire de voir la chambre. Un mobile suspendu au plafond à 20 ou 25 centimètres de ses yeux et remplacé par un autre une fois qu'il se sera familiarisé avec lui créerait un centre d'intérêt précis au cours des premiers mois. Lui permettre de se mouvoir dans toute la pièce ouvrirait un champ de possibilités énorme. Du matériel soigneusement choisi, respectant les différentes étapes de son développement, disposé dans la chambre et accessible à tout moment, lui garantirait une stimulation renouvelée. Enfin, nous devons laisser l'enfant passer du temps dans sa chambre sans l'interrompre de façon inconsidérée.

Maria Montessori a conçu une pièce de ce genre, élégante dans sa simplicité, peu coûteuse à aménager et facile à transformer pour s'adapter à l'évolution des besoins de l'enfant.

L'exemple du couple cité ci-dessus nous a permis de décrire à grands traits la façon dont on peut interpréter ces principes. Reprenons à présent les quatre grands domaines – sommeil, hygiène, allaitement et activité – pour que vous puissiez décider de leur mise en œuvre au bénéfice de votre enfant.

Le sommeil

Le lit est grand et placé sur le sol. Il vaut mieux prendre un lit à deux places et le matelas ne doit pas faire plus de quelques centimètres d'épaisseur[1]. Lorsqu'on lui offre la possibilité de se mouvoir sans restriction, même un tout petit bébé parvient rapidement à se déplacer sur son lit. S'il arrive au bord, il a tendance à reculer. Sinon, ce n'est pas un problème puisqu'il n'est qu'à quelques centimètres du sol. Pour le coucher, on ne se sert que du drap de dessous. Une couverture ou une couette de petite taille, semblable à celle qu'on utilise dans un berceau ou un landau, couvre le bébé pendant son sommeil. On peut installer un coussinet ou un drap sur le drap-housse afin d'éviter de le salir et d'avoir à le laver trop souvent. Il ne faut jamais border un enfant. Au début, on peut aussi placer au bord du lit un petit tas de serviettes enroulées ou des couvertures en laine pliées qui faciliteront la transition avec le sol. Le lit est placé dans un coin de la pièce, afin que seuls deux de ses côtés soient ouverts sur l'espace de la chambre, limitant ainsi l'accès au sol. Vous pouvez également poser contre le mur un couffin qui fera office de tampon (ou des traversins rigides, comme dans l'exemple précédent). Une mère nous

1 Un matelas escamotable ou un futon d'une dizaine de centimètres d'épaisseur tout au plus fera l'affaire – comme dans l'exemple cité *supra*. Quand l'enfant est plus âgé, le matelas ou le futon peut être un peu plus épais.

a rapporté que, lorsque son bébé bougeait beaucoup entre quatre et six mois, elle avait placé un tapis moelleux juste à côté du lit. De cette façon, l'enfant atterrissait en douceur sur le sol en sentant la transition. Il apprenait ainsi à connaître les frontières de son lit d'une manière naturelle et sûre.

Les lits communément utilisés en Europe à l'heure actuelle ont été conçus à l'origine pour assurer la sécurité des enfants. Cependant, ils peuvent présenter un risque. Le plus fréquent est de voir le bébé basculer et tomber sur la tête et le cou en essayant d'escalader les parois. Certains se retrouvent ainsi avec des commotions cérébrales et de graves blessures du dos et de la colonne vertébrale. Qui plus est, la période pendant laquelle l'enfant passe du lit à barreaux au lit normal peut être difficile. En effet, il a pris des habitudes et il n'est pas rare qu'il se montre peu enclin à abandonner son lit, surtout si c'est au profit d'un nouveau bébé. Sans compter qu'il n'est pas accoutumé à dormir sans murs autour de lui, si bien que le risque de chute ajoute à ses inquiétudes. S'il dispose dès le début d'un lit Montessori, le changement peut s'effectuer de manière progressive : entre trois et cinq ans, il passe à un lit plus élevé, équipé d'un sommier à ressorts et d'un matelas, et au-delà de cinq ans, à un lit d'adulte de dimensions normales.

Comme l'enfant dort sur un lit placé au sol, la pièce doit être aménagée de manière à assurer sa sécurité, et ce d'emblée, pour ne pas avoir à procéder ensuite à des modifications importantes. On installe une barrière de sécurité à la porte, comme celles que l'on place en haut d'un escalier. Cette mesure de précaution permet d'éviter que l'enfant ne sorte de sa chambre pendant que ses parents dorment. Il est donc protégé, mais sans être aussi restreint dans ses mouvements que s'il était enfermé dans un lit à barreaux. Passez les moindres détails en revue. Couvrez toutes les douilles d'ampoule électrique exposées. Si vous utilisez une lampe, fixez bien le câble entre le coffre et le mur de façon à ce que l'enfant ne puisse pas déplacer la lampe ni accéder à la prise. Les fenêtres doivent se trouver à bonne hauteur. Dans le cas contraire, verrouillez-les ou sécurisez-les. Vérifiez qu'il n'y ait pas de petits objets isolés sur le sol, faites quotidiennement le ménage. Quand on prend les mesures appropriées, la chambre offre le plus sûr des environnements.

Comme dans l'exemple des jeunes parents, un grand miroir carré de 60 sur 90 centimètres, en Plexiglas ou verre de sécurité, est fixé au mur, suffisamment bas pour que le bébé puisse se voir dès qu'il est capable de redresser la tête. En attendant, ce miroir lui assure un aperçu plus étendu de sa chambre même lorsqu'il est complètement couché sur le ventre. Au-dessus du lit, un crochet fixé au plafond permet de suspendre un mobile, qui pourra être facilement changé afin de renouveler l'intérêt de l'enfant. Un simple coffre accueille les vêtements, les couches et tous les objets nécessaires. Pendant les premiers mois, le dessus du coffre sert de table à langer. Le placard contient d'autres fournitures, vêtements et jouets, et de quoi répondre aux besoins de l'enfant au fur et à mesure de leur évolution. Sur une étagère basse, une seule corbeille au début, avec un hochet, puis viennent se rajouter d'autres corbeilles, contenant d'abord des balles en tissu, et par la suite d'autres objets appropriés. Il est important que le coffre et l'étagère soient suffisamment proches du sol pour que le bébé ne se retrouve pas coincé en dessous lorsqu'il commence à « crapahuter ».

Favoriser la concentration

Les parents doivent seconder les efforts de concentration de l'enfant lorsqu'ils commencent à se manifester. Pour ce faire, il y a plusieurs principes à respecter. Ils doivent apprendre à distinguer ce qui, dans l'expérience de l'enfant, relève du subjectif et de l'objectif. En d'autres termes, observer ce qu'il ressent. En effet, il peut très bien faire une chose comme il faut tout en s'ennuyant. Citons pour exemple un enfant plus âgé réussissant un examen avec répugnance. Les actes ne nous renseignent pas toujours sur l'expérience subjective, il est donc nécessaire d'être attentif et intuitif. Nous apprenons ainsi à distinguer concentration et jeu désordonné. Un bébé de dix-huit mois faisant « vroum vroum » avec sa petite voiture en la précipitant de manière répétée sur le tapis est absorbé dans une activité dénuée de sens. Ce que nous espérons encourager à cet âge, c'est une attention focalisée sur un aspect de la réalité de manière à favoriser l'apprentissage.

L'adulte doit se montrer très vigilant pour ne pas passer à côté du moment où l'attention s'installe chez l'enfant. On ignore, en effet, ce qui peut la retenir. Un enfant de trois ans sera peut-être captivé par le fait d'ôter et de remettre le couvercle d'un flacon de vernis. Il n'accédera pas nécessairement à l'acte de vernir, qui fait partie du processus. À ce stade de son développement, manipuler le couvercle est une activité raisonnée. L'enfant exerce son poignet et ses doigts, essaie de comprendre le mécanisme du couvercle et porte une attention particulière à l'acte effectué par sa main. L'adulte doit s'efforcer de faire la différence entre l'activité raisonnée, à quelque moment que ce soit, et celle qui est dénuée d'intérêt. Cela lui demande de développer ses facultés latentes d'observation.

Pour mieux comprendre ce que l'enfant ressent au moment où il est plongé dans une intense concentration, il nous suffit de penser à ce que nous éprouvons nous-mêmes dans une situation analogue. L'œuvre de Mihaly Csíkszentmihályi peut nous y aider. Le psychologue hongrois donne à ces moments de concentration intense le nom de « flux[1] ». Maria Montessori les appelait « le travail de l'enfant », parce qu'elle pensait que l'enfant se construisait lui-même au travers de ce processus. En pareille occasion, nous sommes profondément absorbés dans le moment présent. Nous sommes tranquilles, concentrés au maximum de nos capacités. Ce qui nous intéresse, c'est la gratification inhérente à l'activité, non les bonnes notes, le salaire, les compliments ou la reconnaissance. Notre motivation persiste en dépit des contretemps et des échecs, nous faisons preuve de persévérance et de perfectionnisme. L'artiste et l'athlète, le scientifique et le mathématicien, le poète et le technologue, l'étudiant et le professeur, tous font l'expérience du flux.

Rien de plus naturel que la concentration chez l'être humain. Expression d'un état normalisé, elle entraîne détente et satisfaction. Parlant d'enfants ayant expérimenté ce type de travail, Maria Montessori les décrit comme tranquilles, heureux, reposés même et témoignant d'une générosité d'esprit tout à fait nouvelle.

Afin de mieux comprendre le fonctionnement de ce flux, Csíkszentmihályi a étudié des personnes douées d'une grande créativité et fortement engagées dans leurs activités. Chez toutes, il a découvert une certaine complexité psychologique. Leur pensée effectue des va-et-vient entre raison et intuition. Elles n'essaient pas de rester figées, leur manière de penser a quelque chose de ludique.

---

1 Mihaly Csíkszentmihályi, *Flow*, Harper and Row, 1990 [*Vivre : la psychologie du bonheur*, Pocket, 2005] ; *Finding Flow*, Basic Books, 1997 [*Mieux vivre en maîtrisant votre énergie psychique*, Pocket, 2006] ; et *Becoming Adult*, Basic Books, 2000.

Pour aller dans ce sens, les enfants ont besoin à la fois de structure et de soutien. Nous avons parlé des éléments concrets qui doivent être présents dans leur environnement. Le soutien, lui, est fonction du contexte émotionnel familial. Une atmosphère positive évite à l'enfant d'être distrait ou angoissé. Dans le cas contraire, il ne reçoit pas de ses parents l'aide nécessaire pour s'impliquer réellement dans sa vie. L'objectif est de créer une vie de famille qui fasse toute sa place à la joie et à la spontanéité. Cela exige des parents qu'ils donnent l'exemple. Ils doivent trouver un équilibre entre l'excès de décontraction – le manque d'attention aux difficultés que leur enfant doit affronter – et l'excès de sérieux et de détermination à son égard. De la même façon, si des enfants de moins de trois ans passent de longs moments en dehors du foyer, les adultes qui s'occupent d'eux dans cet autre contexte doivent instaurer un climat positif.

Autre élément à prendre en considération lorsqu'on essaie de comprendre l'expérience du flux : les liens de l'inhibition et de la répétition avec le développement de la concentration. Maria Montessori apportait à cette dualité une réponse éminemment pragmatique. Elle engageait l'enfant tout entier dans le processus d'apprentissage : le corps et l'esprit, la main et le cerveau. En conjuguant sans relâche « le faire et la pensée », l'enfant développe peu à peu la capacité d'inhiber tous les mouvements qui ne sont pas pertinents au regard de la tâche à accomplir. De plus, en encourageant la répétition, Maria Montessori garantissait que l'enfant œuvrait à la coordination de ses mouvements jusqu'à ce qu'ils deviennent naturels. Les mouvements superflus sont évacués, aussi ne s'agit-il pas simplement de refaire sans cesse les mêmes gestes. Nous savons maintenant ce que Maria Montessori ne pouvait que deviner par l'observation extérieure : l'enfant se constitue un cerveau plus efficace en éliminant certaines possibilités neuronales par la désactivation et en renforçant par la répétition les trajets souhaités.

Nous observons qu'à l'heure actuelle il y a beaucoup plus d'enfants handicapés par des problèmes d'attention qu'autrefois. Il est peu probable que nos gènes aient changé et nos écoles n'ont pas modifié leurs méthodes d'apprentissage. Alors comment expliquer ce phénomène nouveau si ce n'est par un changement dans le mode de vie des enfants ? Cela dit, la difficulté ne vient peut-être pas tant de la façon dont l'environnement perturbe leur attention que de l'absence du temps nécessaire au développement de la concentration avant la scolarisation. Autrement dit, c'est peut-être le résultat d'un manque de travail au cours de la petite enfance. Nous savons qu'il existe une période sensible pour le langage qui va de la naissance jusqu'à l'âge de six ans environ. Se pourrait-il qu'il y ait aussi une période sensible pour l'attention – un laps de temps où l'enfant doit développer sa faculté de concentration ? Et s'il ne le fait pas, s'en trouve-t-il handicapé (comme pour le langage) pour le restant de sa vie ?

Un état de profonde concentration nous tient éloignés des stimulations extérieures. Le corps et l'esprit sont unis. La concentration protège l'enfant d'un excès de stimulation de la part de l'environnement. Pour le cerveau de l'adulte, l'apprentissage abstrait constitue un processus viable. Nous pouvons apprendre « en étant assis et en écoutant », effectuer des travaux extérieurs (devoirs) et passer des examens dans les matières prescrites. La scolarité normale, en ne s'intéressant qu'à une moitié de l'expérience d'apprentissage – l'esprit –, n'améliore pas la concentration de l'enfant. Celui-ci est engagé dans un processus d'autoconstruction. Bien que les enfants commencent à raisonner et à penser en termes abstraits à partir de six ans, Maria Montessori s'est rendu compte que le fait de leur présenter de nouvelles idées sous une forme concrète – donc en associant le corps et l'esprit – les aidait à mieux comprendre les concepts et à améliorer leurs capacités réflexives. Elle a observé qu'il fallait attendre les dernières années de primaire pour qu'ils se mettent progressivement, chacun à son rythme, à travailler entièrement sur une base abstraite. Ils le font de leur propre chef, continuant dans un premier temps à soumettre leur travail à une vérification concrète, pour ensuite y renoncer complètement. La concentration dont font preuve ces enfants de douze à quatorze ans, capables de travail abstrait pendant des périodes ininterrompues de trois heures, constitue un sujet d'étonnement pour les adultes.

La question, pour les parents, est d'arriver à créer un environnement qui encourage le développement de la concentration dès la petite enfance et favorise les expériences de flux chez tous les membres de la famille. Ce faisant, ils offrent une image fidèle de la complexité de la vie. Les parents doivent se montrer souples et ouverts tout en proposant un environnement structuré. En instaurant un climat positif et spontané, en trouvant le juste milieu entre l'indulgence et la sévérité excessives, ils protègent efficacement la capacité de concentration de l'enfant. L'excès d'indulgence interdit à l'enfant de se confronter aux difficultés ; l'excès de sévérité inhibe le désir d'activité et l'apprentissage du contrôle de soi[1].

La recherche a montré que, lorsque les parents deviennent rigides et trop centrés sur l'objectif, il se crée un déséquilibre entre la difficulté et le soutien : le soutien est trop faible, la

1 Voir Kevin Rathunde, « Montessori Education and Optimal Experience », *NAMTA Journal*, 26/1, hiver 2001.

difficulté trop grande. Dans ce genre de contexte, les parents comme les enfants obtiennent d'excellents résultats, mais le plaisir est absent. Dans les familles où le soutien est élevé et la difficulté faible, les enfants n'apprennent pas à se concentrer. Ils sont impulsifs et même s'ils paraissent trouver du plaisir à ce qu'ils font, un examen plus attentif révèle qu'en réalité ils sont malheureux et irascibles. Ils n'ont pas d'objectifs et n'apprennent pas à contrôler leur volonté. Les foyers où le degré de soutien et de difficulté est faible représentent le cas de figure le plus désastreux. Là, les besoins de l'enfant en matière de concentration sont totalement ignorés. Rien d'étonnant, dès lors, si ces enfants se caractérisent par une « attention chaotique[1] ».

Pour développer sa concentration, l'enfant doit être protégé et encouragé par ses parents pendant une longue période. Il a besoin d'être confronté à la difficulté, mais aussi de vivre dans un environnement positif et sécurisant. Cela lui permet de consacrer toute son énergie à se développer plutôt qu'à trouver les moyens de survivre physiquement et émotionnellement. L'enfance pose les fondations de la personnalité et de la réponse que chacun apporte à la vie. L'être humain continue d'évoluer tout au long de son existence et cela lui demande d'être souple et adaptable. Il n'en reste pas moins que le développement de la concentration dans la petite enfance constitue un élément crucial de l'autoformation ultérieure.

---

1 Diana Baumrind, « Rearing Competent Children », dans William Damon (éd.), *Child Development Today and Tomorrow*, Jossey-Bass, 1989, p. 349-378.

3.

Découvrir le monde

Les enfants de moins de trois ans ont d'autres moyens que les adultes de maintenir leur attention et de développer leur esprit. Ils ne sont pas capables de faire appel à la raison, à la pensée abstraite, à l'imagination, aussi ne peuvent-ils choisir consciemment, en se fondant sur leur intelligence, ce qui retiendra leur attention. Cependant, ils possèdent une faculté très particulière de s'imprégner des éléments de leur environnement du simple fait d'y être exposés. Cet « esprit absorbant », pour reprendre l'expression de Maria Montessori, est ce qui fonde l'adaptabilité universelle de l'être humain. Comme l'enfant absorbe chaque facette de son environnement, nous devons faire très attention à ce que nous y introduisons. Nous voulons assurément qu'il obéisse aux principes universels de beauté, d'ordre et de simplicité. Des couleurs apaisantes, des motifs simples sur les murs de la chambre, par exemple, produisent des effets bénéfiques. Si l'arrière-plan est discret, les objets placés dans la pièce attirent plus facilement l'attention du bébé et favorisent l'intérêt et l'exploration.

L'importance des sens

Le jeune enfant possède un esprit absorbant qui accueille l'environnement dans son ensemble, mais il a aussi les moyens de mener une exploration sélective et précise par l'intermédiaire de ses cinq sens. Dès la naissance, le bébé explore par le toucher, l'odorat, le goût – des sens qui ont tous rapport avec la nourriture et sont les plus développés à ce moment-là –, mais aussi par l'ouïe et la vue – ces deux derniers étant alors les moins éveillés. C'est par cette exploration sensorielle que l'enfant s'habitue à un objet spécifique. Par conséquent, lorsqu'ils réorganisent l'environnement sur une base hebdomadaire ou mensuelle, les parents doivent veiller à renouveler les objets et à mettre en valeur d'autres stimuli. Maria Montessori qualifiait l'enfant de moins de six ans d'« explorateur sensoriel » et son approche éducative des jeunes enfants se fonde sur l'apprentissage par les sens. Le fait qu'elle ait bien identifié les moyens qu'ils mettent en œuvre pour apprendre au mieux – c'est-à-dire avec facilité, concentration et minutie – a permis aux élèves des écoles Montessori de développer un intérêt soutenu pour leur environnement et pour l'apprentissage en soi.

Quel genre d'instruments employer pour le jeune enfant, explorateur sensoriel doté d'un esprit absorbant ? Il faut, c'est une évidence, avoir recours à du matériel concret. À cet âge, les enfants ne peuvent se servir de leur imagination ou de l'abstraction pour apprendre à connaître le monde. Ils doivent donc commencer par le concret et développer les outils qui mènent à l'abstraction et assureront leur développement ultérieur. Ils ont par conséquent besoin d'objets dont ils puissent absorber les caractéristiques par les sens.

Il est très important que ces objets soient issus de la réalité. On se méprend trop souvent sur la question de l'imagination dans la vie du jeune enfant, aussi répétons-le : tout ce que l'adulte lui donne à explorer par les sens doit être une représentation du monde réel. Les expériences que fait le jeune enfant à partir du monde réel constituent le fondement de son imagination et de sa pensée créative durant ses années de primaire, lorsqu'il est passé d'un esprit « absorbant » à un esprit « raisonnant ». Les sensations qui ne lui apportent aucune connaissance du monde sont sans utilité pour lui. Pis, elles peuvent lui donner des informations erronées et dommageables. Des enfants se blessent eux-mêmes ou en blessent d'autres en sautant par la fenêtre, en se servant d'objets pour frapper, en se livrant à des manœuvres de strangulation, voire en tirant sur autrui avec une arme après avoir vu dans leurs dessins animés ces actes se dérouler sans jamais induire de conséquences dans la réalité.

La richesse future de l'imagination de l'enfant dépend de la profondeur et de l'étendue de ses premières impressions sensorielles. Les enfants ont besoin de tant de choses pour constituer cette base, de choses qui représentent ce qui est universellement vrai et se retrouve partout dans le monde, que ce soit en Europe, en Amérique, en Asie ou en Afrique. Ils ont besoin de connaître ce dont la Terre est faite et qui ne varie pas : le sable est le sable, la poussière est la poussière, les plantes fonctionnent toujours de la même façon et ont des propriétés similaires. Les besoins de l'être humain, même s'ils trouvent une expression différente selon les lieux, n'en restent pas moins fondamentalement identiques : s'habiller, s'abriter, se nourrir sont des nécessités universelles. Les chansons, images et histoires absurdes produites par l'imagination des adultes ne donnent au jeune enfant aucune information utile.

En revanche, être à l'extérieur dans un cadre naturel est l'occasion pour lui de faire des expériences pratiques, concrètes et fondées sur la réalité. Quand il se réveille dans son landau après un somme matinal, il y a les nuages qui traversent le ciel bleu, les feuilles qui bruissent et s'agitent sous la brise, le vent sur son visage, l'odeur de l'écorce des arbres au soleil. Un jour, il se lèvera et expérimentera le contact de l'herbe verte et fraîche sous ses pieds nus. Ces sensations ne sont pas simplement des expériences agréables. C'est grâce à elles que nous reconnaissons notre universalité, peut-être aussi que nous réalisons notre être spirituel, le concept le plus abstrait que nous ayons.

Un environnement adéquat

L'enfant commence à explorer le monde avant même de naître, dans le ventre maternel, en l'absence de tout savoir. Peu à peu il progresse : goût, sons, différence entre le clair et le sombre, sensation produite par le pouce dans la bouche, le toucher du visage avec les mains, le contact du liquide sur le corps et sa température constante. L'enfant n'ignore donc pas totalement ce qui va venir : la naissance n'est pas un choc intégral. Et surtout, il aura acquis ce qu'on appelle dans la pédagogie Montessori des « points de référence ». Il reconnaît les battements de cœur de sa mère, sa voix et le rythme de ses mouvements. À la naissance, il « connaît » déjà sa mère.

Une fois que le bébé est venu au monde, il n'est pas besoin de lui apporter les images, les sons et les odeurs de la maison. Il absorbe tout ce qui l'entoure et cela concerne à la fois l'environnement physique et émotionnel. Autrement dit, les préparatifs pour la venue de l'enfant doivent être effectués avant la naissance. Nous ne pouvons pas projeter de peindre ou de réaménager notre intérieur ou d'accueillir des proches désagréables, voire des amis. Il faut que nous puissions nous consacrer entièrement à la tâche qui nous incombe : aider un nouvel individu à se développer au cours des premiers jours de sa vie.

Que donnons-nous consciemment au nouveau-né pour qu'il puisse développer sa connaissance sensorielle du monde, tirant par là profit de sa capacité spécifique de se former lui-même pour devenir un être humain situé dans « un temps, un lieu, une culture » ? Nous voulons d'abord lui fournir davantage d'impressions visuelles et multiplier les occasions qui s'offrent à lui de se concentrer et de développer sa vue. Nous avons évoqué plus haut le lit sur le sol, qui permet au bébé de voir plus de choses, à l'inverse du lit à barreaux, surélevé, qui limite la vue. Grâce à la position basse de ce lit, le bébé se constitue une carte visuelle de sa chambre avant de commencer à s'y déplacer et à recueillir davantage d'impressions. L'élaboration de cette carte demande du temps. Il faut des expériences répétées pour que le cortex visuel dépose des impressions dans le cerveau. Ces expériences aident l'enfant à intégrer à sa carte mentale les informations visuelles nécessaires à son déplacement. Elles construisent un cadre lui permettant de faire l'épreuve de la distance entre divers points de la carte et des relations qui existent entre ces points, la vitesse et le temps. Elles servent donc de soubassement sensoriel à l'apprentissage physique de l'environnement. Ce genre de lit prépare l'enfant à se déplacer dans sa chambre au moment où son cerveau est prêt à absorber davantage d'informations par le biais des sens. Le bébé peut ainsi répondre à ses propres besoins et poursuivre son apprentissage. Il est heureux parce que les occasions d'apprendre qui lui sont fournies sont en accord avec ses possibilités.

Le miroir que nous fixons au mur, à côté du lit, améliore sa vision de la pièce en montrant d'elle une image différente ou « réfléchie ». Le bébé voit donc aussi sa propre image et commence à établir un lien entre ses mouvements et ceux de l'enfant reflété. Il découvre ainsi qu'il y a d'autres visages à observer que celui de sa mère au moment de l'allaitement. Pour finir, il voit les autres se refléter dans la glace lorsqu'ils entrent dans la chambre pour lui parler ou jouer avec lui.

Encourager le nouveau-né à passer du temps sur le ventre afin qu'il s'exerce à redresser la tête rend possible ces premières impressions visuelles avec le miroir mural.

De l'importance des mobiles

Pendant les premiers mois, un mobile suspendu au-dessus du lit aide le bébé à développer ses capacités d'exploration visuelle. L'enfant apprend progressivement à focaliser son regard sur un objet mouvant, à le suivre, à prendre conscience de la couleur et de la profondeur. On change de mobile environ tous les quinze jours, quand l'enfant s'y est habitué, afin de s'adapter à son développement visuel. Le premier mobile comporte donc des formes géométriques plates, en noir et blanc, et de la lumière reflétée par une boule de verre. Les mobiles suivants sont installés dans un ordre précis : trois octaèdres en papier métallisé de couleur, si possible chacun d'une couleur primaire ; cinq boules en polystyrène recouvertes de fil à broder dans un dégradé de couleurs et disposées en ordre ascendant de la plus sombre à la plus claire ; des formes stylisées en papier métallisé de couleur s'animant au moindre souffle d'air ; et pour finir des formes en bois stylisées peintes de couleurs douces.

Toutes ces informations visuelles sur le monde, l'enfant les recueille alors qu'il se concentre sur ses mobiles et les suit du regard. Il est important de comprendre que ces objets ont été conçus et choisis avec le plus grand soin. Ils lui offrent des clés en termes de couleur et de forme. Ils ne le bombardent pas de stimuli absurdes au nom du divertissement ou de la nouveauté. Ce n'est pas par hasard que les bébés s'intéressent à ce qui est nouveau, mais nous avons trop tendance à l'oublier et nous utilisons la nouveauté pour les occuper afin qu'ils ne soient pas malheureux et ne nous dérangent pas. Or, ils la recherchent pour apprendre quelque chose de leur monde qu'ils ne connaissent pas encore. C'est donc un élément qui a sa raison d'être. Trop souvent, les adultes ne réfléchissent pas à ce qu'ils donnent aux jeunes enfants, comme si n'importe quel « vieux truc » pouvait faire l'affaire. Si nous voulons donner à nos bébés le meilleur environnement possible, il nous faut peser l'utilité de ce que nous leur fournissons.

Les mobiles ne sont utiles à l'enfant que dans les premiers mois de son existence. Au cours des premières semaines, ils l'aident à apprendre à se concentrer visuellement et à suivre un objet du regard. Après quoi il est prêt à affronter le niveau de difficulté suivant. Le mobile est suspendu à la portée de ses gestes erratiques, si bien qu'il peut le frapper avec ses mains et comprendre peu à peu que ses mouvements produisent un effet sur l'objet. Il commence alors à vouloir établir un contact délibéré et ses efforts induisent une concentration accrue et une maîtrise progressive de ses mouvements de bras. Ensuite, on suspend un objet avec un élastique. Par exemple, un anneau en bois d'environ 7,5 centimètres de diamètre et d'un centimètre d'épaisseur. Le bébé s'efforce de l'attraper et, dans un geste de triomphe, le porte à sa bouche. À présent il est prêt à associer le tactile et le visuel. Il importe donc que l'objet suspendu soit approprié. Par conséquent, il doit être résistant, dépourvu de bords rugueux et suffisamment grand pour qu'on ne puisse pas l'avaler.

Les hochets : la relation main/œil/oreille

Le bébé a accédé à un nouveau domaine de découverte : la relation entre la vue et le toucher. Les hochets vont remplacer les mobiles et devenir un outil majeur d'exploration sensorielle.

En manipulant le hochet, l'enfant s'aperçoit que la sensation physique qu'il éprouve dans les mains est liée aux formes qu'il voit. Il apprend progressivement à coordonner la vue, le toucher et l'ouïe. Il voit et sent que les différents mouvements qu'il effectue avec le hochet créent des sons variés : doux ou bruyants, agréables ou désagréables. Il fait l'expérience des différences de température et de matière : le bois et le métal sont lisses, le métal est plus frais ou plus chaud que les objets qui l'environnent. Il s'initie au rapport entre la taille et le poids : les objets de même taille constitués de matériaux différents ne font pas le même poids, et ainsi de suite.

Arrive un moment où le bébé a découvert tout ce dont ses mains sont capables : se déplacer sur des formes variées, les contourner, les saisir de manières différentes, tenir des objets et les lâcher à sa guise. À présent, il est non seulement capable de recueillir des informations par l'entremise de ses mains, mais il apprend aussi à se servir de ces dernières pour manipuler ce qui l'entoure. Il parvient à un nouveau niveau de difficulté dans le travail sur la concentration et possède désormais les moyens de découvrir les objets quotidiens.

Les objets de la vie quotidienne

Il est prêt à explorer les objets réels qui se trouvent dans la maison, mais n'y a pas encore accès de lui-même. En attendant qu'il puisse se déplacer seul, nous pouvons rassembler dans des paniers les objets domestiques qu'il explorera sans risque. Comme il s'habitue à ce que nous lui donnons, il faut les changer régulièrement. Si on lui redonne un objet familier quelques semaines plus tard, il le regardera d'une autre façon parce que son cerveau est désormais capable d'accueillir davantage d'informations. L'enfant acquiert ainsi une compréhension accrue des objets chaque fois qu'ils disparaissent puis reviennent. La répétition est essentielle pour travailler la concentration et acquérir des connaissances réelles à chaque étape de développement. C'est également vrai dans la petite enfance, et c'est d'ailleurs l'occasion d'intégrer un schéma de répétition dans l'apprentissage.

Ces objets domestiques peuvent resservir pour travailler le langage. Nous indiquons régulièrement leur nom : « cuillère à mesurer », « spatule », « brosse », etc. Mais sans insister, pour que l'esprit absorbant s'en imprègne. À un stade ultérieur, on se sert du langage pour approfondir les connaissances de l'enfant. En assignant des catégories aux objets rassemblés dans les corbeilles, nous contribuons à préparer l'avènement du langage et de la notion d'ordre. L'enfant comprend ainsi que certaines choses vont ensemble. Dans un des paniers, il peut y avoir des objets qu'on ne trouve que dans la salle de bains ; dans le deuxième, des objets de la chambre à coucher ; dans le troisième, des ustensiles de cuisine, et ainsi de suite.

Ordonner la maison

Pour finir, l'enfant se déplace à quatre pattes dans toute la maison et l'explore de sa propre initiative. À ce stade, il n'a plus besoin qu'on lui apporte des objets. Il découvre par lui-même ce qu'on peut trouver dans chaque pièce. Il faut dès lors réfléchir à l'aménagement de la maison (ou des autres lieux où un enfant de cet âge peut être amené à passer de longs moments). Est-il cohérent ? Bien ordonné, simple, fonctionnel ? Est-il beau ? Nous voulons que le bébé découvre un environnement soigné de façon à ce que son cerveau intègre cet ordre. C'est l'occasion d'instaurer le principe « une place pour chaque chose et chaque chose à sa place » avant qu'il se lance lui-même dans l'exploration et procède à ses propres « réagencements ». Et nous devons être en mesure de ranger et de nettoyer rapidement les pièces. Il est également très important d'inspecter tous les placards, tiroirs et armoires de la cave au grenier afin de s'assurer qu'on a bien éloigné ou enfermé les objets potentiellement dangereux. Les enfants de moins de six ans, qui n'ont donc pas encore atteint l'âge de raison, finissent par fourrer leur nez à peu près partout et ils le font souvent bien avant que nous en prenions conscience. Dorénavant, notre objectif est de fournir à l'enfant la possibilité de découvrir un intérieur en ordre en étant sûr qu'il ne court aucun danger (cf. chapitre 5).

4.

La main et le cerveau

Ne donnez jamais à l'esprit plus que vous ne donnez à la main.
Maria Montessori

Maria Montessori est la première à avoir reconnu le rôle de la main dans le développement de l'intelligence humaine. Nous savons que nous sommes la seule espèce à disposer de la prise en pince du pouce et de l'index. Mais nous ne sommes pas toujours conscients du fait que tous les accomplissements humains, dans la médecine, la science, la technologie ou l'art, résultent d'une association entre l'intellect et cette préhension spécifique. Chez l'enfant, ce sont les actions de la main guidée par le cerveau qui créent une boucle de rétroaction informative : la main rend compte au cerveau, lequel oriente la main en fonction des informations reçues, la main découvre alors d'autres informations dont elle rend de nouveau compte au cerveau. Ce processus est un mouvement permanent d'apprentissage et de développement. Quand l'enfant a la possibilité d'évoluer naturellement tout au long de son éducation – autrement dit conformément aux desseins de la nature qui fait travailler l'esprit et la main de concert –, on obtient des résultats étonnants.

La main, outil éducatif

C'est par le biais d'une observation intuitive que Maria Montessori a découvert le rôle de la main dans le développement de l'intelligence chez l'enfant. Et elle a mené cette découverte à sa conclusion logique en en faisant un outil éducatif. Bien qu'un nombre croissant d'études neurologiques ait validé ses conclusions, aucune autre approche éducative n'accorde autant de place à cette révélation cruciale. Dans ce chapitre, nous retracerons le développement de la main au cours des trois premières années de la vie de l'enfant en donnant un aperçu des recommandations de la pédagogie Montessori pour favoriser ce processus[1].

Des gestes d'abord imprécis

À quoi sert la main de l'être humain ? De quelle utilité est-elle au jeune enfant ? À la naissance, c'est un outil encore embryonnaire. La première tâche de l'enfant est donc d'en faire un instrument dont il puisse se servir. Dans le même temps, cette main lui apporte des informations. La myélinisation des fibres nerveuses entre la main et le cerveau est effective dès la grossesse pour permettre au fœtus de sucer son pouce et de toucher son visage[2].

---

1 Nous suggérons au lecteur de se référer à la ligne du temps (p. 22-32) sur le développement de la main de l'enfant et à celle qui concerne l'équilibre du corps. Maria Montessori a inventé cette ligne pour montrer que la préparation du corps et des mains s'opère conjointement dès le début de l'existence. En mettant en évidence la préparation indirecte qui précède tous les signes extérieurs d'autoformation, la ligne du temps aide à dissiper les angoisses des parents quant au moment où peut apparaître une compétence particulière.

2 La myélinisation est le processus par lequel une gaine de protection faite d'une substance blanche, molle, un peu graisseuse, se forme autour des fibres nerveuses pour permettre la circulation des messages électrochimiques entre le cerveau et les muscles. En l'absence de cette gaine (qui se développe de manière progressive, à des moments différents selon les parties du corps), l'enfant ne peut pas activer ses muscles.

Au début, la main de l'enfant ne peut effectuer que des gestes imprécis. Ceux-ci correspondent à peu près au niveau d'information que son cerveau est capable d'accueillir : dans un premier temps, la sensation de la texture et celle du pouce dans sa bouche. Le niveau de compétence musculaire et de coordination est donc en phase avec le degré de développement mental, et la main et le cerveau fonctionnent de manière synchrone. Or, c'est dans cette zone sensible de correspondance entre le mental et l'environnemental qu'un problème peut surgir au cours du processus de maturation. Si le cerveau prend l'avantage sur la main, une désunion s'opère et la main cesse d'alimenter le cerveau. En d'autres termes, quand un déséquilibre survient entre les compétences de la main et, par voie de conséquence, les informations qui arrivent au cerveau, le retard de la main constitue un frein pour le cerveau. C'est ce problème que Maria Montessori voulait éviter en soulignant la nécessité d'aider l'enfant à développer sa compétence manuelle dès le plus jeune âge.

Dès la naissance, l'enfant manifeste un surprenant réflexe préhensif. Si on lui caresse doucement la paume, il refermera sa main sur votre doigt, parfois avec une telle force qu'il pourrait soutenir son propre poids corporel. Chez les animaux, certains petits s'accrochent à la fourrure de leur mère pour survivre, il n'est donc pas impossible que cette action réflexe s'inscrive dans l'histoire de notre évolution. Quoi qu'il en soit, chez l'enfant humain elle disparaît complètement au bout de trois ou quatre mois.

Pour ce qui nous concerne, le plus significatif est l'absence de préhension intentionnelle durant les deux premiers mois de la vie. Le bras et la main opèrent comme une entité unique effectuant de grands gestes. Si cette entité « bras/main » interagit avec un objet, le bébé peut le rapprocher de son corps. Mais cela se fait sans intention, et l'enfant n'est pas non plus capable de plier le poignet. Le « bras/main » se borne à de grands gestes. À deux mois, cette activité réflexe perd de son importance, mais sans que l'étreinte intentionnelle soit encore effective. La myélinisation des fibres nerveuses contrôlant le bras et la main n'est pas encore achevée, rendant la préhension intentionnelle impossible d'un point de vue neurologique. Il faut attendre trois à cinq mois pour que la préhension se transforme en acte réfléchi : l'enfant possède alors la capacité d'atteindre et de saisir de façon délibérée. Il peut aussi refermer ses mains sur un objet afin de recueillir des informations à l'intention de son cerveau. Dès lors, il est en mesure d'activer de son propre chef la boucle de rétroaction permanente main/cerveau/main.

Si, entre trois et cinq mois, l'enfant n'a pas appris à tendre la main vers un objet, à le prendre et à le tenir, il doit s'en remettre à autrui. Dans ce cas, il abandonnera peut-être l'objet qu'on lui a mis dans la main avant d'avoir rassemblé suffisamment d'informations à son sujet. De même, s'il a acquis la capacité de tendre la main vers l'objet et de s'en emparer, mais qu'on le prive de cette possibilité, il se retrouvera dans le même état de dépendance. Ces deux types de situation influent considérablement sur le développement de la volonté et de l'indépendance. L'esprit du jeune enfant absorbe déjà certains messages : « Je suis capable » ou « Je ne suis pas très capable ». S'il n'est pas capable de tenir les objets en main aussi longtemps que nécessaire, il ne pourra apprendre d'eux tout ce qu'ils ont à lui enseigner. En multipliant inconsidérément les objets, les parents créent ce genre de situation.

Des mobiles pour développer ses capacités manuelles

Comme nous l'avons dit dans le chapitre précédent, c'est à ce moment-là qu'il faut changer les mobiles servant à développer le système visuel du nouveau-né et sa capacité de focaliser son regard. Entre trois et cinq mois, l'enfant est capable de tendre la main vers un objet et de l'attraper, aussi allons-nous lui fournir des mobiles. Ceux-ci doivent être composés d'éléments qu'il puisse porter à sa bouche en toute sécurité puisque c'est la première chose qu'il fera. La plupart des mobiles qu'on trouve dans le commerce ne conviennent qu'à des enfants beaucoup plus âgés, en général trois ans ou plus. Ils sont beaucoup trop élaborés et délicats pour que le bébé les explore de manière fructueuse. Sans compter qu'ils sont généralement suspendus trop haut pour que le nouveau-né soit en mesure de les voir, puis de les atteindre quand il est un peu plus âgé. Il existe aussi des mobiles intégrant une boîte à musique que les parents doivent remonter. L'enfant est couché dans son berceau sous un mobile qu'il ne voit pas bien, observant quelque chose qui tourne trop vite pour que ses yeux puissent suivre, le tout en écoutant de la musique. Le spectacle de cet innocent bébé si mignon nous réconforte et nous rassure, mais en réalité cette expérience ne lui est peut-être d'aucune utilité.

Pour le bébé de trois mois, Maria Montessori recommandait un mobile simple, à savoir un objet résistant, tel un anneau de dentition en bois, attaché à un élastique. L'élastique est fixé au crochet, à l'extrémité de la ficelle précédemment utilisée pour les premiers mobiles. Ce dispositif permet une interaction. Le bébé saisit l'objet, le porte à sa bouche, le lâche, l'objet retourne à sa position initiale, prêt à être de nouveau saisi et porté à la bouche. Il arrive que l'enfant vise trop haut ou trop bas, ce qui lui permet de travailler sa perception de la profondeur. Ce faisant, il prend peu à peu conscience que les coups qu'il donne au mobile lui impriment un mouvement et le font tourner. Le fait d'être à l'origine de ce mouvement éveille en lui le sentiment de ses capacités naissantes. Grâce aux adultes qui l'aident à développer l'usage de ses mains, il accroît sa connaissance de lui-même et de son entourage.

Au bout d'un certain temps passé à frapper un objet suspendu et à essayer de l'attraper, ses mains s'interposent dans son champ de vision. Voilà qui est encore plus intéressant. Il les explore, découvre ses doigts, les entrelace involontairement, tire dessus pour les dégager. Il a entamé sa découverte de la main, à la fois outil et formidable source d'information sur le monde.

Les jeunes enfants font des expériences multiples avec les mêmes objets en fonction de leur âge et de leurs facultés, aussi n'est-il pas vraiment nécessaire d'en acheter ou d'en confectionner de nouveaux (à l'exception des mobiles qui servent à travailler la capacité visuelle au cours des premiers mois). En réalité, il est souvent bénéfique d'alterner les objets et de les réutiliser. À trois mois, l'enfant se contentera de les tenir. À quatre ou cinq mois, il commencera peut-être à les manipuler. Tenir et manipuler sont deux expériences très différentes, qui se complètent et se renforcent. Comme nous l'avons dit plus haut, une accoutumance s'installe, aussi peut-il être nécessaire de réintroduire un objet après un certain laps de temps. Notre culture nous rend bien trop prompts à les multiplier dès que l'intérêt du bébé semble faiblir. Par conséquent, nous insistons sur ce point : la répétition est la clé du processus d'apprentissage à tout âge. Alterner, et non substituer, voilà la réponse au phénomène d'accoutumance.

Une préhension qui évolue

À six mois, l'enfant commence à examiner les objets en les transférant d'une main à l'autre. Il se rend compte que celles-ci lui donnent chacune des informations différentes. Cette opération de transfert occasionne des expériences diversifiées du même objet et influence l'apparition d'une préférence pour une des mains ainsi que le développement des cerveaux gauche et droit.

Au cours des six premiers mois, la façon de saisir les objets se modifie. Au début, la préhension est analogue à celle du singe, l'enfant ne peut utiliser que quatre de ses doigts et la paume opposée. Le pouce est soit dressé, soit proche de la main. Peu à peu, grâce à la myélinisation des fibres nerveuses et au développement qui en résulte entre le cerveau et les muscles, la préhension change et le bébé mobilise ses quatre doigts en lien avec le pouce opposable. Désormais, il maîtrise la prise en pince, mais il s'agit encore d'un mouvement plat. Il est capable de prendre une céréale type Cheerios, mais il garde les doigts allongés. Cette pince plate lui permet de la mettre dans sa bouche. Neurologiquement parlant, le bébé a tout à fait les moyens d'effectuer la prise en pince, cependant il lui faut affiner son mouvement par la répétition et la pratique. À ce stade, le poignet n'est pas très développé. L'enfant décrit encore des mouvements avec tout le bras, bras et main agissant comme une entité unique. Il peut secouer et frapper des objets, mais sans faire intervenir le poignet. Nombre de hochets achetés dans le commerce méconnaissent cette caractéristique. Ils sont trop lourds, mal conformés et bien trop gros pour une petite main de bébé. Qui plus est, leur forme sommaire interdit tout mouvement gracieux.

Il nous faut constamment garder en mémoire les capacités de l'enfant à chaque âge et réfléchir à la raison pour laquelle nous lui donnons tel ou tel objet. Nous ne conserverons que ceux qui peuvent lui être utiles et nous écarterons les autres. Ce questionnement incessant n'a rien d'évident étant donné le nombre de problèmes auxquels nous sommes confrontés dans notre vie d'adultes. Cela étant, au cours des premiers mois, le bébé dépend entièrement de ses parents. Il nous faut donc ralentir le rythme et établir nos priorités. Qu'y a-t-il de plus important que d'aider notre enfant à développer sa concentration et son intelligence ?

Il faut attendre sept ou huit mois pour que la myélinisation permette à l'enfant de contrôler ses doigts. Sa maladresse disparaît, il commence à affiner ses mouvements. À neuf ou dix mois, il parvient à positionner le pouce et les autres doigts de manière à effectuer des gestes précis. Cette évolution obéit à un processus logique. Les informations que la main est capable de recueillir sont continuellement mises en balance avec les capacités d'accueil du cerveau. Pour pouvoir engranger les informations détaillées que lui délivre sa main, une fois qu'elle est en pleine possession de ses moyens, le bébé doit développer pendant de nombreux mois sa connaissance de ce qui l'entoure par l'entremise de ses cinq sens. Une prise en pince à trois mois, avant qu'il ait une plus vaste expérience sensorielle du monde, aurait outrepassé ses capacités mentales.

Des objets adaptés et adaptables

Il est absolument nécessaire d'aider l'enfant à acquérir une connaissance générale de son environnement si l'on veut qu'il en comprenne les détails. C'est un thème récurrent dans l'éducation Montessori. Ce n'est que lorsque nous pouvons établir un lien entre une information nouvelle et nos connaissances antérieures que nous sommes en état de faire des découvertes. Une injonction pédagogique à mémoriser des faits isolés ne permet pas aux élèves de comprendre comment en faire usage. Le développement du langage en offre un bon exemple. Il faut que le bébé baigne dans les sons du langage humain dès sa naissance. De ce magma, il en extrait certains qu'il organisera ensuite en une unité douée de sens. Afin de mieux comprendre cette évolution du général au particulier au travers du développement progressif de la main, prenez votre montre dans une de vos paumes et faites-la passer de l'une à l'autre. Puis prenez la montre dans une main au moyen d'une prise en pince et transférez-la dans l'autre main. Comparez les informations que vous en retirez en termes de poids, de consistance et de température. Fermez les yeux et répétez l'opération pour rendre l'expérience plus concluante.

Heureusement pour nous, on trouve dans le commerce davantage d'objets propices au développement de la main chez les enfants de six mois qu'il n'en existe pour les plus jeunes. On peut ainsi acheter facilement une sphère transparente contenant des balles de couleur qui tournent lorsque l'enfant la fait pivoter. Elle est munie d'une ventouse qui sert à la fixer sur une table et à la maintenir en place. L'enfant assis tend la main vers la sphère, tire, frappe et essaie de s'en saisir, explorant les facultés de sa main et le mouvement de l'objet dans l'espace. Un bébé de cinq ou six mois qui n'a pas eu suffisamment l'occasion de s'exercer à saisir des objets peut se servir de ce jouet pour travailler ses mouvements avec un objet mobile. C'est un moyen de continuer à éduquer la main en relation avec l'intellect.

Voici un exemple d'objet que l'on trouve dans le commerce et que l'on peut modifier pour un enfant de dix à douze mois : une boîte avec quatre balles à introduire dans quatre trous à l'aide d'un marteau. Mettez le marteau de côté et ôtez le caoutchouc qui oblige à user d'une certaine force pour faire entrer les balles. Ensuite, garnissez les trous d'une substance spongieuse comme celle que l'on utilise pour les mobiles. Les trous céderont quand le bébé poussera la balle à l'intérieur avec ses doigts.

Nienhuis, un fabricant d'objets Montessori, propose d'excellents jouets en bois pour les enfants de six mois et plus (http://www.nienhuis.com/ mais aussi http://www.montessori-spirit.com/). On y trouve, par exemple, une boîte avec un trou sur le dessus pour introduire une balle qui atterrit sur un plateau, ou une boîte avec un plan incliné et un trou par lequel la balle roule dans un tiroir. Ces jouets aident l'enfant à travailler la coordination des yeux et de la main et lui font indirectement sentir la permanence de l'objet. Ils l'initient également à la situation de cause à effet et lui permettent de pratiquer des mouvements guidés par l'intellect.

Bien que l'on puisse trouver de bons objets dans le commerce, rien ne remplace l'ingéniosité des parents. Ce que l'on fabrique soi-même coûte moins cher, et surtout requiert de l'attention et de la réflexion. Ainsi, au moment où l'enfant est âgé de six mois, on peut prendre un panier en osier et y ranger deux ou trois de ses jouets favoris, par exemple un hochet, une balle, un anneau en bois. Pour bien faire, il faudrait que ce panier mesure environ sept centimètres de haut et vingt de diamètre. Placez le panier à côté de l'enfant et laissez-le faire ce dont il a envie : explorer les objets, les sortir du panier et les y remettre. Vous changerez d'objets lorsqu'ils ne présenteront plus d'intérêt pour lui. L'objectif est de proposer à l'enfant une activité consistant à sortir un objet et à le remettre à l'intérieur d'un autre – une activité manuelle coordonnée, guidée par l'intellect – et de lui offrir un choix d'actions limitées afin de travailler la répétition et, par là même, l'assimilation du savoir.

À huit ou neuf mois, le bébé peut s'exercer à mettre un œuf en bois dans une tasse et un cube en bois dans une boîte. Tenant d'une main la tasse et de l'autre un œuf ou un objet ovoïde, il met l'œuf dans le récipient et l'en retire. Une fois qu'il maîtrise le processus, on peut lui proposer le cube et la boîte. Cette opération est plus difficile parce qu'elle demande d'aligner les coins de la boîte et du cube afin que le cube puisse entrer. Veillez à ne pas introduire cette activité trop tôt, cela risquerait d'éveiller la frustration de l'enfant et de l'inciter à jeter les objets. Si vous avez du mal à trouver un cube et une boîte qui fassent l'affaire, vous pouvez les fabriquer avec du carton et les recouvrir de papier. Il faut que l'œuf et la tasse fassent environ 2,5 et 1,25 centimètres de haut, le cube 3,75 centimètres de haut et de large, et que la boîte soit suffisamment grande pour accueillir le cube. Ces deux activités améliorent la coordination entre les yeux et la main et offrent à l'enfant la possibilité d'user utilement de ses deux mains.

L'un des dispositifs les plus efficaces que nous ayons vus est l'œuvre d'une mère qui l'a fabriqué pour son bébé de quinze mois. Elle avait pris une boîte en carton recouverte de tissu avec un couvercle à charnière et avait pratiqué sur le dessus une fente juste assez large pour accueillir un jeton de poker. Le système était adapté aux besoins et aux moyens de son fils, qui appréciait de glisser les jetons dans la fente, de les récupérer en ouvrant le couvercle et de recommencer l'opération depuis le début. Il apprenait ainsi à tenir les jetons entre le pouce et l'index. Il mettait toute sa volonté et son attention à reproduire une action qui lui faisait développer sa coordination main/regard et comprendre la pérennité de l'objet (les jetons ne disparaissaient dans la boîte que pour être récupérés à l'intérieur quelques instants plus tard). Et, surtout, il découvrait l'importance de la difficulté lorsqu'elle est proportionnée aux capacités émergentes et le sentiment qu'inspire le succès quand on a atteint son but grâce aux efforts fournis.

À quinze mois, le développement initial de la main et du cerveau est achevé : l'intellect progresse, guidé par les informations fournies par la main, et celle-ci est désormais un outil efficace. Si tout s'est bien passé, si l'enfant a pu travailler la prise en pince et recevoir un vaste choix d'informations générales sur le monde par le biais de ces tendances humaines que sont l'exploration, la manipulation, la répétition, le contrôle de l'erreur, la précision, etc., il est désormais prêt à endosser un nouveau rôle.

Un véritable travail

Alors qu'il effectue un véritable travail pour développer des compétences spécifiques durant les quinze premiers mois de son existence, les adultes disent de lui qu'il « joue ». En réalité, ce processus de « jeu » est l'occasion d'une véritable prouesse : par ce biais, l'enfant se met en situation de travailler à l'aide d'un matériel structuré. En d'autres termes, il se prépare aux activités humaines. Lesquelles consistent à satisfaire aux besoins fondamentaux de l'être humain depuis la nuit des temps : se nourrir, s'abriter, se vêtir. Au début, ces besoins sont pris en charge par les adultes dans le cadre domestique : préparer la nourriture, cuisiner, jardiner, disposer les fleurs, entretenir les plantes, nettoyer, épousseter, balayer, passer la serpillière, laver, sécher, plier, coudre et ainsi de suite. À quinze mois, l'enfant est capable d'imiter ces activités et désireux de le faire. Il est en position debout ; son cerveau est prêt ; ses mains sont disponibles ; ses tendances humaines le pressent de prendre part à la vie familiale. Il ne veut rien tant que

« travailler » toute la journée au côté d'un adulte aimant, que ce soit à la maison ou dans tout autre cadre approprié, et faire ce que Maria Montessori appelait « le travail pratique de la vie ».

Or, où voit-on de nos jours ces « jeunes travailleurs » soucieux de s'investir ? Trop souvent, ils ne sont pas à la maison ou dans un cadre comparable. On les balade toute la journée par monts et par vaux, on les retrouve dans la garderie du centre de fitness, sanglés dans une poussette au supermarché ou chez l'épicier, ou encore confinés sur un siège de voiture pendant que père, mère ou baby-sitter passent des coups de fil sur le téléphone mains libres et organisent leur agenda. Quand il est chez lui, très souvent la télévision est allumée et il est entouré de jouets en plastique et de jeux mécaniques dans un environnement marqué par le divertissement plus que par la collaboration avec les adultes dans leurs tâches quotidiennes.

Aux États-Unis, nous rencontrons fréquemment un autre problème. À quinze mois, les enfants sont très largement en dessous de leur potentiel en ce qui concerne la motricité de la main. Pourtant, il y va de leur capacité de manier des objets structurés et d'assurer le quotidien. De par notre culture, nous avons tendance à privilégier l'apprentissage de la marche, nos enfants doivent sauter, grimper, et plus généralement se livrer à des activités motrices plus triviales. Comme à l'époque des jeux du cirque dans la Rome antique, nous sommes devenus une nation qui accorde une importance excessive au sport. Dès lors, nous nous soucions surtout de l'équilibre et de la coordination des grands muscles chez les jeunes enfants, beaucoup moins de la coordination motrice plus subtile, du développement de la main, du poignet et des doigts.

À l'heure actuelle, on trouve d'autres pays qui s'intéressent à la main chez les jeunes enfants. Au Japon, où les exquises productions manuelles font partie de l'héritage national, on encourage les bébés de quatorze mois à insérer des tiges en bois de l'épaisseur d'un cure-dents dans des trous qui ne sont guère plus gros que ceux d'une salière. Les enfants ont besoin de temps pour explorer les petits objets qui les aident à développer leurs doigts en vue de réaliser ce genre d'action complexe. Peut-être avons-nous parfois une conscience trop aiguë du danger pour autoriser nos jeunes enfants à manier les objets de petite taille : caillou, coccinelle, bout d'herbe, coquille ou, si l'on est à la maison, la frange d'un tapis, un bouton, le couvercle d'un flacon de parfum. Bien sûr, nous devons alors être vigilants, cela nous accapare et nous empêche de faire autre chose. Est-ce là un des aspects du problème ? Peut-être ne prenons-nous pas le temps d'observer nos enfants pour qu'ils puissent manipuler les détails de leur environnement en toute sécurité.

Quelle qu'en soit la raison, nous autres Américains avons tendance à négliger le développement d'une activité manuelle élaborée durant les trois premières années. Nous nous méprenons sur la fascination précoce des enfants pour les petits objets et sur leurs premières tentatives de coordination lorsqu'ils cherchent à mettre des clés ou quoi que ce soit d'autre dans de petits trous. Entre douze et quinze mois, tout en continuant à se servir de leurs mains pour recueillir de l'information, ils commencent déjà à travailler avec elles. Nous passons à côté de cette transition en interprétant cela comme une poursuite de l'exploration. Or, que font-ils réellement quand ils ouvrent des placards et des tiroirs, qu'ils les vident puis remettent les choses en place, qu'ils font coulisser les tiroirs, qu'ils enfilent un vêtement puis l'enlèvent, qu'ils ne cessent de remplir un verre avec de l'eau, qu'ils mettent du sable dans un seau pour ensuite le renverser – autant d'activités typiques chez le bébé de quinze mois ? En fait, il s'agit d'un travail, non plus d'une exploration.

Interrogeons-nous sur l'utilité de cette nouvelle étape. Pourquoi, à quinze mois, l'enfant commence-t-il à préférer le travail à la simple exploration ? Ce n'est manifestement pas pour parvenir à un résultat, comme le font les adultes : changer la disposition d'une étagère, nettoyer un placard, remplir un seau. C'est bien ce que montre le caractère répétitif de ses actions. Maria Montessori supposait que les enfants de cet âge se sentaient attirés par les activités de « travail » domestique parce qu'elles exigeaient une maîtrise manuelle accrue qui améliorait la boucle de rétroaction main/cerveau/main. Leur intelligence se développe quand leurs mains augmentent le savoir à transmettre au cerveau en s'engageant de manière inédite dans leur environnement. Ils s'épanouissent au travers de ces expériences et en redemandent.

Les activités de vie pratique

Malheureusement, nous avons tendance à y substituer tout un programme d'activités, des jouets coûteux, télévision et vidéos qui les détournent de leurs besoins réels. Ce qu'il leur faut, c'est ce que Maria Montessori appelait des activités de « vie pratique » (cf. chapitre 6). Celles-ci maintiennent l'enfant au sommet de ses capacités, forment son intelligence, approfondissent sa concentration et lui apportent une conscience nouvelle de ses compétences.

À dix-huit mois, beaucoup sont capables d'exercer ce type d'activités (et d'autres) pendant trois heures chaque matin en dehors de chez eux. C'est à cette fin que Maria Montessori a élaboré dans ses écoles un environnement approprié pour les enfants de dix-huit mois à trois ans. Dans notre établissement, nous l'avons baptisé « Communauté des jeunes enfants ». On soulignera toutefois que ce cadre extérieur au foyer n'est pas nécessairement idéal pour tous. Pour que l'enfant puisse en tirer profit, il faut qu'il ait une volonté suffisamment affermie lui permettant de s'engager pleinement lorsqu'il est avec ses pairs. Autrement dit, il ne doit pas s'immiscer continuellement dans les travaux des autres, ni créer de l'agitation en passant d'une activité à l'autre par manque de concentration.

Nous aidons l'enfant à améliorer sa faculté de se consacrer durablement à une tâche en lui donnant l'occasion, dès la naissance, de focaliser son attention. Nous en avons déjà parlé et reviendrons sur le sujet dans le chapitre 9, « Le développement de la volonté ». Cela étant, une chose est claire : en courant à droite et à gauche avec nos enfants sans nous interroger sur le besoin qu'ils ont de se concentrer ou, tout aussi dommageable, en les livrant à l'effet hypnotisant de la télévision ou de la vidéo, nous détruisons chez eux à la fois l'attention consciente et le développement de la volonté.

En observant le calme et la joie des élèves de notre communauté, les parents nous demandent parfois d'accueillir un enfant que nous ne jugeons pas encore apte à se concentrer sur une tâche. Heureusement, ce n'est pas très fréquent, mais quand cela arrive, ils ont généralement du mal à comprendre que leur enfant serait bien mieux dans son environnement familial. La communauté des jeunes enfants offre une grande diversité d'activités et non simplement une ou deux comme c'est le cas à la maison. Qui plus est, la classe est remplie d'enfants, ce qui est un facteur supplémentaire de distraction. La meilleure chose que les parents puissent faire, c'est de choisir un environnement qui limite les éléments perturbateurs et propose des activités nécessitant de la concentration sous la guidance éclairée et aimante d'un adulte. Malheureusement, il n'y a pas pire pour un enfant déconcentré que les activités ludiques souvent proposées aux très jeunes. Il règne dans ces groupes un grand désordre, on n'y trouve ni occupation permettant de développer l'attention par le travail de la main, ni adulte donnant un exemple de concentration dans l'accomplissement d'une tâche comme à la maison.

Le matériel Montessori : la main comme passeur d'informations

À trois ans, quand l'enfant est prêt à entrer dans la Maison des enfants (nom donné par Maria Montessori à sa classe de maternelle pour les trois à six ans), il y trouve une des contributions remarquables de la pédagogie Montessori : la pratique du contrôle moteur et son approfondissement grâce à un matériel spécifique. Celui-ci introduit l'enfant à tous les aspects de notre héritage culturel : langue écrite et orale, mathématiques, géographie, sciences, musique et beaux-arts. Au cours de leurs premières années d'école, les enfants tracent des lettres rugueuses en écriture cursive, les recopient à la craie sur un tableau noir et confectionnent des mots épelés phonétiquement à l'aide de caractères cursifs tirés d'un alphabet mobile. On se sert de leur goût pour les objets miniatures en associant de petits jouets dont on peut épeler le nom phonétiquement, tels une tasse ou une boîte, avec une carte portant leur dénomination. Presque chaque jour, de trois à six ans, les enfants choisissent de tracer le contour géométrique de formes à dessin en métal et de les remplir soigneusement en maîtrisant leurs traits de crayon. Ces activités de précision ainsi que d'autres, comme la couture et l'utilisation d'instruments artistiques, leur assurent une maîtrise manuelle qui leur permet d'écrire en cursif dès l'âge de cinq ans.

Ils apprennent à lire en écrivant, découvrent que les livres contiennent les idées des autres sous forme écrite, de même que leurs propres histoires communiquent leurs pensées aux autres au travers d'une représentation visuelle. Lorsqu'ils entrent dans la première classe de primaire destinée aux six-neuf ans, ils rédigent des histoires et des comptes rendus qui font parfois plus de vingt pages. Toutes les tendances humaines y sont à l'œuvre : exploration, orientation, ordre, abstraction, manipulation, répétition, contrôle de l'erreur, perfectionnement et, surtout, communication et partage d'idées. Désormais, la main fonctionne comme un outil de l'intelligence en rendant visibles les idées de l'esprit par la fluidité de l'écriture cursive. L'unité de l'intellect et de la main est réalisée.

Le processus est encore plus spectaculaire en mathématiques. Les petites perles dorées que la pédagogie Montessori utilise pour introduire le système décimal aux enfants de trois ans leur plaisent en raison même de l'intérêt qu'ils éprouvent pour le travail manuel de précision. Ils les dénombrent une par une en longues séries cubiques et carrées de dix barres, neuf barres, huit barres et ainsi de suite, plaçant un petit ticket avec le chiffre approprié auprès de chaque barre. Les perles servent aussi à introduire le concept du passage à la catégorie supérieure quand on arrive à dix, et les opérations mathématiques d'addition, de soustraction, de multiplication et de division impliquant des nombres à quatre chiffres et plus. D'autres outils, exigeant eux aussi une bonne maîtrise de la main, permettent d'élever peu à peu le degré d'abstraction. De la même manière, les enfants sont initiés à la géométrie et à l'algèbre à l'aide d'objets concrets que la main peut manipuler afin de découvrir les processus abstraits qu'ils représentent. Dès lors que les idées leur sont exposées par le biais de la main, les enfants développent une compréhension plus profonde des mathématiques. À l'âge de douze ans, ils sont tout aussi intéressés par la manière de résoudre les problèmes que par la solution.

La géographie passe elle aussi d'abord par la main. Les enfants palpent un globe terrestre sur lequel les terres sont recouvertes de papier de verre et les océans figurés par des surfaces lisses afin de sentir l'étendue des eaux. Par la suite, ils réalisent des puzzles de cartes où chaque pays consiste en une pièce découpée munie d'un petit bouton permettant de l'insérer et de la retirer. Ils prennent connaissance des différentes formes terrestres et aquatiques, telles que les lacs, les îles, les baies, les caps, les détroits, les isthmes, etc., au travers de petits plateaux où ces formes sont représentées. Les enfants versent de l'eau dans les renfoncements adéquats, créant ainsi des formes terrestres ou aquatiques spécifiques. Dans les classes de primaire, des épingles munies de petits drapeaux indiquent les capitales, les chaînes de montagnes, les déserts, les cours d'eau et les mers. Répétons-le, c'est l'union de la main et de l'intellect qui favorise une compréhension en profondeur et stimule le désir d'apprendre.

Encourager les mouvements guidés par la pensée

Vous vous étonnerez peut-être que nous n'ayons pas mentionné l'ordinateur dans notre exposé sur le développement de la main. Il nous semble, en effet, qu'une utilisation intensive est susceptible d'agir comme un frein. Déplacer une souris ne nécessite ni utilisation fluide et indépendante du poignet ni dextérité des doigts. Lorsqu'il se sert du clavier, l'enfant frappe les touches d'une manière monotone, en usant d'une force, d'un rythme et d'un mouvement similaires. Comparez cette activité avec l'utilisation de la main et des doigts quand l'enfant dessine, coud ou joue du piano. Là, chaque doigt se meut différemment et plusieurs d'entre eux frappent les touches en même temps selon des combinaisons variées. Qui plus est, au piano, main droite et main gauche ne font pas la même chose, le rythme change continuellement et le toucher varie. Nous voulons que la main devienne un instrument aussi maniable et précis que possible, qu'elle puisse effectuer des gestes délicats – « instrument de l'intelligence » comme dans le cas du chirurgien. Ce sont les mouvements guidés par la pensée, non les actions mécaniques, que nous devons encourager.

Notre technologie est le résultat de la précision de la main et du développement du cerveau, elle ne les engendre pas. Nous ne pouvons savoir quelles seront les compétences spécifiques dont l'enfant aura besoin au cours de sa vie d'adulte. Notre rôle est de l'aider à devenir un être humain accompli, « adapté à son temps, son lieu et sa culture ». Pour autant que nous soyons en état d'assumer cette responsabilité, nos enfants disposeront des capacités et de l'expérience nécessaires pour trouver du sens et de la satisfaction dans leur vie d'adulte.

5.

Apprendre à marcher

Nous avons retracé le développement de la main et du cerveau de la naissance jusqu'à l'âge de trois ans tel qu'il figure dans la partie antérieure de notre ligne du temps (cf. p. 22-32). Examinons à présent le développement des grands muscles des jambes, des bras, du dos et du torse qui permettra à l'enfant de se tenir droit. Ces deux domaines de formation embrassent l'intégralité de l'évolution à la faveur de laquelle le nourrisson désarmé se mue en un enfant de trois ans capable de fonctionner de manière autonome. Cependant, ils ne constituent pas un point d'arrivée, mais de départ. Au bout de trois ans d'efforts, l'enfant est devenu un être humain parfaitement unifié dans sa complexité, mais son travail ne fait que commencer : il se met à explorer le monde avec sa tête, ses mains et ses pieds. Nous allons dépeindre son parcours, depuis le nourrisson sans défense en position couchée jusqu'à l'explorateur intrépide debout sur ses deux pieds, et examiner l'assistance que nous pouvons lui apporter au cours de ce voyage.

Une évolution dès la naissance

L'acquisition de l'indépendance motrice entre un an et un an et demi constitue un exploit stupéfiant. Dès les premiers moments de son existence, l'enfant doit commencer à préparer les outils qui l'aideront à conquérir l'environnement depuis la position verticale, à développer et coordonner les grands muscles du torse, du dos, des bras et des jambes qui lui permettront de mouvoir son corps dans l'espace.

Les neuf mois passés dans le ventre maternel représentent une période de gestation interne pendant laquelle le bébé est rattaché à la mère par le placenta et le cordon ombilical. La naissance marque le début d'une phase de gestation externe. Tout en se trouvant dans le monde extérieur, le bébé continue d'être rattaché à la mère, cette fois par le biais des bras et du sein maternels. Le père devient à son tour un élément essentiel de sa vie, il lui donne le bain, le change et s'occupe de lui. Si tout se passe bien, une « seconde naissance » advient à huit ou neuf mois, lorsque le bébé commence à marcher à quatre pattes. Il s'ensuit une séparation volontaire d'avec le père et la mère et un transfert spectaculaire de l'attention vers le monde extérieur. Puis l'enfant met tous ses efforts à se redresser sur ses pieds et, une fois capable de marcher, s'éloigne de ses parents. Il y a plusieurs aspects à prendre en compte dans ce travail monumental menant à l'équilibre du corps et à l'indépendance motrice : le schéma naturel de développement des grands muscles, l'aide que nous pouvons fournir pour favoriser le processus et ce que l'enfant retire de sa toute nouvelle indépendance.

Le développement des muscles

Pour que celui-ci puisse mouvoir les muscles de ses bras, de son dos et de ses jambes, il faut que les neurones qui les contrôlent soient myélinisés. Ce processus s'accomplit au rythme propre de l'enfant et ne peut être influencé de l'extérieur. Des disparités dans la vitesse à laquelle il s'effectue expliquent en partie que certains se déplacent à quatre pattes, restent assis sans soutien et même marchent avec plusieurs mois d'avance sur d'autres. Une fois que la gaine de myéline s'est formée autour des neurones concernés, le cerveau commence à diriger les muscles, lesquels lui envoient de l'information, ce qui modifie les actions entreprises. Cette connexion entre les muscles et le cerveau permet à l'enfant d'effectuer des mouvements conscients et coordonnés. Mais, à l'inverse de la myélinisation, la coordination et la puissance des muscles peuvent être favorisées par des facteurs extérieurs. Le cerveau de l'enfant est mobilisé par son intérêt pour un objet spécifique, ce qui suscite un échange de messages avec les grands muscles. C'est cet intérêt qui nous donne une possibilité d'intervention.

Chez le jeune enfant, la force des grands muscles se développe au fil d'un usage répété, de même que la force musculaire de l'adulte ne se maintient qu'au prix d'un entraînement physique soutenu. Il faut encourager l'enfant à ramper et à marcher à quatre pattes, lui donner l'opportunité de soulever, tirer, grimper pour qu'il acquière toute la force physique nécessaire.

Le problème du matériel de puériculture

Mais avant tout, parlons de ce qu'il vaut mieux éviter. Cela pourra paraître étrange. Comment imaginer que, dans notre monde moderne, des parents aimants fassent obstacle aux efforts déployés par leur enfant pour se construire un corps capable de fonctionner pleinement et en toute indépendance ? Malheureusement, c'est ce que nous faisons quotidiennement. La marchandisation de l'enfance est là pour en témoigner. Tout ce qui peut servir à transporter l'enfant et à l'assigner à résidence se trouve désormais dans le commerce : lit, parc, chaise haute et table à manger, siège pour bébé, siège sauteur, siège de voiture, balancelle, trotteur, poussette, kart, porte-bébé ventral ou dorsal, etc. Quand les jeunes couples voyagent aujourd'hui, on dirait parfois qu'ils transportent avec eux un petit magasin d'ameublement.

Certains de ces objets obéissent à un impératif de sécurité, d'autres ont été conçus pour le confort des adultes, d'autres encore visent à assurer le développement de l'enfant mais se trompent sur les moyens d'y parvenir. En fait, parmi tous ces articles coûteux, le seul à être vraiment nécessaire en termes de sécurité est le siège auto. Mais il impose une telle contrainte aux enfants qu'il vaut mieux qu'ils y passent le moins de temps possible. Pour le reste, il faut que les parents choisissent avec beaucoup de discernement les objets qui ont été élaborés pour leur confort. À chaque génération, les adultes trouvent frustrant et incommode d'avoir à réorganiser leur vie en fonction des besoins de leur progéniture. Seconder l'enfant dans son travail d'autoformation implique d'être disponible vingt-quatre heures sur vingt-quatre, sept jours sur sept. En la matière, la nature n'a pas changé ses plans, elle exige de l'adulte une présence et un dévouement constants ainsi qu'un esprit éclairé. Parmi tous les objets qui leur évitent d'être dérangés par leurs enfants, les parents doivent opérer un choix très précis.

Des habits inadéquats

Les obstacles au mouvement résultant de la prospérité matérielle de nos sociétés se manifestent aussi dans l'habillement. Par le passé, les adultes se faisaient parfois plaisir en vêtant leurs enfants pour produire de l'effet sans trop se soucier du confort ou de la mobilité. Mais à moins d'être très riches, ils n'avaient généralement pas les moyens ni la possibilité de le faire quotidiennement. Les bébés passaient le plus clair de leur temps dans une tenue simple, pratique, qui leur donnait toute la liberté de mouvement souhaitable. Nous traiterons de ce sujet au chapitre 7, mais nous soulignerons dès à présent un principe clé : il faut que le jeune enfant puisse se mouvoir sans entraves.

Comparons avec nous-mêmes. Que choisissons-nous de porter quand nous voulons nous dépenser ? Les adultes ont des périodes d'inactivité, l'enfant, lui, est actif à peu près tout le temps. À l'exception des moments où il dort, il ne cesse de se mouvoir en fonction de ses possibilités, à moins d'être temporairement immobilisé sur un siège ou dans une poussette. Nous autres adultes mettons des vêtements en fibres naturelles qui ne restreignent pas nos mouvements et respirent quand nous faisons du sport, alors la moindre des choses serait d'agir de même à l'égard de nos enfants ! Qui plus est, le bébé a besoin d'être à l'aise quand il est couché sur le ventre. Cela signifie que ses vêtements ne doivent comporter ni gros boutons, ni nœuds, ni quelque ornement que ce soit. Il va de soi, par exemple, qu'il ne devrait pas porter de robe, celle-ci l'empêcherait de replier ses genoux et d'exercer une poussée, d'abord pour ramper puis pour marcher à quatre pattes. Au Moyen Âge, la robe était la tenue quotidienne des bébés, filles ou garçons. On cherchait entre autres à les empêcher de marcher à quatre pattes, car on croyait que cela signalait les enfants « substitués », c'est-à-dire mi-humains mi-bêtes. On y voyait une manifestation de comportement animal, que l'on s'efforçait de décourager.

Avec des vêtements appropriés, le jeune enfant peut placer ses genoux sous lui, pousser, ramper et marcher à quatre pattes dès qu'il dispose de la coordination et de la force musculaire suffisantes. Il porte plusieurs hauts superposés : un maillot de corps en coton doux et, si nécessaire, une chemise de coton à manches longues et un sweater léger en laine boutonné dans le dos. Les couches en coton devraient être enroulées une fois sur elles-mêmes en leur milieu afin que la partie située entre les jambes soit plus étroite. La largeur de la couche étant moindre, l'enfant peut rapprocher les jambes et donc se mouvoir plus librement. On peut lui mettre une housse en nylon avec un élastique à la taille et des ouvertures pour les jambes afin de protéger l'environnement si nécessaire. (Nous parlerons des nombreux inconvénients des couches jetables dans la partie du chapitre 7 sur l'apprentissage de la propreté. Ici, nous nous bornons à mentionner que le papier et le plastique gênent les mouvements parce qu'ils ne peuvent pas s'étirer ni céder.) En dehors de cela, l'enfant a les jambes nues et porte des chaussons ou des chaussettes basses juste assez serrées pour rester en place. S'il se trouve sur une surface irritante, comme un tapis rugueux ou une cour pavée, il aura peut-être besoin de jambières de coton. (On peut aussi lui faire enfiler un pantalon de survêtement, mais celui-ci présente un petit inconvénient : quand l'enfant rampe ou marche à quatre pattes, ses genoux glissent à l'intérieur du pantalon en raison de sa largeur.) Équipé de ses chaussons, de sa couche, de sa chemise de coton et de son sweater, le bébé est prêt à l'action.

L'inhibition des initiatives

Il y a un troisième obstacle que nous imposons à l'enfant sans en avoir conscience. Cet obstacle n'est pas lié à un objet visible, tels ceux qui servent au transport et à la sécurité ou un habillement mal choisi. Cependant, il peut être beaucoup plus néfaste parce qu'il affecte directement la vision que l'enfant a de lui-même. Nous entendons par là l'attitude qui consiste à inhiber ses initiatives. Dès les premières semaines, nous le soutenons en permanence, physiquement parlant. Très tôt, nous le plaçons en position assise alors même que ses muscles sont encore très faibles et incapables de coordination – il s'écoulera un long moment avant qu'il puisse s'asseoir de son propre chef. Ensuite, nous le tirons pour qu'il se redresse alors que ses os sont encore fragiles. Pour finir, nous le « faisons marcher » en tenant ses petites mains levées au-dessus de sa tête, et nous nous transformons ce faisant en une machine à faire marcher les bébés. Et, pis que tout peut-être, nous continuons de le prendre dans nos bras en fonction de nos besoins et de nos caprices, et de le porter bien qu'il soit depuis longtemps capable de marcher par lui-même. Quand ces gestes deviennent une habitude, nous apprenons à notre enfant à être dépendant de nous. Nous lui ôtons le plaisir de jouir du résultat de ses efforts ainsi que la joie de la conquête.

Dès les premiers mois, le bébé emploie toute son énergie à voir les choses depuis la position verticale. Tout comme dans l'acquisition du langage, quelque chose chez lui semble programmé pour le faire réagir à son environnement de la manière prescrite. Par conséquent, dès qu'il en est capable, il garde la tête redressée – et non sur le côté ou inclinée – et il adore qu'on le porte tout droit. Cependant, en le soutenant et en le faisant asseoir à la moindre occasion, nous lui ôtons une partie de son désir de se redresser par lui-même. Ne nous méprenons pas : c'est une tâche incroyablement difficile. Il n'est que de penser aux victimes d'AVC, obligées de réentraîner leurs muscles pour redevenir capables de s'asseoir et de marcher. Leurs efforts sont douloureux à voir, mais nous savons qu'ils auront beaucoup plus de mal à se rétablir si nous montrons trop d'empressement à substituer nos gestes aux leurs. Ils ont besoin d'encouragement, mais ils sont les seuls à pouvoir fournir les efforts nécessaires pour développer leur force et leur coordination musculaires.

Avoir du temps

Dernier obstacle au développement du mouvement chez l'enfant, le temps, un problème qui ne se posait pas vraiment pour les générations précédentes. Un temps libéré du déluge de bruit et de « divertissement » auquel nous sommes soumis en permanence. Avoir du temps pour se concentrer sans être continuellement dérangé est un facteur essentiel de développement. D'emblée l'enfant manifeste un fort désir de coordonner et d'affermir ses grands muscles, mais pour qu'il puisse se focaliser sur sa tâche, il ne faut pas que son attention soit perpétuellement requise par autre chose. La télévision, par exemple. Si elle est allumée, l'enfant sera hypnotisé par ce qu'il voit sur l'écran, non parce qu'il le comprend, mais parce que sa réaction d'orientation[1] est sollicitée par le mouvement et le changement d'image permanent. Le bébé est assis sans bouger, les yeux rivés sur un écran de télévision, perdant des moments précieux qu'il aurait pu employer à développer sa force et sa coordination physiques.

Des années plus tard, que ce soit après l'école ou le soir, l'enfant se retrouve pareillement immobile devant son ordinateur, à surfer sur Internet ou à jouer à des jeux vidéo. L'un des plus grands défis auxquels les parents sont confrontés de nos jours consiste à définir quelle place accorder à la technologie au sein de la famille. La technologie moderne devrait être pour nous une bénédiction en nous donnant plus de temps

---

1 Robert Kubey et Mihaly Csíkszentmihályi, « Television Addiction Is No Mere Metaphor », *Scientific American*, 286/2, février 2002, p. 74-81.

que les générations précédentes pour étudier et réfléchir. Le fait que ce ne soit pas le cas montre bien que nous passons à côté de la possibilité d'améliorer notre vie et d'accroître notre sentiment d'accomplissement par le biais de ces toutes dernières réalisations humaines.

L'adulte comme soutien réfléchi

Venons-en maintenant à l'aide spécifique à apporter à l'enfant. Tout au long de cet exposé sur la coordination des mouvements et l'équilibre, nous ne devons pas perdre de vue notre objectif. Il ne s'agit pas d'accélérer le développement afin d'avoir un enfant plus avancé que les autres. Notre but est plus d'ordre psychologique que physique et il reflète notre attitude à l'égard de notre enfant. Lorsque nous préparons son environnement, notamment sa chambre, nous la manifestons clairement. Elle devrait indiquer que cet enfant est un individu qui grandira, changera, quittera sa famille, et non quelqu'un qui restera pour toujours un bébé, porté et pris en charge par d'autres. Notre objectif est donc de l'encourager à devenir un être indépendant. Dès lors, notre soutien doit être réfléchi et minutieux, fondé sur une connaissance du développement infantile et guidé par le rythme spécifique de l'enfant.

Sur ce point, il faut se montrer très prudent. Après la première période d'adaptation, nous nous surprenons souvent à savourer le fait d'être indispensables. Nous adoptons à notre insu des habitudes qui vont dans ce sens. Une fois passées les premières semaines, nous devons refréner notre désir d'avoir constamment le bébé dans les bras sans autre endroit où le poser qu'un espace confiné, tel un lit ou tout autre dispositif de soutien. Il faut d'emblée favoriser la conscience de soi de l'enfant : « Je suis une personne compétente. Je suis capable de faire des choses par moi-même. Je peux agir sur mon environnement.» C'est en comprenant comment se servir de son corps qu'il parviendra à se voir ainsi.

Le lit d'enfant dans le coin de la chambre (cf. chapitre 2) signale déjà que cet espace est destiné à une personne qui sera mobile et, à terme, capable de satisfaire ses propres désirs. Grâce à la liberté que lui apporte son lit, le bébé va commencer presque immédiatement à «ramper», parcourant souvent une surprenante étendue de territoire. Comme nous l'avons dit, non content de restreindre la mobilité précoce du bébé, le lit à barreaux le rend dépendant de l'adulte quand il veut dormir ou se réveiller. Au bout de quelques mois, le bébé est capable de sortir de son lit et d'y retourner. Jamais il ne pourrait le faire en toute sécurité s'il dormait dans un lit à barreaux. Qui plus est, quand il parvient pour la première fois à se redresser en s'agrippant aux barreaux, il ne peut pas revenir à sa position initiale. Il est obligé de rester debout en pleurant jusqu'à ce qu'un adulte arrive.

À deux mois, le bébé exerce un parfait contrôle de sa tête, entre autres grâce au mobile et au miroir. Ajoutons que, en mettant ces objets à sa disposition, les parents lui envoient un message essentiel: «Il y a d'autres sources d'intérêt que nous autour de toi. Tu feras partie du monde, pas seulement de nous.» Tous les détails doivent être mûrement pesés. Par exemple, Maria Montessori suggérait de prendre des mobiles mus par le vent ou par les gestes de l'enfant, et non les versions mécaniques à remonter qui exigent la présence de la mère. En toute chose, les parents sont continuellement en train de préparer l'enfant pour le jour où il devra se passer d'eux. Attitude désintéressée, tout entière attachée à son bénéfice. Tandis que nous continuerons de suivre le développement physique de l'enfant durant les trois premières années de sa vie, vous noterez que toutes nos recommandations vont dans ce sens et visent à aider les parents à le seconder.

Le placer sur le ventre

Pour que cela puisse se faire naturellement au cours de chaque étape, il faut que le bébé prenne l'habitude dès la naissance de passer du temps sur le ventre quand il est réveillé. Une fois la myélinisation des neurones achevée, les muscles du dos, des fesses, des bras et des jambes sont à même de lui permettre de soulever la tête et le haut du torse quand il est sur son lit ou son matelas. Cependant, le cerveau doit diriger ces muscles afin qu'ils se coordonnent et leur affermissement exige un entraînement répété. L'enfant pousse sur ses bras pour se redresser, mouvement clé dans l'acquisition de la force et de la coordination nécessaires au développement ultérieur des grands muscles. À l'heure actuelle, les pédiatres recommandent, pour des raisons de sécurité, que les bébés s'endorment sur le dos. De ce fait, on leur accorde moins de temps sur le ventre que par le passé. Au réveil, ils pouvaient travailler leurs facultés de coordination et la force musculaire du dos, des fesses, des bras et des jambes. Notre ligne du temps ne prend pas en compte cette pratique récente de faire dormir le bébé sur le dos, aussi votre enfant montrera-t-il peut-être quelques mois de retard par rapport à la progression indiquée. Raison de plus pour l'habituer à être sur le ventre quand il est réveillé. Répétons-le, notre objectif n'est pas de forcer le rythme de l'enfant, mais de l'aider à le respecter. Dans ces conditions, il sera plus heureux et son développement cognitif s'en trouvera amélioré.

Vers quatre mois, le bébé qui a passé du temps sur le ventre peut rouler sur le dos quand il est en position ventrale et vice versa. Il apprécie ce mouvement et, quant à nous, nous l'avons aidé en lui fournissant davantage à voir. Le miroir lui permet d'observer ses mouvements et de suivre ceux des autres. Et, point essentiel, depuis son matelas ou son lit, il a la possibilité de regarder autour de lui.

Nous l'avons déjà mentionné : pour nous mouvoir de manière efficace, nous devons apprendre à connaître ce qui nous entoure. Nous voulons donc que l'enfant expérimente visuellement son environnement avant de le découvrir à quatre pattes. Voici un exercice qui vous fera mieux comprendre comment l'aider. Couchez-vous par terre sur le dos et examinez la pièce autour de vous. Puis tournez-vous sur le ventre et comparez avec ce que vous voyez dans cette position. Pour commencer, votre enfant doit pouvoir explorer visuellement les distances pendant plusieurs semaines. Puis quittez votre position et déplacez-vous à quatre pattes afin de sentir ce que vous éprouvez en couvrant la distance qui vous sépare de divers objets. C'est comme cela que le bébé procède pour développer sa conscience de soi dans l'espace et comprendre ce qu'est la distance en relation avec le regard et le corps. Comme il voit la pièce depuis le sol, il se forge une juste impression de l'espace dans lequel il va bientôt se mouvoir. Il se construit intérieurement une carte du sol – un plan du sol, si l'on veut – avec des « points de référence » pour s'orienter. Au début, ses mouvements sont lents. Dès qu'il est capable de se déplacer rapidement dans la chambre, à quatre pattes ou sur ses jambes, il le fait en toute sécurité parce que son apprentissage de la distance et de la vitesse a été progressif.

Nous avons encouragé ce processus de compréhension en fournissant au bébé les moyens d'expérimenter dans son environnement familier. Il ne sert à rien de le véhiculer sans arrêt chez d'autres personnes ou de l'emmener au supermarché. Là aussi, donnons-lui du temps en le laissant dans son cadre familier, maison, jardin ou autre lieu habituel, pour qu'il l'étudie visuellement et commence tranquillement à l'explorer en se déplaçant.

Ne pas anticiper les désirs

L'enfant se meut dans l'espace poussé par sa curiosité et son intérêt pour le monde extérieur. Un intérêt que le miroir contribue à alimenter et que nous pouvons aussi susciter par des moyens spécifiques, par exemple en plaçant un petit jouet ou une balle en tissu juste hors de sa portée, ce qui l'oblige à se déplacer pour y avoir accès. D'instinct, bien sûr, nous cherchons à anticiper ses désirs et à lui donner tout ce qu'il veut avant même qu'il témoigne un intérêt quelconque. C'est une réaction parfaitement normale, que nous mettons en œuvre dans nos relations entre adultes, parce que nous savons déjà comment nous procurer ce dont nous avons besoin ou envie. Le bébé, lui, est engagé dans un processus d'autoformation. Employer tous ses efforts à satisfaire lui-même son envie représente une chance pour lui. Nous veillerons bien entendu à ne pas susciter chez lui une frustration excessive, à ménager un équilibre entre effort et succès. Mais si les parents, les membres de la famille ou autres adultes se montrent trop présents, ils freinent sa capacité d'initiative.

L'exploration au sol

Dès que le bébé se met à ramper (c'est-à-dire à quatre mois environ sur notre ligne du temps), il faut essayer de lui donner le plus de temps possible « au sol ». À cet effet, il est bon d'avoir des tapis dans toute la maison. (Des tapis en mousse recouverts de vinyle, tels ceux que l'on trouve dans le commerce pour les parcs à bébé, feront parfaitement l'affaire. Ils sont rigides et ne rebiquent pas quand l'enfant se déplace.) Ainsi, où que nous soyons, l'enfant peut être à proximité à s'exercer, explorer une balle en tissu avec ses mains, ramener ses genoux sous lui, ramper pour atteindre la balle qui a roulé hors de sa portée et se mettre à l'étudier. Dès lors l'impulsion qui le pousse à s'autoformer dans un domaine coïncide avec l'intérêt et les compétences qu'il manifeste ailleurs. Comme nous l'avons dit, à quatre mois le bébé est capable de saisir un objet de manière délibérée et cherche à examiner tout ce qui se trouve autour de lui. Son corps lui permet d'avoir accès à ce qui l'intéresse sans qu'il soit nécessaire de l'aider. Les besoins combinés de la main et du corps font qu'il se retrouve à ramper dans son environnement proche et à explorer tout ce qui est à sa portée immédiate.

Développer sa confiance

C'est le moment – bien avant que l'enfant se déplace à quatre pattes ou soit parfaitement mobile – d'aménager toute la maison pour en faire un lieu « babyproof » à l'image de sa chambre. Couvrir les prises de courant, placer les lampes hors d'atteinte, utiliser des coffres ou des fauteuils pour bloquer l'accès aux câbles électriques, éloigner les corbeilles à papier, veiller à ce que les sols soient propres et à ce qu'il n'y ait pas de petits objets susceptibles d'être avalés. Tous les escaliers doivent être équipés d'une barrière de sécurité et l'on pourra également utiliser des barrières portatives pour protéger l'accès aux chambres. Quand nous savons que l'enfant est en sécurité dans une autre pièce, accordons-lui quelques instants hors de notre surveillance. Tout en vaquant à nos occupations, nous pouvons lui parler depuis la pièce voisine et l'assurer de notre présence s'il nous appelle. Procéder ainsi de façon progressive – juste quelques minutes pour commencer – permet au bébé d'apprendre qu'il peut se débrouiller sans nous pendant de brefs laps de temps. Nous posons de la sorte les bases d'une prise de conscience essentielle, à savoir que la présence physique de l'adulte n'est pas nécessaire pour que l'enfant éprouve un sentiment de confiance et d'harmonie avec ceux qu'il aime.

Bien des parents ne prennent en compte cet élément crucial que lorsque le bébé a atteint l'âge de quatorze mois ou plus. À ce moment-là, il a pris l'habitude d'être l'objet de l'attention parentale. Cette dépendance devient pénible à mesure que son envie d'interaction avec l'environnement se développe. C'est alors que nombre de parents s'étonnent : « Qu'est devenu notre bébé si parfait ? » Le bébé n'a rien perdu de sa « perfection », bien entendu. Ce qu'ils veulent dire, c'est : « Que sont devenues nos relations si parfaites ? » Maintenant que l'enfant est physiquement très actif, il a d'autres exigences et il est plus difficile de suivre.

Ces parents se sentaient peut-être très à l'aise avec leur enfant quand il dépendait totalement d'eux. Maintenant qu'il va vers l'indépendance, ils ne parviennent plus à s'adapter à ses nouveaux besoins. Et comme ceux-ci ne sont pas satisfaits, le bébé réagit, avec passivité ou violence en fonction de sa personnalité. Parfois, en cherchant à retrouver un état antérieur de symbiose, les parents se mettent à micro-gérer chaque instant de la vie de leur enfant. Ce faisant, ils se préparent des difficultés encore plus grandes. Être parent demande de pouvoir s'ajuster à chaque nouvelle phase d'évolution. Voilà pourquoi il est essentiel que les parents se familiarisent avec les étapes de développement de l'enfant et du jeune adulte pour être capables d'anticiper. C'est là tout l'intérêt et toute la difficulté de la parentalité : il y a peu d'expériences qui puissent à ce point nous aider à comprendre la nature humaine en général et l'individu en particulier.

Se tenir assis

À sept mois environ, un bébé qui a passé du temps par terre sur le ventre est capable de s'asseoir en poussant sur ses bras, mais son dos n'est pas encore assez fort pour lui permettre de se maintenir longtemps dans cette position sans soutien. Nous pouvons alors lui fournir un oreiller ou quelque chose d'autre pendant de brefs moments. Maria Montessori a conçu à cet effet une table et une chaise en chêne massif servant aux repas ou à d'autres activités occasionnelles de courte durée. La table peut accueillir l'enfant dès le moment où il est capable de se redresser en position assise jusqu'à l'âge de dix-huit mois environ (il existe une autre table, en bois plus léger et de conception différente, pour les enfants de dix-huit mois à trois ans).

Pendant la période où le bébé essaie de s'asseoir, il faut éviter de le redresser continuellement comme s'il était une poupée de chiffon. Il doit pouvoir découvrir ses propres capacités et affermir son dos et son équilibre. Si on le cale en permanence, il sera peu enclin à se livrer aux efforts requis par cette tâche.

Vers l'âge de huit mois, l'enfant est non seulement capable de s'asseoir tout seul, mais aussi de rester confortablement dans cette position sans avoir besoin de soutien. Comme le montre la ligne du temps, il est passé du travail intentionnel au transfert d'une main à l'autre et commence à pouvoir contrôler ses doigts. Une fois de plus, main et corps se développent rapidement de manière conjointe. Le corps est à présent redressé en position assise, ce qui libère les mains. Dans le même temps, celles-ci sont désormais en mesure de se livrer à un examen et à une manipulation d'objets plus complexes.

Au cours de la phase ultérieure de développement, qui débute à huit mois, votre bébé fera partie de ceux qui préfèrent la position assise ou de ceux qui privilégient la marche à quatre pattes. Les premiers s'attachent davantage à l'exploration visuelle de leur univers. Leur peu d'activité apparente est trompeur, car il se passe beaucoup de choses en eux. Ces enfants parlent souvent très tôt et ont tendance à beaucoup s'exprimer verbalement. C'est comme si le cerveau ne pouvait exceller dans tous les domaines de développement en même temps et, pour le moment du moins, avait choisi le langage plutôt que la locomotion.

Le quatre-pattes

Cependant nous devons nous assurer qu'il s'agit bien du choix de l'enfant, non du nôtre. Comme précédemment, nous évitons de le confiner dans des sièges d'enfants, balancelles, sièges sauteurs et autres poussettes. Entre six et huit mois, nous lui fournissons de nouvelles occasions de se déplacer. Les balles tricotées ou en tissu cèdent la place à des balles en bois et en caoutchouc et à d'autres objets qui roulent plus facilement et donc plus loin, tel un cylindre contenant une clochette. Toutefois, il est important de ne pas utiliser ces objets pour proposer une « leçon de gymnastique ». La nature a voulu que cet entraînement se fasse naturellement, tout au long de la journée, au rythme spécifique de l'enfant et non à l'instigation des adultes.

S'ils reçoivent suffisamment d'encouragements, les enfants ont plutôt tendance à vouloir se déplacer. Ils commencent à le faire avec beaucoup d'enthousiasme et d'énergie à partir de huit mois environ. Marcher à quatre pattes demande non seulement de la force dans le dos, les bras et les jambes, mais aussi une coordination bilatérale entre bras et jambes opposés en alternance. Ce mouvement bilatéral deviendra le fondement de la marche en position debout dans une posture équilibrée.

Certains jeunes enfants adoptent des schémas très peu orthodoxes de marche à quatre pattes. Comme cela semble sans effet sur leur développement ultérieur, nous ne voyons pas la nécessité de les corriger. Sauf, peut-être, s'ils se déplacent à reculons. Lorsqu'ils commencent à ramper, à quatre mois, certains prennent l'habitude de se repousser avec les bras, propulsant leur corps dans la mauvaise direction. Cette tendance peut, le cas échéant, les conduire à se déplacer à reculons lorsqu'ils marchent à quatre pattes. Quand l'enfant essaie, en rampant, de se propulser vers l'avant pour atteindre un objet désiré, vous pouvez seconder ses efforts en lui permettant de presser ses pieds contre votre main ou contre le mur de manière à bloquer le mouvement vers l'arrière et à l'aider à développer les muscles de ses jambes.

La position debout

Vers neuf mois, le bébé essaie de se redresser en position debout. Là encore, il est préférable de ne pas se substituer à lui. La joie de voir ses efforts couronnés de succès lui appartient légitimement. En revanche, veillons à ce qu'il soit entouré d'objets qu'il puisse utiliser pour se redresser : un canapé, une table basse ou, dans sa chambre, l'étagère basse où sont rangés les jouets. Vous pouvez également fixer une barre ou une rampe sur le mur. (Comme il apparaît sur la ligne du temps, ce dispositif est comparable à la barre d'entraînement ou de danse pour les adultes. La barre de l'enfant fait entre 3,5 et 5 centimètres de diamètre et est placée à 35 centimètres du sol.)

Après plusieurs mois passés à se redresser, l'enfant appréciera de pouvoir disposer d'un chariot de marche. Celui-ci est constitué d'une boîte ou d'un plateau rectangulaire en bois fixé sur quatre petites roues et d'une barre verticale pour les mains dont l'enfant peut se servir pour se redresser et pousser le chariot lorsqu'il marche. Commencez par utiliser ce chariot sur un tapis ou sur de l'herbe en attendant que votre enfant soit prêt pour les mouvements plus rapides induits par un parquet ou une surface dure. Quoi qu'il en soit, il est essentiel d'éviter les autres articles que l'on trouve dans le commerce pour « aider les enfants à marcher ». En effet, ils amènent le bébé en position debout avant que les os de ses jambes ne lui permettent de supporter le poids de son corps. Et ils l'obligent à adopter une position antinaturelle – à laquelle il n'est pas encore prêt – pour se déplacer vers l'avant. De ce fait, il reçoit des messages erronés.

Quand l'enfant commence à se redresser en prenant appui sur un meuble bas ou sur la barre murale installée dans sa chambre, il se sert de ses deux mains. Au début, il se déplace sur la pointe des pieds en se cramponnant des deux mains. À ce stade, il est capable d'utiliser la prise en pince, particulièrement efficace pour s'agripper à la barre. Désormais, il peut aussi serrer des objets contre son corps à l'aide de ses bras, apportant une fois de plus la preuve que le développement d'une partie du corps (les bras et les mains) seconde celui du reste (les jambes et les pieds).

Quand vous découvrez que votre bébé est capable de se redresser, prenez les mesures de sécurité appropriées dans la maison et le jardin. Il marchera peut-être plus tôt que vous ne l'attendez, ce qui vous oblige à repenser son environnement. Vous pouvez, par exemple, couvrir les coins de table avec du ruban adhésif. Préparez-vous aux bleus et aux bosses ! Les bébés ne réfléchissent pas quand ils grimpent sur les meubles. La réflexion se développe très progressivement sur une longue durée par le biais d'une activité continuelle. Les parents doivent donc se montrer vigilants, patients et ingénieux. C'est ainsi que les parents d'un bébé de dix mois particulièrement agile et actif coiffaient leur enfant d'un épais bonnet de ski en laine dès qu'il était réveillé. Ce chapeau bien rembourré offrait au moins une certaine protection contre les mésaventures.

Une fois qu'il a réussi à se redresser, la tâche suivante du bébé consiste à trouver son équilibre en position debout. Pour commencer, il lâche une main et marche en se tenant de l'autre au support choisi. Puis il lâche complètement son appui et, moment de triomphe, se retrouve debout sur ses deux pieds sans l'aide de quiconque. Passer de l'équilibre à la stabilité, ajouter l'usage alterné d'une moitié du corps puis de l'autre pour marcher normalement est probablement le défi le plus spectaculaire auquel le petit humain est confronté. La plupart des bébés devront faire preuve d'une somme inépuisable d'énergie, de courage et de persévérance sur une période de plusieurs mois.

Dans le même temps, ses deux mains commencent elles aussi à fonctionner ensemble, ce qui lui permet d'explorer minutieusement les objets auxquels il a accès en se déplaçant sur ses jambes. Après une période minimale de douze mois d'efforts continus, le petit humain est à présent parvenu au stade de développement correspondant à celui du poulain nouveau-né.

Se séparer : un mal pour un bien

Les efforts qu'il accomplit s'étendent sur un laps de temps prolongé, mais nous ne devons pas pour autant le presser au cours des premières étapes d'apprentissage. Chaque phase doit être menée à son terme si l'on veut que l'enfant puisse se développer sur des bases solides. Des mailles manquées donnent un tricot incomplet, de même les enfants qu'on oblige à accélérer le rythme ne deviennent pas aussi forts qu'ils pourraient l'être.

Permettre à l'enfant d'opérer la séparation d'avec ses parents au bon moment et avec le soutien approprié le prépare à accepter l'attachement et la séparation comme des processus naturels. Il comprend ainsi que les relations évoluent et changent tout au long de la vie. C'est un point d'une importance cruciale. Il faut l'aider à comprendre que, lorsqu'il quitte quelqu'un ou quelque chose, le gain peut largement compenser la perte, ce qui lui donne un sentiment de sécurité et de confiance dans la vie. Dès lors, les parents doivent être eux-mêmes capables de percevoir la valeur positive de la séparation et être prêts à l'accepter à chaque stade du développement de l'enfant. La plupart du temps, l'adulte a plus de mal à quitter l'enfant que l'inverse. Nous avons tendance à nous accrocher à lui et à ne pas lui accorder toute notre confiance.

Favoriser la marche

Nous avons mentionné le chariot de marche. Maria Montessori a conçu pour les enfants un peu plus âgés et qui ont une démarche plus stable un petit escalier en bois avec des rampes et des marches d'une hauteur spécifique, placées à des intervalles mûrement pensés. C'est un objet coûteux car fait sur mesure, et il n'est certainement pas utile d'en avoir un à la maison. Cela étant, il n'est pas aussi cher que d'autres appareils que l'on installe dans le jardin ou le sous-sol, et il offre des possibilités infinies de s'exercer à monter et descendre les marches en toute sécurité.

Mais le plus important reste les habitudes que nous créons avec notre enfant une fois qu'il est capable de marcher. Si nous cédons à la tentation de le porter en permanence où que nous allions, nous ne lui fournissons pas le soutien spécifique dont il a besoin à ce moment-là. Il doit pouvoir être sur ses deux pieds en toute occasion. De la même façon, il faut arrêter de le charrier dans des poussettes et autres moyens de locomotion. L'enfant doit se sentir compétent : « Je suis capable de marcher comme les autres. »

C'est alors qu'il est souhaitable d'instaurer avec lui une marche quotidienne, qui soit une promenade répondant à ses besoins, non à ceux de l'adulte. L'enfant s'arrête pour observer. Le but de sa promenade n'est donc pas de faire de l'exercice, il est déjà en mouvement toute la journée quand il ne dort pas. L'adulte n'en retire pas moins un bénéfice. Dans la vie que nous menons, qui nous oblige constamment à être performants, nous oublions la joie que procure le fait de vivre dans l'instant et de savourer les détails de la vie. Forcés de ralentir le rythme et de marcher sans avoir de contraintes extérieures, nous retrouvons quelque chose de notre enfance et y puisons les moyens de réfléchir, de nous calmer et de nous détendre. Qui plus est, l'adulte ne tarde pas à être surpris par l'évolution de l'enfant qui se livre à cette promenade quotidienne. Dès l'âge de deux ans, ceux à qui l'on donne la possibilité d'aller à leur rythme sont capables de faire des marches relativement longues et peuvent parcourir plus d'un kilomètre et demi par tous les temps et sur tout type de terrain. À quatre ou cinq ans, certains seront peut-être devenus de bons petits randonneurs.

Marcher pieds nus

Pendant toute la période où l'enfant se redresse, se tient debout, se cramponne et travaille son équilibre pour marcher, les muscles des bras, du torse, des jambes et des pieds s'affermissent. De même que les jambes étaient nues pour faciliter le mouvement et la conscience sensorielle, de même il conviendrait que les pieds le soient aussi dès le moment où il essaie de se lever.

Dans ce cas, il faut que les parents vérifient de temps à autre qu'il n'ait pas les pieds froids. Cependant, si la maison est à température ambiante, un bébé actif aura tendance à conserver une bonne température corporelle et le fait d'avoir les pieds nus lui procurera de multiples avantages. Cela lui permet d'enregistrer de nombreuses sensations : la mollesse du sol, la fraîcheur de la terre et de l'herbe, la texture du tapis, le caractère lisse du parquet, l'impact du poids au fur et à mesure qu'il grossit. Ces informations apportées par le monde environnant stimulent le développement mental, tout comme le font les sensations de température, de texture et de poids procurées par les mains. En couvrant systématiquement l'enfant de la tête aux pieds, nous le privons de ces expériences.

Qui plus est, en restant pieds nus il acquiert plus de force musculaire. Ceci est particulièrement vrai une fois qu'il se redresse en position debout. Son équilibre est différent lorsqu'il peut solliciter des muscles sur tout le pied. Sans compter que, lorsqu'on est pieds nus, on ne glisse pas. Aussi l'enfant apprend-il qu'il peut se fier à eux. Les chaussettes et les chaussures glissantes lui envoient un message contraire : « Je ne peux pas faire confiance à mon corps. » Déchaussez-vous et comparez. Quand les chaussures sont nécessaires pour des raisons de sécurité, par exemple dans les endroits publics ou lors des promenades, choisissez-les avec une bonne adhérence et des semelles souples pour limiter la compression. S'il faut couvrir les pieds de l'enfant lorsqu'il est à la maison, utilisez des chaussettes antidérapantes (avec du caoutchouc sur le dessous).

Marcher ensemble

Il y a un autre élément à prendre en compte lorsque la démarche se stabilise. Si nous voulons que l'enfant puisse marcher le plus possible, il faut réfléchir à la manière de s'y prendre lorsqu'on est dans un espace public, que ce soit à l'intérieur ou à l'extérieur. Dehors, c'est une question de sécurité. Quand on descend de voiture, qu'on traverse des parkings et des rues ou qu'on marche sur des trottoirs fréquentés, il est tentant de porter le jeune enfant jusqu'à l'endroit où l'on se rend. Nous vous suggérons de procéder autrement. Prenez-le par la main de façon à ce qu'il soit obligé de marcher à côté de vous. Un enfant de quatorze mois qui vient juste de découvrir la liberté de se mouvoir commencera bien sûr par résister. Mais à deux ou trois ans, il sera moins rebelle qu'un enfant qui n'aura pas été habitué à cette contrainte.

Il serait bon d'instaurer cette discipline le plus tôt possible et ce pour plusieurs raisons. Avant tout par mesure de sécurité. Il faut attendre quatre ou cinq ans pour qu'un enfant ait suffisamment de maîtrise pour rester avec ses parents dans un espace public sans leur tenir la main. Ensuite, il y a la question de la volonté. Demander à un enfant de tenir la main de ses parents pendant de courts laps de temps est une façon de lui faire comprendre la nécessité de certaines limites. À l'intérieur, il s'agit plutôt d'apprendre à se comporter correctement, ce qui est tout aussi important. Parler sans crier, éviter de courir dans tous les sens, aide les jeunes enfants à prendre conscience de leur environnement et à respecter les autres. Pour leur faire accepter ces règles dans l'espace public, il faut qu'ils soient déjà capables de marcher en restant à proximité de l'adulte. (Nous reviendrons sur ce sujet ainsi que sur les différentes façons d'encourager l'enfant à développer sa volonté dans le chapitre 9.)

Les conséquences positives du développement moteur

Quel profit l'enfant de douze à quinze mois a-t-il retiré de ce formidable accomplissement que sont l'indépendance et la coordination motrice de la main et du corps ? Le mouvement est essentiel pour comprendre la vie et pouvoir agir sur elle. Cette conquête lui apporte une compréhension approfondie du monde, une euphorie à l'égard de l'existence et une vision positive de lui-même. Il prend conscience de ses capacités : « Je peux aller de tel point à tel autre. Je peux réaliser ce que j'avais l'intention de faire. Je peux agir sur mon environnement et sur les autres. » N'ayant pas été entravé dans ses mouvements au cours des premiers mois, comme tant de bébés, il éprouve moins de frustration. Il a eu accès aux expériences que son cerveau était prêt à accueillir et cela de son propre chef. Nous ne pouvons pas deviner en permanence ce qu'il veut maîtriser à tel moment parmi tous les stimuli procurés par l'environnement. Il faut lui donner les moyens et la liberté de se mouvoir à sa guise dans son propre espace.

Un bébé en mouvement ne cesse d'apprendre du monde qui l'entoure. Tandis qu'il se déplace d'un objet à l'autre, d'un endroit à l'autre, il intègre à ses cartes visuelles des informations sur la distance, la vitesse et le temps. Il découvre les sensations que procurent les objets qu'il voit : quelle différence y a-t-il entre des bords arrondis ou saillants ? Cette table brillante est-elle dure ou douce au toucher ? Il découvre la perspective visuelle : un objet qui avait l'air petit à une certaine distance se révèle plus grand quand on s'en approche. Il prend conscience de son corps en se cognant involontairement à des obstacles et il devient plus agile en apprenant à les éviter.

Et pour finir, le mouvement apparaît comme le « terrain de jeu » du développement de la volonté. Quand l'enfant veut avoir accès à quelque chose, il doit solliciter son corps en inhibant certaines actions au profit d'autres. Il doit même refréner l'impulsion de se servir de telle table pour se redresser quand on le lui interdit. Ou peut-être est-ce l'expérience qui lui enseigne que la table manque de stabilité, qu'elle bascule chaque fois qu'il s'en sert comme appui ? C'est ainsi qu'il développe sa mémoire et sa concentration.

À quinze mois, l'enfant a atteint ce que Maria Montessori appelait « l'étape de l'effort maximal ». Il marche en portant un objet lourd, grimpe rapidement sur un siège et en redescend sans lâcher l'objet. Il gravit sans relâche les escaliers. Avoir une démarche stable libère les mains, désormais disponibles pour porter des objets ou travailler à des activités structurées. Il est donc prêt à prendre part à ce qui l'entoure. Propulsé dans l'action, il passe à la vitesse supérieure. Il prend conscience de ses facultés d'apprentissage et travaille avec acharnement pour se perfectionner. Le développement d'une nouvelle compétence provoque souvent de la frustration. La vie le plonge dans l'excitation, il a du mal à dormir.

Qu'allons-nous faire pour cet enfant qui est constamment en mouvement, qui veut explorer l'intégralité de son univers avec une énergie incroyable ? Maria Montessori a fourni une réponse inhabituelle à ce dilemme parental vieux comme le monde. Elle prône une nouvelle approche des activités de l'enfant, qui modifie le rôle de l'adulte et demande un engagement renouvelé de la part des parents. En même temps, cette nouvelle approche, parfaitement adaptée au processus d'autoformation de l'enfant, permet d'établir une collaboration fructueuse entre parents et enfant, et contribue, par conséquent, à l'épanouissement de tous.

6.
Vie pratique

Les enfants qui ont une démarche stable à quinze mois sont désormais indépendants, prêts à s'engager dans un nouveau type de travail. Ils ont commencé à se servir de leurs pieds quelques mois plus tôt, ils ont exercé leurs mains. Maintenant qu'ils sont capables de marcher, les mains sont prêtes à « s'instruire pourvu qu'on leur en donne l'occasion », comme le disait Maria Montessori[1]. C'est un grand moment pour les parents. Mais les difficultés sont nombreuses. Auparavant, l'enfant devait rester là où il était. À présent, il est partout, explorant tous les coins et recoins de la maison, prenant des objets, les déplaçant, grimpant et portant à sa guise.

Des vainqueurs emprisonnés

Maria Montessori décrit ces enfants de quinze mois qui viennent d'acquérir leur indépendance comme « très différents des enfants qui, il y a peu, avaient encore besoin d'être soutenus dans leurs premiers pas chancelants. Ils n'étaient pas indépendants, parce qu'ils devaient s'en remettre aux autres. C'était des combattants, à présent ce sont des vainqueurs ; désormais ils sont vraiment indépendants ». Et comment répondons-nous à cette conquête ? « À l'heure actuelle,

1 Les citations proposées dans ce chapitre viennent de « Lecture on Movement by Dr. Montessori, London, 1946 », dans *Communications*, 1, 2001, p. 30-33.

nous installons une boîte carrée, un parc, et nous y mettons l'enfant... Voilà comment nous récompensons l'indépendance qu'il a conquise, voilà la liberté que nous lui accordons.»

Emprisonner l'enfant dans un parc à la maison et dans une poussette à l'extérieur nous empêche de connaître ses besoins: «Nous ne pouvons pas étudier leur psychologie.» À une mère désireuse d'en savoir plus sur sa fille, Maria Montessori donnait le conseil suivant: «Laissez l'enfant tranquille et observez-le. Ne l'abandonnez pas, mais observez-le à quelque distance ; aidez-le s'il en a besoin.» La petite fille en question commença de délaisser ses nombreux jouets pour se saisir d'un repose-pieds très lourd et le transporter partout dans la maison. Maria Montessori décrit d'autres enfants de cet âge engagés dans des activités tout aussi surprenantes: porter un pichet d'eau très lourd en faisant attention à ne pas répandre la moindre goutte sur le tapis ; porter jusqu'à la table une miche de pain presque aussi grosse qu'eux ; vider une grande corbeille à papier, puis ramasser tous les bouts de papier et les remettre dans la poubelle ; épousseter la maison avec un chiffon ; mettre un bouchon sur un flacon de parfum et l'ôter de manière répétée ; prendre des serviettes fraîchement repassées, les étaler dans la pièce en formant une ligne droite quasi parfaite d'un côté jusqu'à l'autre, puis les remettre en pile tout aussi méticuleusement. Maria Montessori voyait dans ces comportements librement choisis des indices révélant les besoins de l'enfant en matière d'autoformation.

Elle pensait que sa suggestion d'accorder davantage de liberté d'action à l'enfant de quinze mois tout en le surveillant attentivement pourrait, dans un premier temps, être perturbante pour les parents, voire difficile. Cela impliquait assurément des sacrifices. Ne plus avoir recours au parc, par exemple, signifiait rogner sur sa liberté. Mais elle insistait sur ce point : « Il n'est pas facile de donner de la liberté aux enfants tout en restant vigilants et prêts à les aider, mais nous devons être préparés à le faire. »

À la conquête de l'environnement

En observant des enfants nouvellement indépendants, Maria Montessori était parvenue à une conclusion surprenante, qui aujourd'hui encore reste un peu énigmatique : « À cet âge, l'enfant ne peut se satisfaire de simples jouets, surtout de jouets légers. Il ne peut rien en tirer. » Ce qu'il veut, c'est faire des choses qui lui demandent le maximum d'efforts. Au cours de la phase précédente, le but de l'enfant était d'exercer ses mains et de maîtriser son corps. Maintenant qu'il est indépendant, il veut « conquérir l'environnement ». Et à cet effet, il veut « faire ce qu'il peut faire dès qu'il le peut ». Il ne s'agit plus simplement de conquérir son corps, mais de maîtriser le monde. Il n'y a rien d'étonnant à ce que son énergie et sa détermination ne connaissent pas de limites.

Son premier pas consiste à devenir plus conscient de ce que font les parents au quotidien. Avant, il les regardait faire, à présent il cherche à les imiter. Les parents doivent comprendre qu'il essaie d'apprendre ce qu'ils font. L'enfant, lui, doit comprendre que cette imitation ne peut pas être immédiate, mais requiert une phase d'entraînement et de préparation. Il n'aura pas la liberté de faire ce qu'il veut, quand il veut, il lui faudra l'aide des adultes pour s'y préparer. Maria Montessori donnait l'exemple de l'apprentissage du piano. On « ne peut pas jouer du piano par simple imitation, il faut apprendre. On ne peut pas tout faire par imitation, il faut s'exercer ». Autrement dit, pour le piano, se livrer à toute une série d'exercices. Le but de ces derniers est indirect : ce n'est pas jouer de la musique, mais se préparer à le faire. Ainsi, pour être en mesure d'imiter l'adulte, l'enfant doit commencer par apprendre des exercices et les répéter.

Les « cycles d'activités »

En même temps, ces exercices préliminaires l'intriguent, ils représentent tout un « cycle d'activités ». Maria Montessori écrit à ce sujet : « Les enfants apprécient naturellement d'avoir à réaliser des exercices qui se suffisent à eux-mêmes sans autre objectif direct… si ce n'est de les préparer à une activité future. Ils constituent ce que nous appelons des "cycles d'activités". Les enfants exécutent ces choses qui paraissent inutiles avec beaucoup de soin et d'intérêt. Elles nous semblent inutiles, mais l'enfant se prépare et apprend à coordonner ses mouvements. » Elle donne l'exemple d'un enfant fournissant des efforts acharnés pour grimper dans un fauteuil et en redescendre immédiatement. « On peut se demander pourquoi il fait tant d'efforts s'il ne veut pas profiter du fauteuil une fois qu'il a réussi à s'y installer. Mais non, il redescend, en enjambant les bras du siège, pour se retrouver de nouveau sur le sol. C'est un "cycle d'activités", un effort qui produit une coordination de mouvements spécifique. »

Ces cycles d'activités n'ont pas seulement pour effet d'aider l'enfant à se préparer indirectement pour d'autres actions, ils approfondissent sa concentration et agissent sur sa personnalité en développant « persévérance et patience ». Ce sont ces résultats positifs et l'amélioration subséquente de sa faculté d'apprentissage qui ont le plus impressionné Maria Montessori et l'ont conduite à faire des exercices impliquant des cycles d'activités la base de son approche de l'éducation ultérieure de l'enfant.

Elle a compris que, pour pouvoir valablement apprendre, il fallait être disposé à suivre chaque étape du processus d'acquisition des informations. Il est essentiel de répéter chacune de ces étapes autant de fois que nécessaire pour connaître et comprendre l'enseignement spécifique qu'on en retire au niveau le plus profond. Mener à bien un cycle d'activités exige de l'enfant une « profonde implication ». C'est précisément ce type d'implication qui est requis dans tous les apprentissages importants de la vie.

Les exercices de vie pratique

Maria Montessori propose de s'attaquer à ce défi au moment où l'enfant acquiert son indépendance, c'est-à-dire entre quinze et dix-huit mois. Il a alors besoin de « travailler avec du matériel structuré » qui satisfasse son intérêt naturel pour les cycles d'activités et pour l'imitation des adultes qui l'entourent. Pour « ce nouveau type de jeu », comme l'appelait Maria Montessori, les jouets ne sont d'aucune utilité. L'enfant a besoin d'objets réels, qui soient directement liés aux activités quotidiennes de l'adulte. Elle leur donne le nom de « matériel de vie pratique ».

Comme ce matériel devait refléter le pays et l'époque où vivait l'enfant, Maria Montessori s'est trouvée dans l'impossibilité de concevoir des objets et des activités spécifiques. Elle s'est donc bornée à établir des principes à l'usage des parents et des enseignants des établissements Montessori, à charge pour eux d'opérer un choix en fonction des situations. De la même façon, la manière dont l'adulte présente le matériel à l'enfant et l'aide à s'en servir peut différer dans le détail selon la culture concernée. Dans ce chapitre, nous parlerons des principes et des recommandations s'appliquant aux sociétés occidentales actuelles, mais ils sont aisément transposables dans d'autres cultures. Comme nous l'avons dit, les enfants sont partout les mêmes et ils ont des besoins d'autoformation similaires. Leur schéma de développement et la mission qui leur incombe de devenir « un être humain à part entière adapté à son temps, son lieu et sa culture » ne changent pas en fonction des circonstances ou de l'époque historique.

Les exercices de vie pratique devraient comporter des activités manuelles comme celles que l'enfant voit accomplir par les adultes au quotidien. Les parents choisissent donc celles de leurs occupations « auxquelles ils se livrent nécessairement dans la vie de tous les jours », ainsi ils ne se sentent pas pressés d'en faire encore plus. Ils se contentent d'inclure l'enfant, en fonction de son intérêt, de ses capacités et de l'heure, dans les multiples tâches quotidiennes : mettre et débarrasser la table, déballer les courses, préparer le repas, faire un gâteau, servir de l'eau et du jus de fruits, essuyer la table, faire la vaisselle, trier le linge et le plier, ranger des vêtements, passer le chiffon, le balai et la serpillière, nettoyer un miroir ou une fenêtre, astiquer un vase ou cirer des chaussures, mettre de l'ordre dans une pièce, vider les corbeilles à papiers, arroser les plantes à l'intérieur ou à l'extérieur, disposer les fleurs dans un vase. Quand l'enfant est un peu plus âgé, on peut ajouter le repassage, la couture, le désherbage du jardin et le ratissage des feuilles mortes.

Il va de soi qu'en associant l'enfant aux tâches ménagères les parents perdent en efficacité et en temps. Pourquoi Maria Montessori, femme à l'esprit si pratique et elle-même si accomplie, pouvait-elle recommander une approche en apparence aussi peu praticable ? Si elle a suggéré de faire de l'enfant le compagnon quotidien de l'adulte dans ces occupations simples de la vie familiale, c'est par respect pour les capacités de l'existence humaine telles qu'elles apparaissent chez le petit enfant.

Il ne s'agit pas de se conformer aux idées et aux pratiques de Maria Montessori pour devenir de meilleurs parents ou avoir un meilleur enfant, ni même parce qu'on aime son enfant par-dessus tout. Mais parce qu'on respecte son enfant et ce qu'il représente dans le continuum de l'existence humaine. En agissant dans cet esprit et en œuvrant avec soin à mettre en place et à introduire chaque activité, des parents se sont aperçus partout dans le monde que leur enfant était capable d'en faire bien plus qu'ils ne l'avaient imaginé. On peut aussi se découvrir une « légèreté » inédite dans l'accomplissement des tâches ménagères, sans compter que le temps qu'on y passe peut paraître bien plus intéressant et gratifiant qu'avant. On n'est plus un domestique, mais un éducateur. Notre objectif, dans la suite de ce chapitre, est de vous aider à comprendre les idées de Maria Montessori sur les exercices de vie pratique et à les mettre en œuvre de manière réaliste, de façon à ce que vous puissiez guider votre enfant. Autrement ces belles idées vous paraîtront de peu d'utilité.

Le dilemme des premières fois

L'anecdote suivante tirée d'une de nos conférences parents/enfants illustre le dilemme auquel sont confrontés de nombreux adultes quand ils commencent à faire participer leurs enfants aux tâches quotidiennes. Elle servira aussi d'introduction aux modalités pratiques d'application des idées de Maria Montessori. Une des mères présentes avait préparé sa cuisine avec une table et une chaise Montessori, la vaisselle spécifique de l'enfant, une petite carafe et des verres pour qu'il puisse se verser lui-même de l'eau, et une petite éponge pour essuyer la table après les repas – conformément à ce que nous avions suggéré pendant les cours et la visite à domicile. Au bout de quelques semaines, elle nous a demandé : « Qu'est-ce que je fais s'il ne se sert pas de l'éponge quand il renverse quelque chose ? Est-ce que j'ignore l'incident, est-ce que j'insiste pour qu'il nettoie, est-ce que je le lui suggère ? Je ne sais pas jusqu'où je suis censée aller dans mon rôle d'enseignant. »

En répondant à cette question, nous avons mis l'accent sur le fait que, en devenant des professeurs, les parents ne cessaient pas d'être parents. Autrement dit, cette mère était une « mère/professeur » et non l'inverse. Cette distinction est importante pour deux raisons. Premièrement, l'intensité des relations parents/enfants tend à produire des réactions excessives d'un côté comme de l'autre, surtout quand il est question de comportement. Deuxièmement, le foyer est un havre pour tout le monde et il est préférable que les exigences soient un peu plus souples – sans être complètement abandonnées.

Voilà pourquoi on ne peut apporter de réponse catégorique à une situation spécifique. Quelles que soient les incertitudes des parents, ils doivent garder présent à l'esprit que la collaboration est le fondement de toute relation saine. C'est la caractéristique de notre espèce et ce qui constitue la base de la civilisation. Les problèmes apparaissent quand la faculté de collaborer demeure inemployée. Cela est particulièrement visible dans les relations entre parents et enfants. Les exercices de vie pratique sont un moyen privilégié de développer la capacité de collaboration chez les uns comme chez les autres. En d'autres termes ils offrent aux parents l'occasion rêvée de devenir « mère/professeur » ou « père/professeur » de leur enfant de quinze mois. Nous reviendrons plus loin sur l'anecdote de la mère. Quoi qu'il en soit, c'est en observant son enfant et en travaillant avec lui que l'on trouve peu à peu des réponses en situation.

Le matériel

Commençons par décrire la mise en œuvre des exercices de vie pratique. Tout d'abord, nous devons procurer à l'enfant du matériel pour mener à bien ces exercices ainsi que les cycles d'activités auxquels ils préparent. Ne pas oublier qu'il devra être capable de l'utiliser de manière autonome une fois que l'adulte lui en aura montré le fonctionnement. Ce matériel doit être concret, proportionné à la taille de l'enfant et structuré de façon simple et cohérente.

Les parents doivent être attentifs au moindre détail. Par exemple, le cracker est-il suffisamment rigide pour être tartiné de fromage frais ou s'effrite-t-il à la moindre pression ? Pour qu'un enfant de quinze mois puisse couper des quartiers de pomme en morceaux plus petits, il faut qu'ils soient posés latéralement afin que la peau soit plus facile à trancher, etc. Toutes ces difficultés apparaissent au cours de la période préliminaire pendant laquelle l'adulte prépare les activités qu'il proposera à l'enfant. C'est un bon moyen de prendre conscience de la complexité de nos actions quotidiennes les plus banales. Et cela nous montre aussi que nous réfléchissons automatiquement à ce que nous allons faire avant de le réaliser. « Pour commencer, il faut que j'apporte le plateau avec le matériel et que j'installe les choses. Ensuite, il faut que j'aille chercher une carotte. Maintenant je prends l'épluche-légumes, je pèle de la gauche vers la droite et je mets chaque pelure dans le bol de droite », et ainsi de suite. C'est l'expérience de ce type d'exercices qui va permettre à l'enfant de développer une pensée logique et structurée, et de prendre conscience du résultat de ses actions.

Comme les objets choisis dans un but précis – préparer de la nourriture, par exemple – sont disposés sur un plateau dans l'ordre où ils doivent être utilisés, de gauche à droite et de haut en bas, l'enfant intègre mentalement cette séquence au profit de son intelligence fonctionnelle. De ce fait, il se met aussi en état de pouvoir apprendre à lire et à écrire correctement. Les cycles d'activité impliquant du matériel de vie pratique constituent donc une préparation indirecte au langage écrit.

Le matériel nécessaire à chaque activité est rassemblé sur un plateau. Cette présélection effectuée par l'adulte est indispensable dans la mesure où l'enfant, ainsi que nous l'avons fait remarquer, possède un esprit absorbant plutôt que raisonnant. Avant six ans, il ne peut pas passer en revue les objets dont il aura besoin ni savoir où les trouver. (À partir de six ans, il a développé des capacités de raisonnement suffisantes pour réfléchir à ce qu'il lui faut. Voilà pourquoi, dans une classe primaire Montessori, les objets servant à divers exercices – expériences scientifiques ou projets artistiques, par exemple – et sont placés à différents endroits pour que l'enfant soit obligé de les rassembler, tout comme on le fait avec les ustensiles et ingrédients lorsqu'on veut cuisiner. Cette nécessité lui donne la possibilité de mettre en pratique ses capacités toutes neuves de raisonnement et exerce un effet stimulant.)

Déroulement de l'activité

Une fois que vous aurez préfiguré l'activité dans ses moindres détails, mis en place le matériel adéquat sur un plateau et pratiqué vous-même la séquence, vous pourrez élaborer un cycle d'activités. Procédez avec lenteur et méthode, en marquant des pauses brèves après chaque étape. L'enfant veut vous imiter, mais ses capacités de réflexion sont limitées. Il s'en remet à l'habitude, au schéma, à la répétition. Vous devez lui montrer ce qu'il y a à faire toujours de la même façon et dans le même ordre (de gauche à droite, de haut en bas). Au début, le fait d'utiliser constamment le même système l'aide à s'en souvenir plus facilement. Par la suite, quand il sera plus grand, il inventera son propre système, mais pour l'instant répétition et exactitude sont des éléments clés du succès.

Les enfants imitent tout ce que font les adultes. Ils ne comprennent pas les exceptions. Quand vous mettez la table avec votre enfant, par exemple, vous devez porter l'assiette à deux mains, les pouces sur le dessus. Si vous êtes pressé, utilisez un plateau où vous poserez plusieurs objets au lieu d'en porter un dans chaque main. C'est important, parce que vous ne pouvez pas attendre de l'enfant qu'il comprenne pourquoi vous portez un verre dans chaque main alors que lui est obligé d'en porter un seul à deux mains. Il se conformera à ce que vous faites, non à ce que vous dites avec pour résultat erreurs et échec. Et il finira par apprendre que le fait d'utiliser un plateau est un moyen efficace de porter plusieurs objets en même temps.

Une fois que vous lui avez montré comment réaliser un exercice de vie pratique, c'est à lui de travailler. Observez-le et apportez-lui votre concours si nécessaire. Et surtout, rappelez-vous que c'est au processus dans lequel vous êtes tous les deux engagés qu'il s'intéresse, pas au résultat. Il a plaisir à essuyer la table, mais son objectif n'est pas qu'elle soit sèche. La mère qui nous interrogeait aurait pu, dans un premier temps, essayer d'éveiller l'intérêt de l'enfant pour cette activité. Plusieurs possibilités s'offraient à elle : regarder ostensiblement la flaque d'eau et dire « Oh, je vois une flaque » ; ou, en prenant elle-même l'éponge, montrer à son fils comment essuyer l'eau, de gauche à droite et de haut en bas.

Maria Montessori qualifiait ces réactions de l'adulte de « points d'intérêt ». Ce sont les points d'intérêt qui incitent l'enfant à se plonger plus avant dans une activité ou à y revenir après un moment de déconcentration : la dernière goutte d'eau quand on vide une carafe, le petit bout de fromage resté sur la lame du couteau, la tache de farine sur le rouleau à pâtisserie ou la tige de fleur qui atteint tout juste la surface de l'eau dans le vase. Les points d'intérêt aident l'enfant à élucider la difficulté et par là même à la surmonter tout en lui donnant envie de recommencer.

Si ces points d'intérêt ne parviennent pas à réveiller sa motivation, il faut tout de même qu'il voie l'activité menée à son terme. Dans la situation que nous avons mentionnée, l'adulte prend l'éponge et essuie minutieusement la flaque à la place de l'enfant. Les mots exercent sur lui un effet puissant, aussi le fait de commenter l'action peut-il l'aider à focaliser son attention. Vous pouvez dire, par exemple : « Je vais essuyer la table, regarde. » Puis vous le faites. Nous reprendrons la question du rôle motivant du langage dans le chapitre 9.

Une fois que vous avez montré un exercice de vie pratique et que votre enfant a commencé de s'y atteler avec intérêt et concentration, faites en sorte de ne pas l'interrompre. C'est parfois difficile, même pour des enseignants Montessori confirmés. Comme l'a dit le professeur d'une communauté de jeunes enfants : « C'est une grande tentation pour moi que de trop aider. J'ai le sentiment de devoir faire quelque chose. Je viens d'un "monde" où je suis programmé pour être constamment actif. » Cependant, l'essence de la collaboration réside dans le compromis. Lorsque le lien est établi entre l'enfant et le matériel mis à sa disposition, l'adulte doit s'effacer et le laisser travailler en paix. Au cours des trois premières années, la volonté de l'enfant et sa concentration sont encore très fragiles. Si vous l'interrompez sans nécessité, il aura du mal à se remettre à sa tâche. S'il est concentré et que vous souhaitez lui montrer quelque chose de plus, essayez d'attendre que l'occasion se présente.

Attention aux encouragements !

Les adultes sont souvent surpris d'apprendre que même un compliment constitue une interruption. Or, comme nous l'avons évoqué dans le chapitre 2, commenter ou applaudir la réussite de l'enfant peut le distraire. Qui plus est, si les parents en font trop, ils risquent de mettre en péril son indépendance et de créer chez lui le désir d'avoir un public même pour les gestes courants. Si votre enfant de douze mois prend une cuillerée d'eau dans une petite carafe et la verse dans un verre sans en renverser une goutte, vous pouvez partager son plaisir en lui adressant un grand sourire. Cette réaction discrète indique que vous êtes content de le voir satisfait et non que vous le prenez pour un « superbébé ». Quel que soit l'âge, la prétention est un facteur d'isolement et de solitude. Notre objectif est d'aider l'enfant à comprendre qu'il est unique et que nous tenons particulièrement à lui. Mais nous voulons aussi qu'il prenne conscience du caractère unique de chaque être humain.

Prendre le temps

La pratique quotidienne d'un exercice, accompli avec la concentration et les efforts nécessaires, accroît les compétences de l'enfant. En raison de la boucle de rétroaction main/cerveau/main, les ajustements et corrections se font d'eux-mêmes. Les enfants voient leurs erreurs et sont désireux de les corriger. Un peu d'eau se répand à côté tandis qu'ils arrosent les plantes, ils n'arrivent pas à tout essuyer du premier coup et ainsi de suite. En configurant l'exercice et en refaisant la démonstration si besoin est, l'adulte aide l'enfant à comprendre le but recherché. Cela étant, les adultes doivent faire preuve de beaucoup de patience au cours de ce long processus de perfectionnement. Les enfants ont tout le temps du monde pour se former, il ne faut pas les presser. Si nous tombons dans le piège de vouloir être le parent parfait d'un enfant parfait, nous essaierons de tout contrôler et nous pousserons notre enfant à la performance. Du coup, il sera tendu et nous, surmenés. Apprenons plutôt à lui apporter l'aide dont il a besoin et à le laisser ensuite travailler à son rythme.

Aménager la cuisine

Le premier environnement à aménager pour les exercices de vie pratique est la cuisine. C'est, en effet, l'endroit où l'adulte passe le plus de temps à accomplir des activités que l'enfant peut imiter. Chaque cuisine est différente, mais il y a certains objets qui doivent s'y trouver. Le plus important est la table et la chaise conçues par Maria Montessori pour les enfants qui viennent d'avoir quinze mois. Les dimensions de ces meubles et le matériel qui les accompagne leur permettent d'être assis confortablement et en toute sécurité pendant de longues périodes de temps, et d'aller et venir à leur guise. Grimper sur un tabouret pour travailler sur un comptoir de cuisine surélevé est tout sauf indiqué. Il n'est que d'imaginer ce que nous ressentirions à devoir œuvrer dans les mêmes conditions. Le seul objet qui pourra rester sur le comptoir est une éponge (de 3,5 centimètres sur 5 environ), placée dans une petite assiette à côté de l'évier. Elle servira à essuyer la table de l'enfant. Si nous lui procurons un tabouret sûr, il pourra prendre l'éponge de lui-même et, au bout d'un certain temps, la mouiller sans avoir besoin d'aide.

Nous suspendons au mur ou à l'extrémité d'un comptoir d'autres objets servant au ménage quotidien : un petit balai, une pelle et une balayette, une serpillière humide (avec un seau en dessous) et un torchon pour sécher le sol. Un gant de toilette aura les dimensions requises pour servir de torchon à l'enfant[1]. L'adulte présente ces objets – balai, pelle à poussière, serpillière et torchon – un par un sur une période de plusieurs semaines. Il le fait de manière précise et aussi souvent que nécessaire.

Préparer l'activité avec méthode

Il doit veiller à faire lui-même l'exercice avant de le montrer à l'enfant. Vous vous rendrez vite compte de ce qui est important : l'endroit où vous placez vos mains sur chaque objet, le sens dans lequel vous balayez, essuyez, époussetez, le type de gestes que vous faites – circulaires ou rectilignes, rapides ou lents, énergiques ou précautionneux, désordonnés ou méthodiques. L'enfant ne perçoit pas l'ordre présent dans notre esprit. L'adulte peut balayer avec nonchalance sans que cela pose de problème. En revanche, la méthode est de rigueur quand on fait une démonstration à un enfant. Ainsi, il faut qu'il voie qu'en balayant, par exemple, nous allons chercher la poussière dans tous les coins et nous la rassemblons à un endroit avant d'utiliser la pelle. En agissant de manière ordonnée, nous permettons à l'enfant de voir les décisions et les réflexions préalables à l'action et d'y avoir accès.

---

1 Voir sur le site http://www.montessori-spirit.com/

En vous regardant balayer, il a envie de vous imiter avec son propre balai. Peu importe sa maladresse initiale, laissez-le s'exercer. Si besoin, vous pouvez lui montrer de nouveau comment se servir du balai à un moment où il ne l'utilise pas. En revanche, si, pendant qu'il est en train de balayer, il décide que le balai est un bâton à brandir ou qu'il choisit d'en faire usage pour autre chose, ôtez-le-lui des mains et proposez-lui une autre activité. Les très jeunes enfants ne peuvent pas nous dire directement qu'ils sont fatigués, qu'ils s'ennuient ou que leur concentration faiblit. Ils le font en bêtifiant, en s'évadant dans l'imaginaire ou en se montrant destructeurs. Nous devons être attentifs à ces messages et réagir avec promptitude et fermeté.

Un petit balai mécanique viendra heureusement compléter le matériel de ménage quand l'enfant sera un peu plus âgé (vingt mois à peu près). Nous recommandons d'éviter l'aspirateur ou l'aspirateur à main où l'on ne peut pas voir le mécanisme en action. La montre digitale posera le même problème quand il s'agira d'apprendre à lire l'heure. Choisissez toujours les objets les plus simples. Un de nos objectifs est d'aider les enfants à comprendre le monde et la manière dont il fonctionne. Ils ont besoin de voir comment marchent les objets dont ils se servent. Autre objectif : leur inspirer du respect pour les objets qui les entourent. Pour cela, il faut qu'ils en saisissent le fonctionnement. Dès lors un balai devient un outil doté d'une fonction, qui ne doit pas servir de cheval ou de pistolet.

Un rangement ordonné

Préparer la nourriture et dresser sa propre table (l'acte de s'alimenter entre dans la catégorie des soins personnels et sera traité au chapitre 7) sont parmi les premières activités de vie pratique auxquelles l'enfant peut participer avec succès. Pour ranger les objets nécessaires, vous pouvez acheter un casier à trois étages en bois ou en fil métallisé dans un magasin d'articles ménagers. Mieux encore, faites de la place dans vos placards de cuisine en déplaçant ce dont vous vous servez rarement. Ainsi la vaisselle de l'enfant et les instruments qu'il utilise pour préparer la nourriture seront à l'abri, hors de portée des jeunes frères et sœurs. En lui donnant un placard pour lui tout seul, nous l'aidons à comprendre que son travail s'inscrit dans les tâches familiales. Il faut soigneusement veiller à ce que les objets dont il aura besoin pour dresser sa table soient rangés de manière logique. Sur l'étagère du haut, de la gauche vers la droite, placez un set de table en tissu que vous aurez enroulé, des serviettes pliées et un petit panier de couverts contenant entre six et huit cuillères et fourchettes identiques. Il est important de ne pas mélanger ni associer différents types de cuillères et de fourchettes. Un jeune enfant aurait trop de mal à faire aisément la différence entre une fourchette et une cuillère. Qui plus est, nous souhaitons qu'il se concentre d'abord sur la sensation du goût et sur la température des aliments, non sur la forme des ustensiles qu'il porte à sa bouche et les sensations qu'ils lui procurent.

Placez quatre à six bols sur la deuxième étagère et, juste à côté, quatre à six petites assiettes – des assiettes à dessert ou à salade, par exemple, elles ont la bonne taille. Là aussi, il faut choisir des bols et des assiettes identiques de manière à ce que l'enfant puisse immédiatement se dire : « Voilà mes bols. Voilà mes assiettes. » Cela l'aide à établir des catégories.

Sur l'étagère du bas, on peut mettre deux ou trois petites carafes et huit à dix petits verres. Des photophores cylindriques pour bougie votive feront de bons verres. Et, répétons-le, tous ces objets doivent pouvoir être combinés. Il faut également qu'ils soient transparents pour que l'enfant voie la quantité de liquide qu'ils contiennent. Cela signifie qu'ils doivent être en verre et non en porcelaine ou en métal. Le verre présente aussi l'avantage de pouvoir se briser. Il va de soi que lorsque l'enfant manipule des objets fragiles, l'adulte doit être très vigilant. Mais si nous voulons qu'il apprenne à contrôler ses mouvements et sa manière d'être, il faut lui donner des objets qu'il ne saurait jeter ou traiter avec brutalité sans que cela ait des conséquences. S'il se produit un accident – un verre brisé, de l'eau répandue –, nous lui montrons comment nettoyer. Notre pragmatisme lui indique que nous acceptons les erreurs comme un élément inhérent au processus d'apprentissage. Les accidents étant inévitables, il vaut mieux choisir des objets bon marché et faciles à remplacer.

Si la vaisselle et les ustensiles de l'enfant sont rangés comme nous l'avons suggéré, il sera capable de les récupérer dans le lave-vaisselle et de les remettre tout seul sur la bonne étagère. De temps en temps, vous pouvez proposer un exercice de vie pratique lui permettant de faire lui-même sa vaisselle. Procurez-vous deux bassines Tupperware (pour le lavage et le rinçage), une brosse, des torchons et un égouttoir. Au début, vous pouvez utiliser une carafe pour mettre une petite quantité d'eau dans les bassines. Par la suite, l'enfant aura plaisir à les remplir sous votre surveillance. À la fin, il replacera lui-même la vaisselle dans le placard.

Mettre la table

Quand vous lui montrez comment mettre la table, commencez par le set, puis continuez avec la serviette, le bol ou l'assiette, et finissez avec la fourchette, la cuillère et le verre. Au début, vous pouvez lui servir de l'eau en utilisant une carafe plus grande. Par la suite, remplissez sa petite carafe avec tout juste un peu plus d'un centimètre d'eau (vous augmenterez les quantités plus tard) pour lui donner la possibilité de se servir lui-même. Réapprovisionnez sa carafe autant que nécessaire. Au début, une carafe en verre de 7,5 centimètres fera parfaitement l'affaire.

Une fois que l'enfant est capable de remplir correctement son verre d'eau (à vingt, vingt-quatre mois), commencez à le laisser se servir lui-même du lait et du jus de fruits. Vous pouvez aussi le faire travailler avec des quantités de liquide qui excèdent la contenance de son verre pour qu'il s'arrête avant d'avoir atteint le bord. Utilisez pour ce faire une carafe de 12,5 à 15 centimètres de haut. Au début, mieux vaut s'exercer avec de l'eau.

Rappelez-vous, c'est l'âge où l'enfant fait le plus d'efforts et éprouve le plus de joie à se déplacer en portant des objets. Tout à sa nouvelle indépendance, il adore le rituel qui consiste à dresser sa table. Veillez bien à ce qu'il ne porte qu'un seul objet à la fois et le pose très soigneusement à sa place. Il faut qu'il se serve de ses deux mains, en tenant verres et assiettes de part et d'autre, le pouce bien positionné sur le dessus de l'assiette. À mesure qu'il s'améliore, il aidera à mettre la table pour la famille. Il peut même apprendre à compter les objets : « Une fourchette pour papa, une fourchette pour maman, une fourchette pour ma sœur – un, deux, trois, trois fourchettes. » Débarrasser après manger constitue une partie du cycle d'activité et doit faire l'objet d'une attention tout aussi grande. Enfin l'enfant peut frotter son assiette avec un grattoir et la placer dans un lave-vaisselle ouvert ou nettoyer lui-même sa vaisselle avec le matériel décrit.

Faire la cuisine

Pour que votre enfant puisse préparer de la nourriture, d'abord à vos côtés puis de façon autonome, il lui faut du matériel. Il a besoin de deux petits bols différents (un pour les déchets, l'autre pour les fruits ou les légumes préparés), d'une planche à découper et d'un petit hachoir. Le cas échéant, limez légèrement l'extrémité du hachoir. Procurez-lui aussi une petite passoire au cas où il aurait des fruits et des légumes à laver. On peut se servir d'une petite corbeille pour ranger un tartineur (afin d'étaler du fromage frais par exemple), un éplucheur et tout autre petit ustensile servant à faire des préparations simples.

Entreposez ce matériel sur une étagère basse afin que l'enfant y ait facilement accès. Et, répétons-le, essayez de vider à cet effet un des placards de la cuisine afin qu'il comprenne l'importance de son travail pour la famille. Pensez aussi à lui fournir un tablier de cuisine adapté à sa taille qu'il puisse mettre et enlever tout seul. Ce geste permet de définir le début et la fin de l'activité. Pendant qu'il travaille, cela l'aide également à garder présent à l'esprit qu'il est engagé dans un processus, et donc, à rester concentré. Vous devriez vous aussi porter un tablier quand vous êtes en présence de votre enfant. Pour lui, c'est un costume. Lorsque vous mettez tous les deux votre tablier, il sait que : « Maintenant, nous sommes des cuisiniers. »

Comme dans tous les exercices de vie pratique, l'adulte doit commencer par montrer le déroulement de l'activité. En dessous de deux ans et demi, les enfants sont souvent incapables d'attendre la fin de la démonstration et foncent bille en tête. Si cela arrive, vous pouvez guider leurs mains à tel ou tel moment, mais si vous ne les laissez pas participer ils auront tendance à s'en aller. Ils ont un besoin constant d'implication. Vers trois ans, la volonté est plus affirmée et leur inspire plus de patience. Parfois, dire : « Je commence, ensuite ce sera ton tour » peut les aider à se maîtriser pendant qu'ils vous observent. Après vous être lavé les mains et avoir mis votre tablier, portez les éléments de matériel un par un à deux mains jusqu'à la table de l'enfant. Celui-ci doit être assis à votre gauche pendant la démonstration et chaque fois que vous serez auprès de lui pour l'aider. À moins que vous ne soyez gaucher, c'est la position la moins inconfortable pour vous deux.

Pour commencer, on pourra par exemple s'exercer à couper une banane. Au début, vous devrez enlever l'extrémité du fruit pour le rendre plus facile à éplucher. Ôtez soigneusement chaque pelure et déposez-la dans le bol situé à gauche de la planche à découper. Prenez le hachoir, placez votre main droite sur le manche et la gauche sur le dessus, et pressez vers le bas pour couper une tranche de la banane pelée. Mettez tout de suite le morceau coupé dans le bol de droite. Il est très important de séparer immédiatement la nourriture et les déchets. Dans leur enthousiasme, les enfants auront tendance à couper plusieurs morceaux d'affilée et il faudra leur rappeler gentiment de se conformer au processus « Je coupe, je range ». Il va de soi que nous autres, adultes, nous ne travaillons pas avec autant de méthode. Cependant, il est important pour l'enfant de procéder ainsi pour assimiler l'intégralité de la séquence dans l'ordre où elle doit se dérouler. Tout cela nous ennuie parce que nous sommes focalisés sur le résultat, mais l'enfant, lui, est fasciné par cette démarche méthodique et ce cycle d'activités.

Dès que le dernier morceau de banane a été coupé, placez le bol de nourriture hors de vue de l'enfant jusqu'à ce que le plateau soit essuyé, les ustensiles lavés et remis à leur place, le plateau rangé sur l'étagère et les tabliers ôtés. S'il voit la nourriture pendant le processus de nettoyage et de rangement, il aura le plus souvent envie de la manger tout de suite et n'arrivera pas à se concentrer sur sa tâche. Si, pendant la préparation, l'enfant met de la nourriture ou un ustensile dans sa bouche, retirez-le immédiatement en disant : « Maintenant, il faut que je le lave. » Il est très important que l'enfant ne prenne pas l'habitude de manger pendant l'étape de préparation. Cela le distrait et lui fait manquer une occasion de développer sa volonté. Des enfants de dix-huit mois apprennent à attendre patiemment le début du repas quand la nourriture est devant eux. Pour peu qu'il sache maîtriser ses impulsions, un bébé de quinze mois en est lui aussi capable, surtout si vous ne le soumettez pas à cette activité quand il a faim. (À trois ans, ils peuvent se retenir de grignoter lorsqu'ils préparent de la nourriture, même avant les repas.) Si votre enfant ne parvient pas à refréner son envie, qu'il ait quinze ou dix-huit mois, il vaut mieux réserver cette activité pour plus tard. Ou alors, vous pouvez vous en servir pour travailler la maîtrise des impulsions. Sachez tout de même que vous devrez peut-être arrêter avant la fin si cela engendre de la frustration. Encore une fois, fermeté et douceur sont essentielles.

Laver, peler et couper des fruits et des légumes constituent de bonnes activités de vie pratique. On peut gratter les pommes de terre dans un bol d'eau peu profond à l'aide d'une petite brosse (les brosses à champignons sont de la bonne taille) et les faire cuire pour le dîner, couper les légumes pour les faire revenir à la poêle, laver la salade et couper les fruits pour le dessert. Les préparatifs du dîner peuvent se faire juste après le déjeuner de sorte que le repas du soir ne demandera qu'un peu d'attention en fin de journée. Par beau temps, il est agréable de sortir la table et la chaise de l'enfant et de se livrer à ces activités dans le jardin.

Autre bon exercice : faire des gâteaux. Il vous faut une autre étagère avec le matériel adéquat : petit saladier, cuillère, spatule, planche en bois et un rouleau à pâtisserie adapté à la taille de l'enfant. Vous pouvez placer quelques emporte-pièces tout simples dans une corbeille, un petit moule à muffins, une plaque à biscuits, un minuteur et des maniques petit modèle sur l'étagère, à côté d'un tablier d'enfant plié. Quand vous faites de la pâtisserie avec votre enfant, vous devez doser les ingrédients à l'avance. Il les mettra dans le saladier pour les mélanger. Les jeunes enfants sont capables d'effectuer toutes les autres opérations : rouler de la pâte à biscuits, la placer sur une plaque, introduire de la pâte à muffin dans les moules appropriés et ainsi de suite.

L'enfant de dix-huit mois et plus est également en mesure de préparer son goûter. Là aussi, cela demande une réflexion préalable. Vous ne pouvez pas vous contenter de choisir un petit pot de pâte à tartiner, de confiture ou de fromage frais pour que votre enfant tartine son pain. Il faut que vous mesuriez soigneusement la quantité exacte qu'il utilisera avant de la placer dans un petit plat ou sur un sous-verre. L'enfant peut aussi se préparer des légumes crus et des fruits coupés.

Si possible, dégagez l'étagère du bas dans la porte du réfrigérateur pour y ranger les goûters préparés : une petite carafe d'eau, des carottes ou des branches de cèleri coupées, un morceau de fruit, du fromage en tranche et du yoghourt. Surtout, ne laissez l'enfant y avoir accès qu'au moment voulu. Il doit apprendre à se discipliner, c'est-à-dire à manger à l'heure requise et uniquement à table. C'est une bonne façon d'acquérir de la maîtrise et de bonnes habitudes alimentaires. Quand les indications sont appropriées, les jeunes enfants adorent pouvoir choisir et préparer eux-mêmes leur goûter. Ils apprennent qu'il y a un endroit du frigidaire qui leur est réservé, mais que le reste ne leur appartient pas. Ces habitudes, si elles sont adoptées précocement, peuvent être une bénédiction pour les parents pendant les années de primaire. (Nous vous conseillons aussi de ne conserver dans le réfrigérateur familial que des aliments sains et de ranger la bière et toutes les autres boissons alcoolisées hors de portée de vue dans un endroit différent auquel seuls les adultes ont accès.)

Les autres activités dans la cuisine

Outre la préparation des repas, la cuisine peut accueillir d'autres activités de vie pratique. Disposer des fleurs dans un vase, astiquer les couverts, plier de petites pièces de linge et arroser les plantes, toutes ces occupations peuvent se faire avec la table de l'enfant. Organisez chaque activité en l'accompagnant d'une corbeille ou d'un plateau de matériel. Pour les fleurs, coupez les tiges à l'avance et servez-vous de petits vases en verre et de napperons où vous déposerez les vases une fois remplis. Un entonnoir sera peut-être utile pour verser la quantité d'eau nécessaire à l'aide d'une petite carafe, mais veillez à ne pas prendre celle que l'enfant utilise pour boire. Si on se sert du même matériel pour des usages différents, les enfants ne s'y retrouvent pas. N'oubliez pas qu'ils ne sont pas encore en mesure de raisonner et, qu'à l'inverse des adultes, ils ne peuvent se fier qu'à leur mémoire et à leur sens de l'ordre. Pour les plantes, prenez un arrosoir de 180 à 240 centilitres avec un long bec et montrez à votre enfant comment tenir le bec d'une main et la poignée de l'autre pendant que vous vous déplacez. En maintenant le bec redressé, on évite de répandre de l'eau en chemin. Vous pouvez ajouter une éponge de

2,5 centimètres sur 4 (découpée dans une éponge normale) pour essuyer les feuilles. Indiquez comment placer la main sous la feuille pour la soutenir pendant qu'on essuie le dessus. Pour nettoyer les vitres ou les grands miroirs, préparez un panier avec un petit vaporisateur contenant de l'eau additionnée d'une cuillerée de vinaigre, une raclette et un chiffon ou un essuie-tout replié. Vaporisez l'eau et passez la raclette de façon méthodique, de haut en bas, de gauche à droite, en vous rappelant que l'attirance de l'enfant pour l'ordre est un facteur d'attention et encourage les efforts. Des mouvements désordonnés dégénèrent en jeu et en bêtises.

Quand votre enfant plie de petites pièces de linge, comme les serviettes, apprenez-lui à faire correspondre les coins. La précision et le soin apportés au pliage exercent un puissant attrait sur les très jeunes. Lorsque vous pliez ses chemises, montrez-lui comment les manches doivent se rejoindre. Et pour les pantalons, même exercice avec les jambes. Repliez le vêtement du haut vers le bas si nécessaire. Quand vous préparez une lessive, indiquez comment trier le linge en fonction de la couleur – claire, sombre, intermédiaire – et faire des piles séparées que vous introduisez dans la machine.

Terminer l'activité

Quand vous avez terminé ces activités, montrez à l'enfant comment essorer l'éponge dans l'évier pour en extraire l'excès d'eau, puis passez-la méthodiquement sur sa table, de gauche à droite et de haut en bas, afin qu'il vous voie essuyer toute la surface. Au début, il aura du mal à vous imiter et les encouragements seront nécessaires. Le fait est aussi qu'il n'établit pas nécessairement de lien entre les miettes ou l'eau répandue et le passage du chiffon ou de l'éponge. Soyez patient et, de temps en temps, montrez l'exemple. Essayez à l'occasion de vous servir de votre main gauche si vous êtes droitier, vous comprendrez mieux l'effort de coordination et de concentration que l'enfant doit mettre en œuvre pour effectuer les actions les plus simples (essuyer une table, verser de l'eau ou mettre une fleur dans un vase).

Le bon état d'esprit

D'autres activités que nous avons mentionnées au titre d'exercices de vie pratique – épousseter, vider les corbeilles à papier, ranger une pièce – se font dans toute la maison. À vous d'inventer la méthode la plus adaptée. Les principaux facteurs à considérer sont l'ordre, la méthode, la taille et la force de l'enfant. Par exemple, quand vous rangez une pièce, ramassez d'abord les serviettes, puis les vêtements, puis les jouets ou autres objets, en commentant ce que vous faites – « Je ramasse les serviettes » – et ainsi de suite. En décomposant l'activité, vous la rendez plus accessible et vous introduisez de la logique dans le processus. L'expérience de l'ordre et de la méthode, de l'habitude et du rituel, de l'organisation et de la logique dans les activités de vie pratique effectuées avec ses parents ou à l'extérieur, dans un cadre approprié, incite naturellement l'enfant à rechercher aussi l'ordre en dehors de chez lui.

L'état d'esprit dans lequel vous pratiquez ces exercices est déterminant. Ne vous laissez pas déborder, n'essayez pas de tout faire à la fois. Il vaut mieux introduire une activité et la poursuivre pendant plusieurs semaines jusqu'à ce qu'elle s'intègre harmonieusement dans le rythme et la routine du quotidien. Présentez les exercices de manière progressive, un par un, au fur et à mesure que votre enfant grandit et que vous grandissez avec lui, en vous montrant attentif à ce qu'il peut faire. Les adultes ont tendance à vouloir « occuper » l'enfant afin d'être libres de vaquer à leurs propres tâches. Nous devons au contraire accepter l'idée que ces activités de vie pratique seront accomplies en collaboration. Nous ne sommes pas disponibles pour faire autre chose, mais dans la mesure où nous répondons aux besoins de notre enfant, les journées commencent à être plus faciles et plus agréables pour tous.

Cette approche permet aux enfants de laisser leurs tendances humaines et leur désir d'imitation guider leur énergie. Nous devons mener le jeu et non les « pousser ». Dire par exemple : « Oh, regarde, des miettes, je vais les essuyer », ou « Il y a de l'eau par terre, allons chercher une serpillière ». Ou, à un enfant de quinze mois qui énerve sa sœur plus âgée : « C'est le travail de Kristin. Tu peux remettre ta chaise en place. » Aidez votre enfant à prendre l'habitude de ranger sa chaise quand il a fini de travailler à sa table et avant de rapporter le matériel sur l'étagère ou dans le placard. S'il a moins de deux ans et demi, essayez de l'intercepter avant qu'il se soit éclipsé. S'il approche de trois ans, vous pouvez le ramener à sa table et lui dire : « La chaise d'abord. » Quel que soit son âge, le fait de ranger votre propre chaise chaque fois que vous vous levez constitue une technique d'enseignement essentielle. Toujours dans votre rôle de meneur, dites : « C'est le moment de te laver les mains », « Nous allons rentrer », « Tu nourriras le cochon d'Inde un autre jour », « Je vois un mouchoir en papier à mettre à la corbeille », etc. Si l'enfant déclare : « Je n'ai pas envie », vous pouvez répondre : « Faisons-le ensemble. » Rangez éventuellement la chambre pendant qu'il regarde. Mais s'il a presque trois ans, vous pouvez lui demander de participer. Rappelez-vous bien qu'un enfant de quinze mois veut imiter les actions des adultes. Donnez à votre travail d'enseignement une dimension aussi intéressante et plaisante pour vous que l'activité le sera ultérieurement pour l'enfant.

Des activités pour progresser

La ligne du temps nous indique qu'au travers des exercices de vie pratique nous avons satisfait au besoin d'« activités orientées vers un travail au moyen de matériel structuré ». Nous avons fourni à l'enfant l'occasion d'« éduquer » ses mains et de déployer le « maximum d'efforts » pour parvenir à des mouvements coordonnés et réfléchis. La boucle de rétroaction main/cerveau/main a continué d'œuvrer au développement de son intelligence. Et chose essentielle, en permettant à l'enfant de trouver du sens à son existence dans sa famille au cours de cette période exigeante qui va de quinze mois à trois ans, nous l'avons aidé à intégrer sa personnalité et à acquérir une attitude positive à l'égard de lui-même.

Nous aimerions clore ce chapitre en citant un extrait d'une lettre de Silvana Montanaro, docteure en médecine, formatrice et inspectrice. Elle a été adressée à Lynn juste avant qu'elle ne commence à suivre le cours d'éducateur en 1984, alors que sa première fille, Margaret, n'avait pas tout à fait deux ans. Cette lettre parle des objectifs des activités de vie pratique à la maison et du plaisir que l'on peut avoir à collaborer avec de jeunes enfants :

« *Je peux vous assurer que votre fille ne tardera pas à vous préparer le petit-déjeuner et même à devenir votre meilleure collaboratrice. Demandez-lui de faire des choses pour vous et ce avec la gentillesse et le sérieux que vous manifesteriez en parlant à toute autre personne. Il n'y a pas plus généreux, plus aimants et plus curieux de tout que les enfants. Avec vous, votre fille apprendra qu'elle est compétente, que sa famille a besoin d'elle et qu'elle a des choses à donner. Demandez-lui de mettre la table, de porter des objets d'un endroit à l'autre, de laver des tasses et autres petites choses. Vous serez surprise de voir la quantité et la qualité du travail que peut effectuer un jeune enfant. Dans le même temps, n'oubliez pas de lui fixer des limites. Les enfants ont besoin de savoir où ils peuvent aller et ce qu'ils peuvent faire afin de se sentir en sécurité.»*

Éduquer est une tâche formidable, mais cela veut dire mobiliser ses efforts au profit de la génération suivante pour le bien de toute l'humanité. Les efforts que nous fournissons en ce domaine sont ce qui restera de nous dans la vie.

7.

Les soins personnels

« Quand nous "servons" les enfants, nous commettons un acte "servile" à leur égard qui n'est pas moins néfaste que de vouloir étouffer un de leurs mouvements spontanés utiles.

Nous croyons les enfants semblables à des fantoches inanimés ; nous les lavons, nous leur donnons à manger comme eux-mêmes le font à leurs poupées. Nous ne nous rendons pas compte que l'enfant n'agit pas parce qu'il ne sait pas agir ; mais il devra pouvoir agir ; notre devoir auprès de lui est donc, sans exception, de l'aider à la conquête d'actes utiles. La mère qui donne à manger à l'enfant sans faire le moindre effort pour lui enseigner à tenir sa cuillère et à chercher sa bouche, ou qui ne l'invite pas à regarder comment elle mange elle-même, n'est pas une bonne mère. Elle offense la dignité humaine de son enfant ; elle le traite comme un fantoche, alors que c'est un homme confié à ses soins par la nature. Enseigner à un enfant à manger, à se laver, à s'habiller, c'est un travail bien plus long, bien plus difficile qui nécessite bien plus de patience que de le nourrir, le laver et l'habiller.

Cet enseignement, c'est la tâche de l'éducateur : la substitution c'est le travail inférieur et facile du serviteur[1]. »

---

1 Maria Montessori, *Pédagogie scientifique. La maison des enfants*, trad. Georgette J. J. Bernard, Desclée de Brouwer, 1992 [1958], p. 44.

Une responsabilité illimitée

Durant les premières semaines, le nouveau-né est totalement dépendant des adultes, qui doivent l'aider à pourvoir à tous ses besoins : sommeil, alimentation, habillement, bain et toilette. Avoir pour la première fois la responsabilité totale d'un être humain constitue pour la plupart d'entre nous une expérience bouleversante. Ce rôle nouveau suscite nécessairement des résistances et un sentiment d'inadéquation. Mais si nous avons la chance d'être bien entourés, en quelques mois nous prenons l'habitude de faire face à ces nouvelles exigences et nous réajustons nos priorités. Nous apprenons à apprécier cette responsabilité. C'est nous qui sommes maîtres de la situation, pas au sens où tout se déroulerait sans accroc – ce n'est pas le cas –, mais parce que c'est à nous et nous seuls qu'il appartient de décider et d'agir. Nous prenons l'habitude d'être responsables de tout ce qui concerne notre enfant et ne tardons pas à devenir experts en la matière. S'agissant des soins personnels, les parents accomplissent volontiers tout ce qui est nécessaire à leur bébé – le nourrir, l'habiller, le mettre au lit, lui donner le bain et ainsi de suite – et, au fil du temps, découvrent des manières de faire plus simples et plus efficaces. Nous découvrons aussi qu'il est plus rapide et moins compliqué d'accomplir ces actions pour lui que de l'aider à y prendre part. Cela reste vrai jusqu'à l'âge de trois ans au moins, et souvent même plus.

Apprendre à s'occuper d'eux-mêmes

Cependant nous avons dit que notre mission de parents et d'éducateurs était d'encourager le développement d'« un être humain accompli, adapté à son temps, son lieu et sa culture ». Ce n'est qu'en se formant eux-mêmes que les enfants peuvent réaliser cette destinée et devenir des membres utiles de la société. Dans ces conditions, le jeune enfant ne peut pas continuer à être un morceau de glaise entre les mains des uns et des autres. Si les parents insistent pour le traiter de la sorte, il risque fort, en grandissant, de croire qu'il a besoin d'eux. Or, nous voulons au contraire que les enfants prennent confiance en leur capacité à s'occuper d'eux-mêmes. Cette confiance est de toute façon la condition *sine qua non* d'une vie gratifiante. Sans elle, nous n'assumons pas les risques inhérents à une existence créatrice et nous n'acceptons pas les responsabilités qui donnent du sens à la vie. Pour pouvoir la développer, les enfants doivent apprendre à s'occuper d'eux-mêmes dès qu'ils le peuvent. Le rôle des parents est d'œuvrer dans ce sens dès les premières semaines de la vie de leur bébé.

Des obstacles multiples

Le décor du conflit entre les besoins de l'enfant et les désirs réels, quoique informulés, des parents est donc planté. L'adulte veut expédier toutes les tâches avec efficacité et rapidité. L'enfant, lui, est projeté dans son processus d'autoformation avec toute la puissance et l'énergie des tendances humaines. Son but est d'arriver le plus tôt possible à l'indépendance complète, mais il obéit ce faisant à un calendrier dont il n'a pas la maîtrise et qui lui est dicté par les périodes sensibles du développement de l'être humain. L'efficacité et la rapidité ne l'intéressent pas, l'accent est mis sur le processus ainsi que sur la répétition et la pratique requises pour atteindre la perfection en la matière. L'enfant est patient parce que c'est un enfant ; il a tout le temps du monde.

Comment l'aider ? Prenons conscience de tous les obstacles que nous lui imposons : l'évier et le comptoir placés hors de sa portée ; le miroir installé trop haut pour qu'il puisse se voir ; le siège trop grand pour être confortable ; la table trop haute par rapport à la chaise ; le pantalon trop étroit pour qu'il puisse l'enfiler et l'ôter tout seul ; le peigne et la brosse trop volumineux pour ses petites mains ; le lit à barreaux et la chaise surélevée qui l'emprisonnent en hauteur et lui font courir des risques ; le verre d'eau et le quartier de fruit qu'il ne peut prendre sans notre aide.

Suivre les périodes optimales

Nous aussi, nous devons nous conformer aux desseins de la nature, représentés par les périodes sensibles. Nous ne pouvons pas déterminer arbitrairement l'âge auquel l'enfant est le plus capable de faire face à tel ou tel défi – l'apprentissage de la propreté par exemple. En matière de soins personnels, il y a un moment optimal pour chaque compétence. En nous familiarisant avec les étapes de développement, nous pouvons découvrir quels sont ces moments et donc coopérer avec les énergies spécifiques de l'enfance, au lieu de nous dresser contre elles. Nous découvrons ainsi que c'est entre douze mois et deux ans que l'enfant manifeste le plus grand désir de maîtrise dans le domaine des soins personnels. Cette période est parfois appelée le « temps de l'auto-affirmation » ; mais le plus souvent, on parle de « la crise des deux ans ».

Notre propension à agir à sa place nous fait souvent passer à côté des périodes optimales en matière de soins personnels. Dès lors, il n'est pas rare de voir des enfants de trois ans debout comme des mannequins à attendre qu'un adulte leur mette leur manteau, le boutonne ou remonte la fermeture Éclair ; des enfants de deux ans et demi, incapables de se calmer au moment de s'endormir ; des enfants de deux ans qui ne peuvent ou ne veulent pas utiliser les toilettes ; des enfants d'un an et demi, incapables de se servir un petit verre d'eau ; et des enfants d'un an qui ne savent pas se nourrir tout seuls ou boire dans une tasse normale.

Chaque enfant réagit différemment à l'attention que nous portons à sa pulsion d'indépendance. Avec certains, il est impératif d'offrir le plus grand soutien possible. Mike, par exemple, est un grand bébé de dix mois, très facile à vivre. Il marche à quatre pattes, mais ses mouvements sont maladroits. Il ne semble pas réfléchir à ce qu'il fait. Il a quelque chose d'un peu distrait. Paul, en revanche, paraît posé alors même qu'il reçoit peu d'aide directe des adultes qui l'entourent. Il n'a qu'un mois de plus que Mike, mais il marche déjà. Il semble très intéressé par son environnement et fixe réellement son attention sur ce qui l'entoure. Son esprit paraît animé d'une activité constante et d'une réflexion continuelle. Paul pourrait très bien être élevé sans supervision parentale en matière de soins personnels et devenir malgré tout un enfant intelligent, confiant – quoique peut-être difficile à vivre à l'âge de deux ans. Inversement, pour pouvoir acquérir la confiance qui naît de la réussite au cours des premières années de la vie, Mike a besoin d'être guidé dans tout ce qu'il fait par des parents instruits et avisés.

Une impatience malvenue

Un mot d'avertissement avant que nous ne parlions des âges auxquels l'enfant réagit le mieux dans les domaines spécifiques des soins personnels : nous devons être très attentifs à nos attentes. En ce domaine, les parents ont tendance à aller d'un extrême à l'autre. Nous nous montrons impatients. Nous sommes enclins à faire l'économie du temps d'apprentissage dont l'enfant a besoin, du moment crucial de la pratique prolongée et de la collaboration. Nous passons directement de la démonstration de telle ou telle activité à l'espoir qu'il sera immédiatement capable de faire les choses. Lorsque nous constatons que ce n'est pas le cas, nous tendons à choisir la solution de facilité, c'est-à-dire à décider que nous avons voulu aller trop vite en lui présentant une nouvelle activité – se nourrir ou s'habiller tout seul – et nous recommençons à le faire à sa place.

Nous oublions qu'un enfant de moins de trois ans est très, très petit. Nous l'aidons à réaliser un but lointain, pas un objectif immédiat. Il ne s'agit pas de faire de lui un petit adulte capable de s'habiller tout seul de manière à nous libérer pour d'autres tâches. Ce que nous souhaitons, c'est qu'il se sente capable de prendre en charge, dans son propre intérêt, cet acte complexe que représente le fait de se nourrir ou de se vêtir. S'il est aidé au bon moment et d'une manière appropriée, il sera en mesure de s'habiller et de se déshabiller à trois ans – y compris de suspendre son manteau sur un cintre et de le ranger dans l'armoire, de mettre son bonnet et ses moufles dans une corbeille à côté de la porte, ses vêtements sales dans le panier à linge, ses chaussures à leur place. Seule exception à cette indépendance : il n'est pas encore en mesure de lacer tout seul ses chaussures. Mais il faudrait tout de même qu'il soit partiellement impliqué dans cette tâche et invité à la réaliser, pas forcément à chaque occasion (il peut arriver qu'on soit pressé), mais suffisamment souvent pour que son intérêt ne faiblisse pas. Le point essentiel à garder en mémoire, c'est de ne pas passer à côté du désir d'indépendance de l'enfant pour la seule raison qu'il a encore besoin de notre assistance. C'est justement au moment où toutes les tâches de soins personnels lui sont encore difficiles qu'il a envie d'y participer.

Pour l'aider, nous devons reconnaître la complexité de chaque tâche et la fractionner en plusieurs étapes – comme dans les exercices de vie pratique. Dès lors, lacer des chaussures devient un processus auquel l'enfant, entre deux ans et demi et trois ans, est parfaitement capable de participer. Au début, on lui montre juste comment croiser les lacets l'un par-dessus l'autre et les laisser pendre en formant une croix. Puis, une fois que ce geste devient automatique, il peut apprendre à glisser le lacet du dessus sous le deuxième lacet et à tirer pour obtenir un nœud simple. Pendant une longue période, l'adulte doit faire lui-même les boucles, mais très vite l'enfant arrive à les attraper grâce à une prise en pince et à les resserrer, allant ainsi jusqu'au bout du laçage. Du coup, il est ravi parce qu'il a l'impression que c'est lui qui a produit le nœud. Pour parvenir à cette réussite, il faut décomposer le processus en étapes simples, puis les refaire chaque fois de la même manière, lentement, méthodiquement, pas à pas, pendant très longtemps.

Quel que soit le processus engagé, il est nécessaire d'attendre la réaction de l'enfant. Nous avons tendance à le presser car, une fois de plus, notre but à nous est le résultat : que l'enfant soit chaussé, par exemple. Nous lui mettons ses chaussures de manière machinale, sans lui prêter attention, alors que nous devrions penser à son but à lui. Retourner la chaussure pour qu'il puisse la mettre, l'ouvrir largement en sortant la languette afin qu'il y glisse le pied et attendre sa réaction. Dans chaque acte de soins personnels, demandez-vous toujours : « Est-ce que je prive mon enfant d'une étape qu'il pourrait accomplir lui-même ? » Nous devons être très attentifs à son développement dans les quatre domaines de son autoformation afin d'être en phase avec ses efforts. Nous savons qu'il est bon de « lutter », que l'enfant est dans une période où il cherche à faire le plus d'efforts possible. Cela étant, quand la frustration menace de s'installer, il est temps d'intervenir.

Comme dans les exercices de vie pratique, il est important d'être pragmatique. Tout le monde finit un jour ou l'autre par s'habiller tout seul, aller aux toilettes, se nourrir et ainsi de suite. Nous sommes ravis de voir ce que notre enfant est capable de faire, parce que c'est le signe qu'il grandit, mais il n'est pas bon que nous focalisions l'attention sur nous par des compliments ou un excès de commentaires. Comme nous l'avons dit, la confiance résulte de ce que nous sommes capables d'accomplir, pas du jugement d'autrui. Un adulte ne peut inculquer l'estime de soi à un enfant. Celui-ci doit l'acquérir tout seul grâce aux efforts qu'il déploie. Et rien n'est plus opportun à cet égard que l'indépendance en matière de soins personnels.

Le Sommeil

De l'importance du sommeil

Nous commencerons par le sommeil. Le sommeil est un paradoxe : c'est un état passif extrêmement productif. Il est aussi important pour la santé que l'exercice et l'alimentation. Nous savons que le manque de sommeil a des effets néfastes – entre autres, instabilité émotionnelle, irritabilité, contrôle moteur insuffisant –, mais les études sur le sujet montrent que de nombreuses personnes n'ont pas les huit heures de sommeil nocturne nécessaires pendant leur semaine ouvrée.

Le sommeil n'est pas un état continu, il obéit à des cycles dont chacun possède une fonction propre dans la restauration de l'énergie et la préservation de la santé. Durant la nuit, nous effectuons plusieurs cycles de sommeil de quatre-vingt-dix minutes, suivis chaque fois d'une phase plus brève qu'on appelle sommeil paradoxal où se produisent des mouvements oculaires rapides (MOR). Chaque cycle de quatre-vingt-dix minutes comprend quatre étapes.

Les troisième et quatrième portent le nom de « sommeil profond ». Elles jouent un rôle particulièrement important chez les jeunes enfants. Pendant le sommeil profond, le corps reçoit presque la moitié de sa dose quotidienne d'hormone de croissance humaine (HGH). Celle-ci favorise la croissance, l'entretien et la réparation des muscles. En réparant les tissus corporels et en stockant l'énergie, nous pouvons nous remettre du stress de la journée précédente. À l'inverse, le manque de sommeil profond affaiblit les tissus musculaires. Cela est important, car plus nous avons de muscles, plus nous brûlons de graisses. Le muscle est essentiel pour préserver l'énergie de notre métabolisme. Dès lors, si nous manquons de sommeil, il vaut mieux éviter de se lever tôt et d'aller faire une séance de gymnastique. Le sommeil profond est également essentiel pour les enfants en raison de ses liens avec le système immunitaire. Le manque de sommeil profond entraîne une baisse de la production des cellules tueuses naturelles (lymphocytes NK) qui interviennent pour combattre les infections et les maladies graves. Il ralentit également l'activité des lymphocytes T et des interleukines qui signalent au système immunitaire de réagir à l'infection.

La plupart de nos rêves se produisent durant le sommeil paradoxal et semblent avoir une fonction très différente de celle des quatre étapes du cycle complet de quatre-vingt-dix minutes. Pendant la phase de sommeil paradoxal, le cerveau est très actif. En fait, cette activité d'ondes cérébrales reflète l'état d'éveil. Alors que le sommeil profond est une période de repos et de restauration, le sommeil paradoxal entraîne un accroissement du flux sanguin dans les zones du cerveau liées à la mémoire et à l'émotion. Il semblerait que ce soit à ce moment-là que surviennent la résolution des problèmes et le tri des expériences. Cela expliquerait peut-être pourquoi la restriction du temps de sommeil paradoxal produit un manque de vivacité mentale. Les phases de sommeil paradoxal rallongent au cours de la nuit, la plus longue étant celle qui a lieu durant la dernière heure. Par conséquent, une nuit de six ou sept heures nous prive de la dernière phase de sommeil paradoxal, qui est sans doute aussi la plus fructueuse.

Les temps de repos selon l'âge

Nous avons pris le temps de décrire le rôle du sommeil à l'égard de la santé parce que le sommeil est essentiel au bien-être de l'enfant. Celui-ci doit absolument apprendre à devenir indépendant en ce domaine. Dès le début, les parents ont pour but de lui enseigner comment s'endormir et dormir tout seul afin de garantir la qualité ultérieure de son sommeil. Cela signifie aussi l'aider, au fur et à mesure qu'il grandit, à accepter de participer à la vie familiale. De même qu'il a besoin de bien dormir, de même il doit apprendre à ne pas déranger les autres membres de la famille pendant leur sommeil.

De combien d'heures de sommeil a-t-on besoin pour être en bonne santé ? Bien que ce soit variable en fonction des individus, les nouveau-nés doivent dormir entre seize et dix-huit heures par jour. Vers trois mois et demi environ, on descend à quatorze ou quinze heures, avec une proportion accrue d'heures de sommeil nocturne dès l'âge de deux mois ou deux mois et demi. À six mois, le bébé fait normalement ses nuits, à quoi il faut ajouter deux siestes pendant la journée. La sieste du matin est plus active en sommeil paradoxal. Celle de l'après-midi est plus calme. À deux ans, le sommeil paradoxal représente 20 à 25 % du sommeil total de l'enfant. Ce pourcentage restera relativement constant tout au long de sa vie. Entre deux et cinq ans, l'enfant a besoin de dormir douze heures par nuit et de faire une sieste l'après-midi ou de prendre un temps de repos.

Il est quasiment certain qu'entre un et deux ans il viendra un moment où votre enfant fera des histoires pour aller se coucher. Nous reviendrons sur ce point un peu plus loin. Mais nous pouvons déjà dire que réduire le temps de sieste ne l'aidera pas à mieux dormir la nuit. Au contraire, cela provoque de l'irritabilité ainsi qu'un excès de fatigue et il aura encore plus de mal à se détendre pour passer une bonne nuit. Les enfants de plus de trois ans ne devraient pas faire plus d'une heure de sieste. Autrement, cela risquerait d'interférer avec le schéma de sommeil jour/nuit. En temps normal, les enfants de cinq ans n'ont pas besoin de sieste, mais il est important qu'ils aient une heure de tranquillité dans l'après-midi.

De six à neuf ans, les enfants devraient dormir dix heures par nuit. Entre dix et douze ans, ils sont dans une période d'énergie et de santé maximales et n'ont généralement besoin que de huit à dix heures de sommeil. De douze à quinze ans, ils traversent une phase de vulnérabilité similaire à celle des trois premières années de leur vie. Il leur faut alors des nuits de dix à douze heures. Ils feront également avec profit des temps de repos de dix à vingt minutes, voire une sieste, pendant la journée. Les adultes, ainsi que nous l'avons mentionné, ont en général besoin de huit heures de sommeil, bien que pour certains cela puisse être un peu plus ou un peu moins.

L'aider à faire ses nuits

Notre première responsabilité à l'égard du nouveau-né en matière de sommeil est de l'aider à faire sa nuit dès qu'il en est capable, c'est-à-dire en général vers deux ou trois mois. Par « faire sa nuit », nous entendons une période de sommeil entre un repas vers dix heures du soir et un autre vers six heures du matin. Il est essentiel de travailler dès le début à installer ce schéma de sommeil nocturne. Autrement, il s'instaure une habitude de réveil qui prive l'enfant d'une partie de son sommeil et perturbe toute la famille.

Après les premiers jours passés à s'ajuster l'un à l'autre et à intégrer cette nouvelle relation, commencez à noter les heures de sommeil, d'allaitement et de changement de couches. Vous êtes à la recherche de schémas – plus particulièrement d'un cycle de sommeil plus long. Pour instaurer ce cycle pendant la nuit, nous avons besoin de déchiffrer les différents types de pleurs du bébé. Au bout de deux semaines, nous n'avons plus besoin de nous précipiter vers lui au moindre gémissement. À cet égard, les babyphones sont presque trop efficaces. Il est fréquent qu'un nouveau-né pleurniche un peu puis se rendorme ou s'amuse avant de se mettre à pleurer pour de bon. À l'époque où il n'y avait pas de babyphones, ce genre de « pleurnicheries » passait souvent inaperçu et le bébé avait un peu de temps d'éveil à lui pour explorer son nouvel univers avant de se rendormir tout seul.

Il est très utile, surtout pour une mère qui vient d'avoir son premier enfant, qu'il y ait à la maison une autre personne capable de noter les horaires du bébé durant les premières semaines. Il n'est pas facile d'aider l'enfant à adopter un schéma de sommeil nocturne. Parfois, c'est le père qui veut tenir ce rôle, d'autres membres de la famille peuvent également contribuer, surtout s'ils ont l'expérience des nouveau-nés. Avec de la pratique, on finit par découvrir de multiples moyens d'espacer les repas nocturnes. Une des gardes d'enfant de Lynn avait équipé la lampe de la chambre d'une ampoule de quinze watts. Elle allumait cette faible lumière et prenait son tricot en attendant de voir si le bébé allait ou non se rendormir. Si elle était sûre qu'il resterait éveillé et s'il n'avait pas été nourri depuis plusieurs heures, elle s'assurait qu'il avait tenu aussi longtemps que possible sans se mettre à pleurer pour de bon avant de l'emmener voir sa mère.

Nous savons par expérience qu'il vaut mieux éviter de trop manipuler le nouveau-né et c'est encore plus vrai pendant la nuit. À force de marcher avec lui, de le bercer, on en fait un enfant surexcité, qui a du mal à se calmer avant de s'endormir. Cela dit, il peut être nécessaire de poser doucement votre main sur son ventre ou son dos pour le rassurer, ou bien de le placer sur votre poitrine où il peut entendre les battements de votre cœur ainsi que votre respiration. Chaque bébé est différent, et il faut du temps pour découvrir ce qui l'aide à se détendre.

Accepter une aide extérieure

Certaines raisons font qu'il est difficile pour une mère d'établir les horaires de son enfant sans être secondée par un autre adulte. Pendant les premières semaines, elle est épuisée. Son corps est soumis à d'intenses bouleversements hormonaux durant une période où elle manque de sommeil. Il est difficile pour elle d'avoir les idées claires en pleine nuit, quand son bébé pleure. Au lieu de l'aider à aller vers des horaires appropriés, son réflexe est plutôt de le nourrir en espérant qu'ils pourront tous deux se rendormir. Malheureusement, cette pratique ne permet pas à l'enfant d'apprendre à faire ses nuits et elle peut en outre provoquer des indigestions et de l'inconfort. La mère et l'enfant, incapables de passer des nuits correctes, sont épuisés. Le bébé ne tarde pas à développer une dépendance, réclamant nuit et jour qu'on s'occupe de lui, qu'on le prenne et qu'on le nourrisse. Voilà pourquoi il vaudrait mieux qu'il y ait un autre adulte pour assister la mère au cours des premières semaines. Plus tôt l'enfant fera ses nuits, plus tôt vous serez meilleur parent. Si à trois mois, trois mois et demi, votre bébé n'a pas encore d'horaires stables, il est temps de prendre cela très sérieusement en main[1].

Attention à la surstimulation

Il est important que la mère et l'enfant puissent faire des sommes pendant la journée. Du reste, il faudrait que la mère profite du sommeil de son bébé pour dormir elle aussi afin de compenser les moments où elle le nourrit pendant la nuit. Les bébés, eux, doivent faire des sommes pour atteindre leur quota de sommeil journalier. Autrement, ils sont trop excités et se mettent en pilote automatique, restant parfois éveillés pendant des heures. Nous connaissons l'exemple d'un enfant de six semaines, jusque-là très calme, qui était resté éveillé treize heures d'affilée après avoir été le centre de l'attention durant un week-end de réunion familiale. Il lui a fallu plusieurs jours pour retrouver son rythme normal de repas et de sommeil.

---

1 Marc Weissbluth, *Healthy Sleep Habits, Happy Child*, New York, Ballantine Books, 1987.

Les rituels et les habitudes

Au fur et à mesure que les bébés grandissent, l'importance des habitudes et des rituels s'accroît. De manière générale, plus il y en a au cours des trois premières années, plus l'enfant se sent bien et détendu, et plus il respecte son horaire quotidien. C'est en effet l'époque où il traverse la période sensible de l'ordre. Nous reviendrons sur le rôle de l'ordre dans le développement du langage et de l'intelligence au chapitre suivant. Pour l'instant, concentrons-nous sur les liens entre l'ordre et les habitudes. En aidant l'enfant à savoir ce qui se passera ensuite, nous lui permettons de développer sa confiance dans le monde et de se sentir en sécurité.

Les habitudes donnent aux enfants des informations qu'ils ne sont pas en mesure de recevoir par le biais des mots. C'est donc l'expérience qui leur apprend ce qui va invariablement se produire. On se couche à sept heures du soir parce que c'est ce qui se passe tous les jours, non parce que les parents ont dit qu'il fallait se coucher à sept heures. Un enfant n'est pas en mesure de comprendre ce que veut dire sept heures. Pour l'adulte, bien sûr, cela signifie qu'il a besoin d'une certaine quantité de sommeil et qu'il doit donc aller au lit à sept heures. Nous tenons tout cela pour acquis. Malheureusement, nous interprétons la résistance de l'enfant comme un signe d'obstination au lieu d'y voir une incapacité à penser dans nos propres termes. Et nous aggravons le problème en modifiant ses heures de coucher en fonction de notre emploi du temps ou en cédant à ses caprices, à son désir d'entendre encore une histoire, de boire un verre d'eau ou d'aller aux toilettes. Plus les parents mettent de constance à établir une heure fixe pour le coucher, plus les enfants auront de chances de se mettre d'eux-mêmes au lit et de passer une bonne nuit de sommeil.

Les rituels et la préparation au coucher sont d'une grande aide pour l'enfant. Dès le début, il faudrait instaurer le soir un moment de calme et de détente où l'on s'interdit par exemple de chahuter avec lui. Le bain pouvant produire un effet stimulant, il est préférable, même quand l'enfant a quatre ou cinq ans, de le baigner et de lui mettre son pyjama avant le dîner. Il restera alors suffisamment de temps après le repas pour faire tranquillement la vaisselle ensemble, se laver les dents, passer aux toilettes et écouter une histoire avant d'éteindre la lumière et de fermer la porte.

Choisir le lit adéquat

Un lit placé au sol, au lieu du traditionnel lit à barreaux, peut se révéler une véritable aubaine. Même à six semaines, le bébé qui dispose d'une veilleuse observe les ombres et les reflets dans le miroir et ce jeu l'aide à s'endormir. À huit semaines, il découvre ses mains et commence à explorer ce lieu confortable et familier. Lorsqu'il devient plus mobile, il parviendra peut-être à quitter son lit. Dans ce cas, vous pouvez installer un petit tapis ou un autre dispositif d'amortissement juste à côté. L'enfant étant chaudement vêtu, ce n'est pas grave s'il dort hors de son lit. Très vite, il apprend à réintégrer son matelas sans l'aide de quiconque.

Un enfant de cet âge qui dort dans un lit surélevé commence à rencontrer des difficultés. L'espace dont il dispose est très exigu. Le bébé est désormais capable de se redresser en se tenant aux barreaux, mais comme il ne peut pas encore revenir de lui-même à sa position initiale, il reste debout et hurle jusqu'à l'arrivée d'un adulte. C'est souvent le début d'une nouvelle perturbation du cycle de sommeil pour tout le monde. Mais, surtout, le moment arrive où il peut vouloir escalader les barreaux. Comme nous l'avons dit, cela risque de provoquer de graves blessures à la tête, au cou et à la colonne vertébrale.

Comme dans un cocon

Prenez très tôt l'habitude de fermer la porte de la chambre quand votre enfant dort. C'est une mesure de sécurité, mais cela crée aussi une habitude. Par la suite, ce sera une façon de se protéger des facteurs perturbants et de préserver son intimité. Les enfants accoutumés à dormir la porte fermée n'en traverseront pas moins une période de résistance à cet égard au cours de la petite enfance. À ce moment-là, les parents doivent fermer délibérément la porte et dire : « Tu ne peux pas sortir. Je te verrai demain matin. » Donnez à votre discours un caractère irrévocable. Après tout, vous leur faites une faveur. Ils ont besoin de sommeil.

Un emploi du temps fiable

Encore une fois, établir des horaires fixes, instaurer un ordre au quotidien, permet à l'enfant de prendre confiance, d'apprendre à se détendre et à se préparer pour la nuit. Alors essayez de vous y tenir. De nos jours, cela demande beaucoup d'efforts de la part des parents. Nous sommes continuellement en mouvement, le changement est un facteur d'épanouissement. Nous y trouvons de la stimulation, voire un antidote à la déprime et à la solitude. Nous connaissons par expérience les cycles de la nuit et du jour ainsi que les saisons qui se succèdent tout au long de notre vie. Nous comprenons les appellations que notre civilisation a assignées aux heures, aux jours, aux semaines et aux mois, qui définissent ces cycles de la lumière et de l'obscurité et des variations météorologiques.

Nos enfants, en revanche, ne comprendront pleinement ces choses qu'à l'âge de l'esprit raisonnant, vers six ans. En attendant, il nous revient de leur inculquer des habitudes et d'instaurer une fiabilité dans le déroulement de leur emploi du temps quotidien, notamment en ce qui concerne le sommeil.

Attention aux mauvais choix

Un mot d'avertissement : si nous prenons l'habitude de bercer l'enfant dans nos bras pour qu'il s'endorme, ce geste s'inscrira dans ses habitudes quotidiennes. Si nous le mettons au lit avec un biberon ou une tétine, ces objets lui deviendront indispensables. Quand un bébé se réveille la nuit et se met à crier, le rôle de l'adulte est de s'assurer que tout va bien et de le calmer, mais avec l'idée qu'il doit apprendre à se calmer tout seul. Cela se fera rapidement si vous vous bornez à le rassurer en lui tapotant le dos et en veillant ensuite à ce que chacun se rendorme dans son lit. Si vous voulez ajouter un « objet transitionnel » pour qu'il se sente plus en sécurité, donnez-lui une peluche douce ou une petite couverture. Si vous utilisez un objet transitionnel, achetez-en plusieurs exemplaires afin d'en avoir toujours un de disponible.

Un besoin essentiel

Plus important que tout, les parents doivent eux-mêmes adopter une attitude saine à l'égard du sommeil. Celui-ci n'est pas un luxe, mais un besoin, ce n'est pas un désagrément, mais l'« occasion pour l'esprit de créer ». Tout au long de l'histoire, des scientifiques, des mathématiciens et autres esprits créatifs se sont réveillés le matin avec la réponse aux problèmes qu'ils ne parvenaient pas à résoudre. Il n'est pas nécessaire de dormir profondément toute la nuit. Parfois, il suffit de se laisser glisser dans une sorte d'état intermédiaire ou de « sommeil reposant ». L'essentiel est d'avoir le corps et l'esprit tranquilles et d'user de discipline pour empêcher l'intrusion des pensées négatives.

L'ALIMENTATION

Se nourrir est significatif

Comme pour le sommeil, notre but en apprenant à l'enfant à se nourrir tout seul est double : l'aider à acquérir les compétences nécessaires, mais aussi à adopter la bonne attitude. Les enfants développent dès la naissance leur compréhension de la nourriture et de ce qu'elle signifie. Pour l'espèce humaine, manger n'est pas une simple expérience biologique, c'est aussi un moyen de donner plus d'étendue aux plaisirs de la vie. Cela inclut la préparation des produits que nous avons achetés ou cultivés, le choix d'aliments équilibrés et nourrissants, l'exploration des variétés et des modes de préparation. Cela signifie aussi comprendre que nous mangeons pour des raisons à la fois physiques et spirituelles. De tout temps et en tout lieu, les humains ont mangé ensemble dans un contexte social et festif. De nos jours, nous mettons des bougies sur la table et nous la décorons avec des fleurs et de la belle vaisselle. Nous apprécions les repas en famille et les dîners entre conjoints, les grandes réunions familiales, les barbecues dans le jardin, les soirées avec des amis parce qu'ils sont l'occasion d'approfondir les relations. Nous ne voulons pas que nos enfants se bornent à apprendre comment, quand et quoi manger. Nous souhaitons leur faire comprendre que si nous mangeons, ce n'est pas seulement pour nous remplir l'estomac.

L'allaitement

La nature pourvoit à l'alimentation initiale du nourrisson, dans une expérience collaborative et intime : l'acte maternel de donner le sein. Si l'on excepte la naissance elle-même, l'allaitement est la première expérience que fait le bébé de la coopération entre humains. La tétée favorise les contractions utérines qui aident le corps de la mère à retrouver un état antérieur à la grossesse. En retour, la mère donne d'elle-même en nourrissant l'enfant à partir de son propre corps. Nous ne savons pas dans quelle mesure l'expérience de l'allaitement joue sur la capacité de l'enfant à réagir à la vie au plan social et spirituel. Quoi qu'il en soit, les femmes qui ont nourri leur enfant au sein savent que cette expérience dépasse le caractère instinctif d'un acte purement animal pour révéler une intimité qui comble l'esprit humain.

Cependant on n'expérimente pas toute la portée de cet acte dès que l'on commence à allaiter son premier enfant. Cela prend du temps – un long effort mutuel de la part de la mère et de l'enfant. Au début, ce sont les sentiments biologiques qui dominent. Il y a de l'inconfort, l'utérus est douloureux quand il se contracte durant l'allaitement. Certaines mères éprouvent un sentiment passager de tristesse dû à la stimulation hormonale qui précède l'éjection du lait. Sans compter que les réserves ne sont pas encore stabilisées. Parfois il y a trop de lait et le sein s'engorge. Parfois il n'y en a pas assez et la succion énergique du nourrisson irrite les mamelons. Il arrive aussi que l'enfant ait besoin d'apprendre à téter correctement ou souffre d'une malformation physique qui rend l'opération difficile pour lui. Avec son premier enfant, la mère peut avoir l'impression d'être une vache dont l'utilité tient essentiellement au lait qu'elle dispense. Ces mères s'inquiètent parfois de savoir si leurs seins se prêtent à l'expérience nouvelle de l'allaitement. Les femmes dotées de petits seins craignent de ne pas produire assez de lait. Celles qui ont de gros seins ont peur d'en produire trop. En réalité, la taille du sein ne constitue pas le facteur déterminant. Elle est liée à la quantité de tissu adipeux présent dans le sein, tandis que le niveau de production de lait résulte de l'efficacité des glandes concernées. Pour produire une quantité adéquate de lait, il faut du repos, une bonne alimentation, une grande quantité de liquides et une pratique régulière de l'allaitement, toutes les trois ou quatre heures.

Si vous êtes mère pour la première fois, sachez que vous aurez besoin de huit à dix semaines pour pouvoir dépasser la dimension purement biologique de l'allaitement. C'est à ce moment-là que les réserves de lait s'ajustent à l'enfant et que l'inconfort dû à un excès de lait ou à une tétée trop énergique diminue. Malheureusement, c'est souvent à cette période que de nombreuses mères déclarent forfait en croyant avoir échoué dans leurs efforts pour créer le sentiment d'intimité décrit par les mères expérimentées.

Comment faire pour éviter cela ? Le plus important est l'attitude de la mère et de son entourage. Bien qu'il y ait des modes, on a désormais établi de manière irréfutable que le mieux pour la santé de la mère et du nourrisson était d'allaiter jusqu'à six, huit ou neuf mois. Pour ce faire, la mère a besoin d'un soutien inconditionnel. Quant à elle, il faut qu'elle ait foi dans les desseins de la nature et confiance en sa propre capacité d'être au service de son enfant. Elle peut se dire que, s'ils se retrouvaient tous les deux sur une île déserte, elle parviendrait certainement à le garder en vie. C'est un de ces moments où la foi en soi-même et un peu d'obstination peuvent produire les meilleurs résultats.

La mère doit absolument connaître tout ce qu'il y a à savoir sur l'allaitement. Point essentiel : lorsque le sein est complètement vide, c'est un signal engageant le corps à produire davantage de lait. Accordez vingt minutes au bébé. Il videra peut-être le sein en dix minutes, mais la succion additionnelle garantira une stimulation mammaire suffisante pour accroître les réserves de lait à proportion de ce qui lui est nécessaire. S'il a encore faim au bout de vingt minutes, donnez-lui l'autre sein, mais veillez bien, lors de la séance suivante, à commencer par ce même sein. Vous serez sûre alors que celui-ci sera complètement vide avant de revenir au premier sein. (Si votre enfant tète avec une force et une énergie exceptionnelles, limitez les durées d'allaitement à dix ou quinze minutes de chaque côté pendant les premières semaines pour protéger vos mamelons.)

Les petits bébés peuvent généralement tenir entre deux et trois heures. Pour les plus gros, cela peut aller jusqu'à quatre heures. Au cours des premières semaines, il est important de se souvenir que plus on nourrit un enfant, plus les seins produisent de lait. Mais si vous n'observez pas au moins deux heures entre chaque allaitement, le nourrisson risque de souffrir d'indigestion, de régurgiter ou d'avoir mal au ventre. Sans compter que des allaitements fréquents peuvent rendre les mamelons douloureux. Vous pouvez les renforcer avant l'accouchement en les frottant doucement avec un gant de toilette. On trouve dans le commerce de bonnes crèmes à utiliser entre les séances pour soigner les mamelons crevassés. S'il s'agit de votre première expérience, il est indiqué d'utiliser un gel lubrifiant après chaque allaitement sans attendre que les mamelons deviennent douloureux.

L'intimité mère/enfant

Il est également nécessaire de comprendre l'importance de l'intimité dans la relation entre l'enfant et la mère qui allaite. Dès avant la naissance, l'enfant accumule un savoir sur sa mère : le mouvement de son corps, le rythme de sa respiration et le son de sa voix. Quand les bébés commencent à téter, ces points de référence les aident à conserver leurs repères et leur donnent un sentiment de sécurité dans un environnement qui leur est étranger. Si la mère allaite en privé ou, le cas échéant, en présence exclusive du père, sa connaissance du bébé et du confort qu'il éprouve avec elle se développe et s'approfondit. Si elle est distraite par d'autres personnes, par des appels téléphoniques ou d'autres activités, elle ne peut lui consacrer toute son attention. Dès lors, la signification de ce qu'elle accomplit pour son enfant risque de lui échapper et elle sera plus susceptible de se sentir comme une simple pourvoyeuse de lait. En revanche, si elle s'installe dans un endroit retiré avec une boisson nourrissante de manière à pouvoir se concentrer sur son bébé et sur elle-même, la séance d'allaitement devient un moment tranquille et relaxant pour tous les deux, et elle en vient rapidement à attendre ces moments comme autant de phases de repos dans une journée stressante.

L'implication du père

Ne vous y trompez pas : en dépit des représentations idylliques créées par les médias et la publicité, la vie peut être très éprouvante pour la mère et le nouveau-né. L'un comme l'autre sont confrontés à des défis nouveaux et imprévus. Voilà pourquoi il est si important que le père soit fortement impliqué. Au début, il joue surtout un rôle protecteur. Au cours des huit premières semaines, sa principale responsabilité est de faire office de tampon vis-à-vis de l'environnement extérieur, dont les amis et les membres de la famille, y compris les autres enfants s'ils ne respectent pas suffisamment le besoin de repos de la mère et du nouveau-né. En raison du manque de sommeil et de son état de fragilité, la mère n'est pas forcément en mesure d'évaluer l'intimité dont elle a besoin avec son enfant. La plupart du temps, elle cherche à en faire le plus possible, que ce soit pour satisfaire autrui ou se conforter dans le sentiment de sa compétence en cette période de vulnérabilité. Le père doit l'aider à observer un juste équilibre entre la réalité et ses attentes.

Il ne tarde pas à découvrir que son rôle de protecteur n'est pas simple non plus. Si c'est le premier enfant de la famille, il lui faut établir des principes bien définis pour les visites d'amis, de voisins, de membres de la famille éloignée – un rôle qui demande de la diplomatie, du tact et de la fermeté. S'il y a des enfants plus âgés dans la famille, il constatera peut-être que l'une des principales difficultés auxquelles il est confronté est de leur faire comprendre que la mère et le nouveau-né ont besoin d'intimité. Ce sera peut-être plus facile si les parents les ont habitués dès avant la naissance du bébé à ne plus être le centre exclusif de l'attention maternelle. Mais de toute façon, ils seront jaloux. En fait, l'un des avantages à la présence d'un nouvel enfant est de permettre aux plus âgés d'apprendre à accepter leur jalousie et de s'en débrouiller de manière productive.

De leur côté, les parents doivent garder présent à l'esprit qu'ils n'ont pas seulement donné à leurs enfants un problème à affronter, mais aussi un nouvel ami pour la vie. Ceux-ci finissent par accepter et apprécier cette joyeuse réalité. Dans un premier temps, toutefois, il est bon de se montrer pragmatique et tolérant à l'égard de cette jalousie tout à fait naturelle.

Attendez-vous à ce qu'ils soient tour à tour ouvertement hostiles et excessivement attentionnés à l'égard du nourrisson. Ne les laissez jamais seul avec lui s'ils ont six ans ou moins. Demandez-leur d'aller vous chercher une couche ou d'accomplir toute autre tâche qui prouve le respect et l'estime que vous inspirent leurs capacités. S'ils sont plus âgés (au-dessus de dix ans), montrez-leur comment tenir le bébé redressé contre leur épaule pour qu'il fasse son rot et laissez-les le recoucher à la fin de la séance d'allaitement. S'il parvient à faire respecter l'intimité de sa femme et du nouveau-né durant les périodes d'allaitement et de repos des premières semaines, le père en sera amplement récompensé : sa femme récupérera beaucoup plus vite et la famille s'adaptera plus rapidement à la présence du nouveau venu, ce qui permettra à la vie de famille de reprendre son cours normal.

Le sens de la maternité

Après les deux mois de mise en place de l'allaitement, il reste à la mère et à l'enfant six mois environ avant l'achèvement du processus de sevrage. C'est à ce moment-là que la mère commence à découvrir le véritable sens de la maternité. L'expérience lui fait comprendre que celle-ci ne se réduit pas à la satisfaction des besoins physiques du bébé ni à l'amour qu'elle a pour lui. Devenir mère implique d'apprendre à connaître intimement et à respecter un autre être humain avec son itinéraire d'autoformation. De son côté, le bébé découvre que le nouveau monde dans lequel il est né est un endroit fiable et digne de confiance. Désormais il est parvenu à un programme de cinq à six repas par jour avec un cycle de sommeil plus long la nuit et plusieurs sommes durant la journée. Il est capable d'endurer quelques petits inconforts et pleurs occasionnels parce que ses besoins essentiels sont satisfaits de manière régulière et appropriée.

La séparation

Si tout s'est bien déroulé au cours de cette première période d'environ neuf mois, mère et enfant sont passés avec succès de l'attachement intérieur par le biais de l'utérus et du cordon ombilical à l'attachement extérieur proposé par les bras et le sein de la mère. À neuf mois, c'est une nouvelle mission qui les attend : la séparation. De même que la naissance permet à l'enfant de se libérer des limites du ventre maternel, de même le sevrage constitue un pas vers l'indépendance vis-à-vis de la mère et représente la façon dont il va se saisir du monde.

Le moment du sevrage varie selon les individus mais, dans l'idéal, il vaudrait mieux éviter la précipitation. Le sevrage implique un processus qui prend entre quatre semaines au moins et plusieurs mois, et consiste à supprimer un repas en intercalant chaque fois un intervalle de quelques jours à plusieurs semaines. Au terme du processus, entre six et neuf mois, le bébé est le plus souvent à cinq repas par jour, en général à six et dix heures du matin, puis à deux, six et dix heures du soir. Il paraît judicieux de commencer par supprimer le dernier repas du soir. C'est à la fin de la journée que le lait de la mère est le moins abondant et ses réserves s'adaptent plus facilement à la suppression de ce repas-là. Celui de deux heures de l'après-midi, puisqu'il a lieu au milieu de journée, pourrait être abandonné en deuxième. Au cours de ce processus, les réserves de lait diminuent. Cela étant, l'ajustement n'est pas parfait et les mères ont besoin de patience. Chaque fois que vous laisserez tomber un allaitement, vous serez dans l'inconfort pendant à peu près une journée. Il faut également que vous protégiez vos vêtements à l'aide de coussinets d'allaitement, car vos seins sont susceptibles de laisser s'écouler l'excès de lait. Lorsque vous espacez les séances d'allaitement, vous pouvez soulager la tension mammaire en pressant vos seins avec un gant de toilette chaud pour en extraire un peu de lait.

La fin de l'allaitement provoque chez la mère un sentiment de perte, elle doit accepter la disparition de cette relation d'intimité et de compagnonnage aimant, et en faire son deuil. D'un autre côté, elle est désormais libérée d'une immense responsabilité. Elle retrouve une énergie normale et c'est pour elle un soulagement de pouvoir de nouveau s'impliquer davantage dans le monde extérieur. De son côté, le bébé se montrera peut-être prêt lui aussi à expérimenter le monde d'une manière nouvelle. Dans les premiers mois de sa vie, il donne l'impression que sa mère constitue la totalité de son univers. Il est tout excité, très concentré sur elle, passe beaucoup de temps à regarder son sein et son visage pendant les séances d'allaitement, s'interrompant de temps à autre pour lui sourire. À mesure qu'il grandit, il commence à se détacher du sein pendant la tétée pour fixer le monde alentour, regarder les choses intéressantes qui s'y trouvent. Certains enfants finissent même par montrer un peu d'agitation. Cependant, nombre d'entre eux n'indiquent pas de manière explicite que le moment du sevrage est venu. C'est à la mère, qui comprend les besoins et les processus biologiques du bébé, de déterminer le moment où débutera chaque nouvelle expérience d'apprentissage, y compris le sevrage.

Une nouvelle alimentation

Jusqu'à présent, nous n'avons parlé du sevrage qu'en relation avec l'allaitement. Or, il y a un corollaire à ce processus :

d'autres types de nourriture viennent prendre la place du lait maternel. Ces nouvelles sources d'alimentation sont introduites très progressivement et bien avant la fin de l'allaitement. À six mois environ, le bébé se met à produire des enzymes capables de digérer d'autres aliments que le lait maternel. À la même période, il commence à avoir besoin de nouvelles réserves de fer pour sa croissance et son développement musculaire. Dès lors, le lait maternel ne suffit plus à satisfaire toutes ses exigences nutritionnelles. Voilà pourquoi nous introduisons les aliments solides à partir de six mois environ et, avant cela, d'autres types de liquides, tels que l'eau ou de petites quantités de jus de fruits frais sur une cuillère ou dans un verre.

L'environnement des repas

De même que nous avions aménagé la chambre pour que le bébé puisse dormir en toute indépendance, il nous faut préparer avec soin l'environnement des nouveaux repas. Le premier élément à prendre compte est la position de l'enfant. Désormais, il n'est plus dans les bras de sa mère. Nous devons donc lui trouver un meuble approprié à cette nouvelle expérience qui consiste à s'asseoir pour manger des aliments solides et boire du liquide dans un verre. C'est à cet effet que Maria Montessori a conçu la table et la chaise de sevrage évoquées au chapitre 6. Table et chaise sont lourdes et solides, le siège est bas, large, les pieds bien écartés pour assurer une bonne stabilité. Des accoudoirs permettent à l'enfant d'être maintenu à l'intérieur.

Assis sur sa chaise en face de ses parents, l'enfant reçoit un double message de séparation et d'indépendance. De sa table, il peut voir ce qu'ils font. C'est pour lui une leçon indirecte sur la façon de manger. Il observe la distance entre le bol et la cuillère tandis que celle-ci s'approche de sa bouche, redescend dans le bol pour reprendre de la nourriture et ainsi de suite. Son esprit absorbant est très actif, incorporant la totalité de l'expérience et le préparant indirectement à imiter les actions de l'adulte dès que la coordination entre ses yeux et sa main, et le développement de ses muscles le permettront.

Dans notre exposé du chapitre 6 sur l'exercice consistant à mettre la table, nous énumérions les ustensiles, bols et assiettes, à utiliser par l'enfant. Pour les soins personnels, il a également besoin d'un bavoir. Essayez de changer l'attache d'un bavoir classique en lui substituant un Velcro sur le devant ou en cousant un élastique qui vous permettra de l'enfiler par la tête. Les bébés ont souvent envie de voir ce que les adultes font de leurs mains et refuseront de coopérer si vous l'attachez ou le fixez par-derrière. Ce système présente également l'avantage de permettre à l'enfant de le mettre tout seul, le moment venu. Posez également sur la table une éponge de 5 centimètres de large sur 7,5 centimètres de long environ. S'il y a du liquide renversé, épongez-le très soigneusement devant l'enfant de manière à ce que ce simple geste lui offre une occasion de développer sa concentration. Rappelez-vous que pendant les premiers mois, vous continuez à encourager son attention et son implication. Aucune activité de soins personnels ou de vie pratique ne doit se borner à l'accomplissement d'une tâche.

Préparez très à l'avance tout ce qu'il faut pour son repas afin de ne pas être distrait une fois qu'il est sur sa chaise. Mieux vaut donc ne pas manger en même temps que lui avant qu'il soit autonome. Vous pouvez le faire avant ou après. Il est important que vous lui donniez un bon exemple, aussi ne cédez pas à la tentation de vous lever et de manger à la cuisine pendant son repas.

Pour apprendre à manger comme il faut et éviter tout risque de s'étouffer, les jeunes enfants doivent rester assis. Comme, à partir de dix mois, le bébé est capable de grimper sur sa chaise et d'en descendre, placez-la contre un mur et poussez la table jusqu'aux accoudoirs. Ainsi la chaise ne bouge pas pendant que le bébé apprend à rester assis et à manger tout seul. S'il la repousse, coincez la table avec vos pieds pour l'empêcher de s'en aller avant d'avoir fini son repas. À quinze mois, en revanche, il est capable de comprendre qu'il doit rester assis. Vous pouvez dire alors: « Tu te lèves, c'est donc que tu as fini de manger. Je vais débarrasser. » Reprenez le plat et mettez fin au repas. Quand l'enfant voit que sa mère ne plaisante pas, très souvent il se rassoit pour finir de manger. S'il ne le fait pas, ne vous inquiétez pas. Il ne mourra pas de faim. Assurez-vous simplement qu'il attend jusqu'au prochain repas ou goûter pour remanger. Il apprendra très vite que se lever et sortir de table indique la fin d'un repas.

Alimentation et autonomie

Les pédiatres modifient leurs recommandations sur l'alimentation des jeunes enfants en fonction des derniers résultats de la recherche sur les besoins nutritionnels et les capacités digestives des bébés. Les parents devraient autant que possible suivre l'avis de leur médecin. Cependant, Paula se souvient qu'à une certaine époque les pédiatres conseillaient aux mères de donner à leurs enfants des céréales industrielles pour bébé dès l'âge de trois semaines. Après avoir essayé de suivre ce conseil, elle s'était rendu compte que cela n'allait pas. Chaque séance d'allaitement durait entre trente et quarante minutes.

Ajouter une période de temps équivalente pour forcer son enfant réfractaire à avaler des céréales n'avait aucun sens. Quand une modification est introduite dans les habitudes, il est bon que les parents fassent appel à leur propre expérience pour s'assurer qu'elle n'est pas contraire au bon sens.

Au début, vous devez offrir à votre bébé une nourriture presque liquide. Ne cédez pas à la tentation de trop remplir la cuillère, un soupçon sur le bord suffit amplement pour commencer. Le bébé aura encore besoin pendant un temps d'être nourri par vous, mais autorisez-le à saisir sa cuillère dès qu'il en montre la capacité. Il faut qu'il puisse la prendre et découvrir les sensations que cela procure. Si vous lui donnez cette possibilité, il sera très vite en état de la porter à sa bouche sans votre aide.

Entre huit et dix mois, il est désormais capable de prendre de la nourriture avec les doigts. Céréales en anneaux, petits bouts de pain ou de toast se prêtent très bien pour ce qui est de la taille et de la consistance à ses premières tentatives de manger avec les doigts. Cela étant, faites très attention à ce que vous lui donnez. Le risque d'étouffement est réel à cet âge, aussi n'hésitez pas à demander conseil à votre pédiatre.

À partir de six mois, il est important de faire boire de l'eau à votre enfant. Commencez par verser quelques gouttes sur une cuillère. Bientôt vous pourrez utiliser un verre. Les verres à liqueur sont adaptés à sa petite main. Au début, il faut que vous teniez le verre et que vous versiez quelques gouttes d'eau dans la bouche du bébé. Gardez une petite carafe à côté de vous. Ne mettez qu'une toute petite quantité d'eau dans le verre (moins de trente centilitres). Dans les premiers temps, elle coulera sur le menton, mais peu à peu il apprendra à l'avaler.

Quand il sera capable de boire de l'eau ou du jus de fruits, vous pourrez lui servir du lait. Veillez à ne pas utiliser de biberon ou de tasse à bec. Ils ne présentent aucune utilité pour des bébés qui ont été allaités pendant neuf mois et ont donc eu amplement l'occasion de téter. Si l'enfant apprend progressivement à boire dans un verre à partir de l'âge de six mois, sa compétence se développe naturellement. Si les parents craignent qu'à neuf ou dix mois le fait de boire du lait dans un verre n'apporte pas à leur enfant la quantité de calcium nécessaire, ils peuvent ajouter à ses repas du yaourt, de la crème renversée ou du fromage râpé.

Introduisez la fourchette entre douze et quatorze mois. Coupez un petit morceau de pain de mie ou de pain perdu et guidez la main du bébé pour qu'il y plante la fourchette. À quinze mois, nombre d'enfants sont capables de se servir de la fourchette et de la cuillère, et de boire dans leur propre verre sans l'aide de quiconque. Ce genre de réussite a valeur de message : « Tu es quelqu'un de compétent, tu es capable d'accomplir beaucoup de choses par toi-même sans avoir à attendre qu'on te serve. »

Même si l'enfant de quinze mois a encore besoin de sentir l'indépendance que lui procurent la table et la chaise de sevrage, il peut se joindre à la famille pour dîner si l'expérience est agréable et fructueuse pour tous. Et ce à condition que le repas soit d'une durée appropriée et servi suffisamment tôt. Dans le cas contraire, il vaut mieux qu'il mange tout seul un peu avant et ne prenne ensuite que des fruits et du lait avec le reste de la famille. Il serait bon de lui procurer une chaise junior plutôt qu'une chaise haute. On en trouve généralement dans les magasins de meubles préfabriqués ou de mobilier ancien. Elle se distingue de la chaise haute par une marche qui permet à l'enfant d'accéder au siège et de poser ses pieds dessus une fois qu'il est assis. Qui plus est, elle est à la hauteur de la table et n'a pas de plateau comme la chaise haute. Dès lors, l'enfant n'est pas emprisonné sur son siège, il peut grimper dessus ou le quitter en toute autonomie. Là aussi, c'est un message : « Tu n'es pas une poupée de chiffon qu'on ramasse et qu'on pose là où elle doit être. Tu peux t'installer tout seul. »

Une petite fille surprenante

Nous conclurons ce sous-chapitre en l'illustrant par une anecdote. Notez que la mère dont il sera question dans l'histoire s'était assurée que son enfant avait faim avant de l'inviter à s'asseoir et à manger. Un jour, nous sommes allés rendre visite à Maria, onze mois, et sa mère. Quand nous sommes arrivées, Maria venait de se réveiller de son somme matinal. Elle était en train d'examiner une très grande boîte livrée par Federal Express pendant qu'elle dormait. Elle s'était redressée sur ses jambes et s'agrippait des deux mains à la boîte. Sa mère lui a dit : « Nous avons reçu un paquet. C'est une boîte. Boîte. » Au bout de quelques minutes d'inspection, Maria a tourné la tête vers la table qui se trouvait à côté d'elle et a dit : « Da. » Elle avait les yeux rivés sur un cheval en métal qui venait de Thaïlande et qui était placé sur cette table. Sa mère a repris : « Tu veux voir le cheval. Assieds-toi et tu pourras le regarder. » Elle le lui a donné. « Tu es assise, tu peux le regarder – c'est un cheval de Thaïlande. » Sa mère s'est assise par terre à côté d'elle. Maria a exploré l'objet avec une dextérité tout à fait surprenante, promenant ses mains et ses doigts sur le corps et les jambes. Ensuite elle s'est mise à marcher à quatre pattes avec la statuette dans la main. « Non, on ne marche pas à quatre pattes avec le cheval », a dit la mère. Et elle a répété : « Cheval, cheval. » Maria s'est arrêtée pour le regarder de nouveau, puis elle s'est remise en mouvement. Cette fois, sa mère lui a ôté le cheval et l'a replacé sur la table. Elle l'a fait avec fermeté et douceur et nous avons eu l'impression d'assister à un rituel qui avait été répété auparavant. Maria a recommencé à examiner la boîte.

« Est-ce que tu as faim ? a demandé la mère. Boîte, touche la boîte. » Et de nouveau, quelques instants plus tard : « Est-ce que tu as faim ? » Enfin, au bout de quelques minutes supplémentaires d'exploration : « On déjeune ? Viens avec moi dans la cuisine. » Maria a fini par suivre sa mère à quatre pattes. « On va mettre le bavoir – je te fais ton repas. »

La mère nous a dit qu'elle s'était occupée du repas de Maria après le petit-déjeuner. Il ne lui restait plus qu'à faire chauffer la viande et les légumes au micro-ondes. Elle nous a expliqué qu'elle préparait toujours quelque chose en plus lorsqu'elle se faisait à dîner afin de le servir à Maria pour son déjeuner du lendemain. Elle avait également mis du yaourt dans une petite assiette et posé une carafe de jus de fruits sur le comptoir, à côté d'elle. Elle était assise sur un tabouret très bas, près de la table de sevrage de Maria. « Tu es prête à manger ? D'abord il faut que tu t'asseyes. » Au bout d'une minute, elle a dit : « On commencera quand tu seras assise. » Maria s'est dirigée rapidement vers la table de sevrage, s'est hissée sur la chaise, qui était placée contre le mur, et s'est assise. Elle s'est calée sur son siège. Sa mère a poussé la table contre la chaise. Elle nous a expliqué qu'elle trouvait la table de sevrage bien plus pratique que la chaise haute qu'elle utilisait au début. « Maintenant, la nourriture n'atterrit plus par terre. Elle la laisse tomber sur la table, je peux la remettre dans l'assiette. Je crois que tout ce qui l'intéressait, c'était de la voir atteindre le sol en tombant d'une grande hauteur [celle de la chaise haute]. »

Maria a commencé à introduire de la nourriture dans sa bouche à l'aide de ses doigts. « Il y a beaucoup de nourriture dans ta bouche. Tu veux t'exercer avec ta cuillère ? » La mère a mis une petite quantité de yaourt sur une deuxième cuillère et l'a tendue à Maria. « Fais-le toute seule. » Maria a porté très soigneusement la cuillère à sa bouche. « Il y a assez de yaourt sur ta cuillère. » Maria avait plongé la cuillère dans son bol pour se resservir. La mère a transféré un peu de yaourt de la cuillère de Maria sur celle avec laquelle elle la nourrissait tout en expliquant que cela faisait trois jours que sa fille commençait à utiliser sa cuillère pour manger. « Avant, elle s'en servait pour cogner ou pour taper sur la nourriture. » Elle a dit à Maria : « Voici la cuillère que je vais utiliser. » Maria a pris du yaourt sur la cuillère de sa mère pour le transférer sur la sienne comme elle l'avait vue faire un instant plus tôt. Elle a répété cette opération à plusieurs reprises, alors que sa mère ne l'avait fait qu'une fois.

Maria s'est levée un instant sur sa chaise, comme si elle avait fini, puis elle s'est rassise. « Oui, il faut être assis, a dit sa mère. Tu veux du jus ? » Sur quoi elle a versé dans une sorte de photophore ce qui paraissait être une grande quantité de jus pour un enfant de onze mois. Et là, surprise, Maria a pris le « verre » à deux mains et l'a vidé d'une traite sans renverser une seule goutte. La mère a expliqué qu'au printemps elle avait commencé à donner à sa fille de sept mois un petit verre à liqueur avec une cuillerée d'eau. Au cours de l'été, pour une raison inconnue, Maria s'était mise à renverser l'eau. « Elle continue de le faire avec le verre à liqueur, mais pas avec le photophore. » Comme elle n'avait visiblement plus de problèmes pour se servir de ce verre, sa mère supposait qu'il s'agissait d'une expérience. Elle a continué à parler à Maria. « Tu en veux encore ? On va reprendre un verre – c'est l'autre bout qu'on met dans la bouche.» (Maria avait introduit le manche de la cuillère dans sa bouche.) On va t'essuyer la main et après tu pourras te lever. Je vais rapporter ces objets sur le comptoir.» La mère a fait plusieurs trajets en tenant chaque objet à deux mains pour donner le bon exemple à Maria. Ensuite elle a dit: «Je vais nettoyer la table.» Elle a essuyé la table très soigneusement du haut vers le bas, de gauche à droite, assise à la droite de sa fille afin que celle-ci puisse voir tous ses gestes. Un soir après dîner, a-t-elle raconté, elle avait laissé par inadvertance un chiffon sur la table. Maria l'avait pris et s'était mise à essuyer la table en reproduisant exactement les gestes de sa mère quand celle-ci nettoyait la table de sevrage. Son mari et elle avaient été stupéfaits.

Au moment de partir, nous avons parlé de notre surprise à voir Maria se diriger rapidement vers sa chaise et s'asseoir avec habileté. Sa mère a répondu: «Je n'ai pas travaillé ça avec elle. Je lui disais chaque jour avant son repas: "Il faut que tu sois assise sur ta chaise." Mais c'était juste pour lui parler tout haut. Et un jour, j'ai remarqué qu'elle commençait à se diriger vers la table. J'ai été abasourdie. Ils nous surprennent toujours. Ils en savent plus que ce qu'on pourrait croire !»

SE VÊTIR

L'autoformation encouragée

Passons maintenant à l'habillement. Là encore, notre but est de permettre à l'enfant de devenir indépendant. En l'occurrence, il y a plusieurs aspects à prendre en compte. L'objectif n'est pas de libérer l'adulte de la tâche de le vêtir. Ni même, dans un premier temps, de lui faire enfiler des vêtements. Une fois de plus, c'est son autoformation que nous devons encourager. Ce qui compte avant tout, c'est la façon dont l'enfant se sent une fois habillé. Et, corollaire de cet objectif : sa tenue doit être adaptée au contexte.

De même qu'une bonne connaissance de la santé permet d'accéder à l'autonomie en matière de sommeil et d'alimentation, de même comprendre ce qu'est une tenue appropriée contribue grandement à l'indépendance vestimentaire. Les parents doivent donc à la fois enseigner à leurs enfants comment s'habiller et s'occuper de leurs vêtements, et les aider à prendre conscience qu'il faut se vêtir d'une façon adéquate.

Un message à faire passer

Commencez par vous interroger : à qui est-ce que je pense en habillant mon enfant ? Le voyez-vous comme un être humain avec des besoins spécifiques ou comme un objet de divertissement et d'autopromotion – voire un symbole de réussite ? Il va de soi que les êtres humains attribuent au vêtement de multiples usages. Toutes les civilisations lui ont accordé une place importante. Les adultes s'en servent comme d'un indicateur de richesse et de statut social, un moyen d'inspirer la peur (les tenues de combat, par exemple) ou une expression de soi visant à créer joie et beauté pour soi et pour les autres. C'est ce dernier cas de figure qui nous intéresse. La façon dont nous nous habillons est toujours révélatrice. « Est-ce que c'est ce que je veux dire ? » Telle est la question que nous devons inculquer à nos enfants afin qu'ils s'interrogent sur leur façon de se vêtir au fil de leur évolution vers l'âge adulte.

En dessous de six ans, les enfants sont focalisés sur eux-mêmes. Nous avons vu qu'il n'y avait là rien de répréhensible, ce qui ne veut pas dire qu'il faille encourager ou exagérer cette attitude. Or, céder à la tentation d'en rajouter au plan vestimentaire ne fait qu'accroître le sentiment d'importance que l'enfant a de lui-même à cet âge. C'est particulièrement malheureux lorsque la tenue est si chargée qu'elle le fait passer au second plan. Le message que nous lui adressons sans le vouloir est le suivant : « Ce qui importe, ce n'est pas ce que tu as en toi, mais ton apparence. »

Quand nous habillons de jeunes enfants, choisissons des vêtements dans lesquels ils sont à l'aise et qu'ils pourront mettre tout seuls dès qu'ils en seront capables. Donnons-leur la possibilité de choisir quand ils seront en état de le faire et montrons-leur comment s'occuper de leurs vêtements. En suivant ces conseils, on a toutes les chances de faire d'eux des adultes confiants dans leur manière de se vêtir et capables d'y trouver matière à s'exprimer.

La coopération dès la naissance

Nous avons parlé de la tenue du nouveau-né au chapitre 5. Notre souci premier était de lui assurer confort, liberté de mouvement et conscience sensorielle de l'environnement. Une fois les vêtements choisis, l'étape suivante consiste à obtenir la coopération de l'enfant pendant qu'on l'habille. Dès son plus jeune âge, habituez-vous à lui dire ce que vous faites : « Maintenant, on va passer ton bras dans la manche », et ainsi de suite. Habillez-le toujours dans le même ordre et de la même façon. Essayez de marquer les étapes et de procéder avec toute la lenteur voulue pour qu'il puisse identifier ce que vous faites. Comme dans toute activité avec de jeunes enfants, permettez-lui de coopérer. Sollicitez-le et montrez-vous patient. Il faut agir avant même de croire qu'il puisse répondre. Sa capacité à reproduire vos gestes et à comprendre ce que vous dites en l'habillant se manifestera très probablement plus tôt que vous ne le pensez. Encore une fois, l'ordre et la répétition des gestes et des paroles sont importants.

Au fur et à mesure que l'enfant avance en âge, il est bon que les parents lui donnent plus de choix en matière vestimentaire. Les principes restent les mêmes : liberté de mouvement, confort, facilité à s'habiller, tenue appropriée. Achetez des chemises qui s'ouvrent en haut ou qui font plusieurs tailles de trop pour qu'elles soient faciles à enfiler par la tête. Les cols roulés ne sont pas un bon choix pour les enfants de moins de cinq ans parce qu'ils sont difficiles à mettre seul. Prenez des pantalons qui ont un élastique à la taille. Évitez les pantalons de survêtement resserrés aux chevilles, l'enfant aura du mal à les enfiler et à les retirer sans aide. Il faut que les boutons des sweaters s'insèrent sans problème dans les boutonnières. Si celles-ci sont trop étroites, essayez de les élargir ou remplacez les boutons par d'autres, plus petits. Comme les enfants sont capables de manier les boutons avant de savoir se servir d'une fermeture Éclair, essayez d'éviter celle-ci dans un premier temps. Assurez-vous que moufles et bonnets sont confortables et pas trop serrés. Privilégiez les bonnets et les écharpes doublés d'un tissu acrylique. Une fois que l'enfant a dépassé l'âge de porter des chaussures à semelle souple (cf. chapitre 5), il mettra avec profit des tennis basses. D'une part les bottes, les chaussures hautes, les sandales et les chaussures du dimanche sont difficiles à mettre et à enlever, d'autre part les attaches desserrées et les semelles de cuir présentent un risque.

Les apprentissages

Pour apprendre à un enfant de deux ans ou plus comment boutonner un manteau, mettez le vêtement sur une table devant lui. Montrez-lui comment saisir le bord du bouton avec le pouce et l'index et l'enfoncer dans la boutonnière en utilisant l'autre main pour le faire passer au moyen d'une prise en pince. En s'exerçant sur le manteau posé à plat sur la table, l'enfant parviendra au bout d'un moment à le fermer quand il le porte. On peut utiliser la même méthode pour s'exercer à boutonner une chemise ou un sweater, manier la fermeture Éclair d'un manteau, etc.

Pour apprendre à un enfant à mettre ses chaussettes, servez-vous de vos doigts et de vos pouces pour ramener la chaussette à un petit tas que vous placerez devant les orteils. Commencez par l'enfiler sur l'extrémité du pied. L'enfant pourra prendre le relais pour la dérouler sur le reste du pied, mais il lui faudra un moment avant d'être capable de la faire passer sous le talon. Une fois que la chaussette est mise, il pourra la remonter jusqu'à la cheville.

Si vous prenez le temps de choisir les vêtements de votre enfant, montrez-lui comment s'habiller tout seul, donnez-lui la possibilité de s'exercer, il sera probablement autonome dès l'âge de quatorze mois. Cependant, il y a deux autres points à prendre en considération pour mener à son terme cette indépendance nouvellement acquise. L'enfant doit pouvoir choisir ce qu'il mettra et participer à l'entretien et au rangement de ses vêtements.

Choisir ses vêtements

L'idée de permettre aux enfants de choisir s'est répandue très largement au cours des dernières années. Malheureusement, il est fréquent qu'on méconnaisse la nécessité de leur imposer des limites. Ils peuvent faire un choix entre deux options. Trois, c'est déjà trop. Par ailleurs ils ne sont pas capables de réfléchir à l'adéquation de leur tenue en fonction du temps ou de l'occasion, aussi revient-il aux parents de sélectionner ce qui est approprié. En retenant deux tenues et en laissant l'enfant décider, ils lui donnent la possibilité d'exercer sa faculté de choix sans aller au-delà de ses capacités. S'il tarde à choisir, c'est à l'adulte de le faire. Ne laissez pas le moment de s'habiller devenir une occasion de négociation ou de manipulation. Si cela se produit, c'est le signe que le vêtement a pris trop d'importance dans son existence. Dans ce cas, il vaut mieux renoncer et lui proposer de choisir dans d'autres domaines, par exemple les légumes qui accompagneront le dîner. L'acte de choisir est un élément important dans le développement de la volonté, comme nous le verrons au chapitre 9. Cependant, un excès de choix dans trop de domaines induit la confusion, si bien qu'au bout du compte la confiance en soi en pâtit au lieu d'en sortir renforcée.

Ranger et entretenir

Donnez aux enfants la possibilité de participer au rangement et à l'entretien de leurs vêtements. Placez un panier à linge ou une grande corbeille dans leur chambre ou dans la salle de bains. Les jeunes enfants sont alors dans la période sensible de l'ordre. S'ils ont l'habitude de voir des habits par terre, ils finissent par penser que c'est leur place. Il paraît donc sage de les accoutumer à déposer immédiatement les vêtements sales dans le panier à linge. De la même façon, prévoyez dans le placard un emplacement pour ranger les chaussures l'une à côté de l'autre dès qu'on les enlève.

Rangez les vêtements propres dans des tiroirs, des coffres ou un placard ouvert. Procédez avec méthode : placez ce qui doit être mis en premier sur l'étagère ou dans le tiroir du haut et continuez ainsi jusqu'en bas. Les chaussettes et les sous-vêtements seront donc en haut, les chemises au milieu et les pantalons en bas. Cousez de grands anneaux sur les premiers manteaux et sweaters du jeune enfant afin qu'il puisse les suspendre à des crochets dans son placard. Quand il aura trois ans, il apprendra à suspendre robes et manteaux sur de petits cintres en plastique, puis à placer ceux-ci sur une barre qui aura été abaissée pour ses besoins. Rangez les moufles, bonnets et écharpes dans un panier près de la porte, afin que l'enfant puisse les mettre ou les ôter au moment de sortir ou de rentrer.

En matière d'habillement, comme dans tant d'autres domaines de la vie du jeune enfant, moins il y en a, mieux cela vaut. Si vous vous limitez au nécessaire, vous rendrez l'objectif de l'indépendance plus accessible et vous vous faciliterez la vie. Même à huit ans, quatre à six pantalons, quatre à six chemises, une paire de tennis pour l'école (en gardant celle qui est légèrement trop petite pour le jardin), une robe ou un pantalon pour les occasions de sortie et une paire de chaussures du dimanche sont suffisants. Avec cette garde-robe raisonnable et pratique, l'enfant du primaire est toujours prêt à courir, jouer et grimper – activités qui devraient être l'ordinaire de ses premières années d'école. Si cette garde-robe limitée est suffisante à huit ans, il n'est assurément pas nécessaire d'accabler le jeune enfant de deux ou trois ans avec davantage de vêtements.

L'APPRENTISSAGE DE LA PROPRETÉ

Une expérience collaborative

Si notre objectif en matière d'habillement est d'encourager l'indépendance, la propreté tient une place essentielle dans l'aide que nous apportons à l'enfant dès la naissance. Qui plus est, deux autres raisons au moins font que cette question mérite la plus grande attention. Premièrement, l'un des premiers ajustements que la société exige des enfants, c'est qu'ils apprennent à contrôler leurs intestins et leur vessie. Cela suppose de comprendre et d'accepter les attentes de la culture dans laquelle on est né. Deuxièmement, cette adaptation aux exigences sociales requiert un savoir, ainsi qu'un effort conscient et un désir de coopérer de la part de l'enfant. Ce n'est pas une prouesse qu'il peut accomplir seul, il a besoin pour ce faire de l'attention des adultes qui l'entourent. Dès lors, il s'agit là de sa première grande expérience collaborative avec un adulte à des fins éducatives. Il est donc clair que la notion de propreté ne se réduit pas pour l'enfant à avoir les « fesses au sec ».

Le bon moment

La myélinisation des neurones permettant au corps de contrôler les intestins et la vessie est achevée vers l'âge de douze mois. Désormais, l'enfant est capable de ressentir l'impulsion de contrôler ses fonctions corporelles, mais il doit apprendre à mettre ce contrôle en œuvre. Tout le travail que vous avez accompli jusque-là en matière de soins personnels viendra soutenir la réalisation de cet objectif. Manger et dormir font désormais partie des habitudes quotidiennes.

L'enfant a acquis une indépendance vestimentaire significative grâce aux vêtements amples que vous avez choisis et au soin que vous avez mis à lui apprendre très tôt à s'habiller. Et, très important, dès la naissance vous avez aidé votre bébé à développer sa conscience du sec et de l'humide en le changeant rapidement quand cela était nécessaire – parfois jusqu'à douze fois par jour ou plus les premiers mois.

Couches jetables *vs* couches lavables

Les couches en fibre naturelle, comme le coton, favorisent cette réceptivité sensorielle. Malheureusement, les parents choisissent systématiquement les couches jetables, qui sont plus pratiques et plus rapides. Or, ils ne savent pas toujours que les couches jetables présentent deux inconvénients majeurs. Premièrement, elles préservent l'enfant de l'humidité, éliminant ainsi les sensations désagréables. En fait, elles deviennent même confortables pour le bébé qui vient d'uriner parce qu'une réaction chimique crée un « effet sauna » ou sensation de chaleur près du corps de l'enfant. Deuxièmement, comme il est difficile de savoir quand il a uriné, l'adulte ne le change pas aussi souvent que s'il portait des couches lavables. Une étude a montré qu'un enfant équipé de couches jetables n'était guère changé que quatre à six fois par jour. C'est une conséquence fâcheuse parce que le changement de couches est un moment où les parents se consacrent tout entiers à leur enfant. Ils lui parlent, jouent à des jeux simples, sourient, chantent. Tout cela multiplie au quotidien les occasions d'interaction sociale avec un adulte.

Si, dès la naissance, on utilise des couches lavables que l'on change dès qu'elles sont mouillées, le bébé prend peu à peu conscience de la différence qui existe entre le sec et le mouillé. L'étape suivante consiste pour lui à faire le lien entre la sensation physique de l'élimination et l'endroit qui accueille les déchets. Comme dans d'autres domaines de développement, l'enfant a une période sensible au cours de laquelle il s'intéresse à ce processus. Vous pouvez encourager son intérêt en commençant à le changer en position debout dès qu'il est capable de tenir sur ses jambes, c'est-à-dire à partir de douze mois environ. Dans cette position, il lui est plus facile d'observer son corps et les gestes effectués pour le nettoyer, se débarrasser des excréments et lui mettre une couche propre. Pour faire comprendre à votre enfant que les excréments humains vont aux toilettes, faites en sorte de toujours le changer dans la salle de bains[1] une fois passés les premiers mois. Il lui sera utile de savoir que c'est aussi le lieu où d'autres membres de la famille font leurs besoins.

La période sensible de l'intérêt pour les toilettes survient entre douze et dix-huit mois. Cet intérêt peut se manifester de manière explicite ou plus subtile. Il est important de garder présent à l'esprit qu'il s'agit là d'un phénomène temporaire comme pour toutes les périodes sensibles. Si on passe à côté, apprendre à l'enfant à utiliser le pot devient une mesure de rattrapage. Malheureusement, comme dans d'autres domaines, l'enfant est souvent prêt à profiter de l'aide de l'adulte avant que celui-ci soit en mesure de la lui fournir. Comment alors préparer l'environnement ?

1 Nous avons choisi de traduire *bathroom* par salle de bains, car aux États-Unis, ce terme désigne la pièce où l'on se lave et où l'on fait ses besoins. Il est rare que les toilettes soient une pièce séparée. [*NdT*]

La préparation de l'environnement

Pour commencer, placez des pots dans toutes les salles de bains une fois passés les premiers mois pour vous assurer que le bébé prend l'habitude de les voir dans ces pièces. Installez un seau à couches rempli d'eau pour les culottes souillées, un panier de slips propres, une petite serpillière, des gants de toilette et – à l'usage exclusif des parents – un flacon de produit détachant.

Pour apprendre à l'enfant à se servir du pot, les parents doivent choisir un moment qui s'inscrit dans la période sensible concernée et s'assurer qu'ils ont du temps à consacrer à ce processus. En général, il faut entre trois et six semaines de suivi intensif. Durant cette phase, il est important que votre enfant soit dans l'environnement qui lui convient le mieux. Pour beaucoup, cela signifie rester le plus possible à la maison. Pendant ce laps de temps, vous serez donc obligé d'annuler toute activité ou sortie qui ne soit pas absolument indispensable. Essayez en outre de choisir un moment où la température est suffisamment douce pour qu'on puisse s'habiller légèrement et passer du temps à l'extérieur. Si l'enfant peut se promener nu ou à demi nu durant ces semaines-là, il associera plus rapidement l'urine qui coule sur ses jambes avec la tension musculaire et l'envie pressante qui l'ont précédée. S'il ne porte qu'un slip de coton pendant le processus d'apprentissage, il est plus facile de le changer et de le rhabiller, ce qui permet à tout le monde de rester patient.

L'étape suivante consiste à aider l'enfant à uriner pendant qu'il est assis sur le pot. Pour qu'il comprenne ce qu'on lui demande, il faut qu'il aille sur le pot à divers moments. Les plus propices sont au réveil, le matin ou dans la journée, et après les repas et les promenades. Il peut être utile de noter les heures où l'enfant fait ses besoins. En l'invitant à aller sur le pot à des horaires programmés, vous l'aidez à anticiper l'instant où il en aura besoin. À côté du pot, vous pouvez placer une corbeille avec un livre. Asseyez-vous avec l'enfant quand c'est « l'heure du pot », mais n'en profitez pas pour en faire un moment de divertissement. Autrement, il ne tardera pas à éprouver plus d'intérêt pour l'attention que vous lui témoignez que pour le travail en cours. Conservez votre pragmatisme, montrez-vous encourageant et confiant, comme dans toute autre situation d'apprentissage. Quand il fait ses besoins, videz le pot dans les toilettes, puis laissez-le tirer la chasse d'eau. Inculquez-lui l'habitude de se laver les mains tout de suite après. Prenez acte du processus en faisant un commentaire approprié : « Ceci est de l'urine. Tu as mis ton urine dans le pot. »

Prendre le temps

Au début, les résultats sont loin d'être au rendez-vous. Pour beaucoup d'enfants, la tâche reste difficile, même dans les conditions optimales décrites ci-dessus. Durant le long processus qui mène à la propreté, l'adulte se retrouve quotidiennement à devoir nettoyer les fuites. Dès le début, il est essentiel que l'enfant participe à chaque séance de nettoyage. Répétons-le, l'objectif n'est pas qu'il soit « au sec », mais qu'il se sente en état de se contrôler et de contrôler sa vie. Permettons-lui d'être aussi indépendant que possible en l'invitant à ôter son slip mouillé et à le mettre dans le seau à couches placé dans la salle de bains. S'il est souillé, demandez-lui de vous le donner pour un rinçage préliminaire dans les toilettes. L'enfant peut éponger son urine avec la petite serpillière et le chiffon et s'essuyer avec son gant de toilette et sa serviette. Il peut mettre le reste des vêtements salis ainsi que les objets dont il s'est servi pour nettoyer dans son panier de linge sale. Après quoi il se lave les mains et enfile des vêtements propres. À cet âge précoce, les enfants apprécient beaucoup de s'habiller et de se déshabiller en toute indépendance. Tirez profit de cet intérêt pour maintenir leur attention concentrée sur l'apprentissage de la propreté.

Un véritable travail

L'adulte doit constamment garder présente à l'esprit la portée de ce travail. Comme nous l'avons dit, c'est la première fois que l'enfant se soumet aux exigences de la société. Respectez-le en utilisant des termes d'adulte pour parler de ses parties génitales et de ses excréments. L'acceptation précoce des fonctions corporelles comme un élément naturel et un facteur de santé peut contribuer au développement de la responsabilité et à l'instauration d'une attitude respectueuse à l'égard de la maturation sexuelle à la fin de l'enfance et au début de l'adolescence.

Certains parents nous disent que l'apprentissage de la propreté est plus rapide si l'enfant est en slip de jour comme de nuit. Cela lui évite une situation incompréhensible : parfois il a le droit de porter des couches, parfois non. D'autres parents, toutefois, préfèrent se concentrer sur la journée. Si c'est votre choix, continuez d'utiliser des couches lavables jusqu'à ce que votre enfant reste propre toute la nuit ou qu'il soit capable de se contrôler pendant la journée. Quand ce sera le cas, vous pourrez vous débarrasser des couches ou les ranger dans un placard en attendant le prochain bébé. Ce geste est un message à l'adresse de l'enfant : il lui montre qu'il grandit et qu'il est désormais en mesure d'être propre. Si nécessaire, mettez-lui pour dormir un pantalon de survêtement matelassé avec un extérieur en vinyle étanche afin d'assurer la transition.

Lorsqu'il commence à dormir sans protection, placez des pyjamas, des draps propres, une couverture et autres objets de rechange à proximité du lit. Pour faciliter les changements de nuit, servez-vous d'un morceau de flanelle caoutchoutée de soixante centimètres sur un mètre cinquante bordé des deux côtés. Comme pendant la journée, faites participer l'enfant au nettoyage. De votre côté, limitez la quantité de liquide que vous lui donnez à partir de la fin de l'après-midi et efforcez-vous d'instaurer une atmosphère aussi détendue que possible avant le coucher.

La propreté vers deux ans

Comme dans toute situation d'apprentissage précoce où ils bénéficient d'un soutien approprié de l'adulte, les enfants peuvent acquérir leur indépendance en matière de soins personnels – propreté comprise – avant leur deuxième anniversaire ou peu après. Des études montrent que dans les années 1950, à l'époque où Paula élevait quatre de ses cinq enfants, 92 % des bébés de dix-huit mois utilisaient le pot avec succès pendant la journée. Certaines évolutions historiques survenues depuis lors expliquent la baisse actuelle de ce pourcentage. Cependant les enfants, eux, n'ont pas changé. S'ils bénéficient d'une aide suffisante de la part des adultes, ils réagissent pour la plupart de manière positive au processus d'apprentissage de la propreté que nous venons de décrire. Il y a bien sûr des exceptions. De même que certains enfants ont du mal à suivre trois directions séquentielles, à apprendre à lire ou à mémoriser des éléments mathématiques, de même d'autres sont plus lents dans l'acquisition des processus de contrôle touchant les fonctions corporelles. Ces enfants ont besoin de davantage de soutien, doivent faire preuve de plus de patience et de ténacité pour mener à bien leur apprentissage de la propreté. Malheureusement, lorsque des difficultés se présentent, les parents d'aujourd'hui sont trop prompts à renoncer à l'objectif d'autoformation de leur enfant. Ils lui remettent des couches, en général des couches jetables, et passent à côté des opportunités d'action que leur procure la période sensible.

C'est notre société tout entière qui porte la responsabilité de cet échec, tout comme, cinquante ans plus tôt, elle amenait la majorité des parents qui en avaient les moyens financiers à préférer le biberon à l'allaitement et pratiquait l'anesthésie générale des mères pendant l'accouchement – avec des conséquences néfastes pour la mère et l'enfant. Lorsqu'un enfant a du mal à devenir propre, il ne faut pas renoncer à le soutenir, mais au contraire redoubler d'efforts, s'armer de patience et mobiliser toutes ses ressources et son ingéniosité. Le succès en sera d'autant plus gratifiant. Les parents ne doivent pas oublier qu'ils sont là pour permettre à leur enfant de devenir indépendant, au-delà de la simple acquisition de la propreté. Ils sauront alors que leurs efforts en valent la peine.

FAIRE SA TOILETTE

Ordre et rituel

Tout comme pour le sommeil, l'alimentation et l'habillement, il est bon d'apprendre à l'enfant à faire sa toilette avant qu'il atteigne l'âge de l'opposition, c'est-à-dire vers deux ans. Là aussi, ordre et rituel tiendront une place essentielle.

Commencez par analyser chaque procédure : se brosser les cheveux et se peigner, se brosser les dents, se moucher, prendre un bain, se laver les cheveux, se laver les mains et le visage, se brosser les ongles, etc. Préparez l'environnement de votre enfant en prêtant une grande attention à tous les détails et établissez le déroulement de chaque activité.

Les cheveux

Pour les cheveux, votre enfant a besoin d'un peigne et d'une brosse à sa taille, que vous placerez dans une corbeille. Installez une glace sur la même table ou fixez un miroir sur le mur juste à côté en veillant à ce qu'il soit à la bonne hauteur. Comme dans la plupart des gestes de toilette, pratiquez l'alternance. Une fois que l'enfant se sera essayé à sa tâche, dites : « Maintenant, c'est mon tour », sans expliquer qu'il n'a pas fait les choses tout à fait comme il fallait. Par moments, vous aurez besoin de placer votre main sur la sienne pour guider ses gestes. Comme dans tout ce que nous faisons avec les enfants, procédez avec douceur et respectez la lenteur de son rythme en encourageant sa participation. C'est une occasion d'apprendre que vous lui donnez. N'oubliez pas que la voie de l'indépendance prend du temps.

Les dents

Pour le brossage des dents, procurez-vous un petit tube de dentifrice et une brosse à dents dans une petite tasse. C'est votre enfant qui tient la brosse et vous, le dentifrice. Vous en déposez une très petite quantité sur la brosse. Quand vient votre tour, vous pouvez placer doucement votre main sur la sienne et poursuivre le mouvement de brossage. Heureusement, l'enfant a des dents de lait, si le brossage n'est pas parfait, ce n'est pas grave. Au moment où il faudra une bonne hygiène dentaire, il sera en âge de s'en acquitter seul avec toute la compétence voulue. L'important, durant cette première période, est d'instaurer l'habitude de se brosser les dents au moment où l'enfant montre le plus d'intérêt pour cette activité.

Se moucher

Pour lui apprendre à se moucher, posez à côté du miroir une petite corbeille contenant quelques mouchoirs en papier pliés en quatre. Prenez un mouchoir et mouchez-vous pour montrer comment vous faites. Pliez le tissu en rectangle, placez-le des deux mains sur vos narines. Soufflez doucement, mais sans boucher une de vos narines. Les mucosités pourraient passer dans les fosses nasales, ce qui accroît le risque d'infection. Glissez vos doigts le long de vos narines jusqu'à ce qu'ils se rejoignent. À présent, le mouchoir a retrouvé sa forme carrée. Servez-vous-en pour tapoter vos narines de part et d'autre. Placez une petite corbeille à papier pour les mouchoirs usagés sur l'étagère basse ou la table où se trouve le panier. Plier chaque jour des mouchoirs constitue un bon exercice de vie pratique à réaliser par la mère et l'enfant, le cas échéant en compagnie d'un frère ou d'une sœur plus âgés.

Vous le verrez, les enfants sont fascinés par ce processus. En tant qu'enseignants, nous sommes toujours stupéfaits de leur intérêt, même à cinq ou six ans, quand nous donnons une leçon sur la façon de se moucher. Sans doute est-ce parce que les parents négligent souvent de leur montrer comment faire. Les enfants plus âgés finissent tout de même par se débrouiller, mais se montrent souvent peu efficaces, prenant mouchoir sur mouchoir et se barbouillant le visage. Se moucher est un acte simple pour les adultes, mais pas pour les enfants. Voilà un bon exemple de la façon dont nous sapons inconsciemment leurs moyens en nous substituant constamment à eux. Et lorsqu'ils entrent à la maternelle ou en première année de primaire, nous attendons qu'ils sachent le faire tout seuls, comme par magie.

Le bain

Pour le bain, fixez un crochet à portée de main de l'enfant, fournissez-lui une serviette et un gant de toilette dont il puisse se servir facilement. Un essuie-main ou une serviette de bain coupée en deux avec un ourlet feront très bien l'affaire. Vous pouvez utiliser une petite éponge faciale si vous ne voulez pas confectionner un gant de toilette. Le savon doit être de la bonne taille, du genre de ceux qu'on trouve dans les hôtels. Si nécessaire, coupez une grande barre de savon en deux. Encore une fois, l'objectif du bain est de susciter l'implication de l'enfant. Faites-le participer à chaque étape du processus.

Le lavage des cheveux est souvent une expérience traumatisante parce que l'adulte cherche à contrôler l'intégralité de l'opération. Alors, placez une petite quantité de shampoing sur votre main et aidez l'enfant à le frotter sur ses cheveux. Au bout d'un certain temps, vous pouvez essayer de mettre dans un petit flacon la quantité nécessaire à un lavage. Laissez l'enfant extraire le produit sur sa main. Il ne frottera, bien entendu, qu'à un seul endroit, mais vous pouvez prendre la relève en disant : « Maintenant, c'est mon tour. » Il peut participer au rinçage si vous lui permettez de se verser des tasses remplies d'eau sur la tête. Là encore, l'alternance permet d'obtenir le résultat désiré.

Se laver les mains

C'est l'une des habitudes essentielles à acquérir dès le plus jeune âge. La procédure d'apprentissage exige d'autant plus de réflexion. Placez un bon tabouret marchepied devant le lavabo, disposez une petite barre de savon dans un porte-savon, une petite serviette (de la taille d'un gant de toilette) pour se sécher les mains et, si vous le souhaitez, une petite brosse à ongles. Si vous prenez le temps de montrer minutieusement à votre enfant comment se laver les mains, vous constaterez qu'il saura le faire à un âge étonnamment précoce et qu'en plus il y trouvera du plaisir. Il peut également se laver la figure si nécessaire. Pour cela, il lui faut un petit miroir.

Collaboration et indépendance

La réussite de l'enfant en matière de soins personnels dépend du degré de collaboration institué par les parents. Pour apprécier cette collaboration, il faut s'intéresser aux enfants en les voyant comme des êtres humains engagés dans un processus de développement, être curieux de ce processus, désireux de le comprendre, l'étudier, l'observer en action et l'encourager. Telle est l'attitude à adopter lorsqu'on s'occupe d'enfants. Au sein du foyer, notre objectif est de le traiter comme un membre respecté de la famille. On ne se comporte pas avec lui comme avec un animal domestique que l'on porte, nourrit, sort et toilette. C'est un être humain, capable de s'engager sur la voie de l'indépendance dès les premiers moments de son existence. Cette indépendance ne se construit pas seulement en apportant sa contribution à la vie familiale au travers des activités de vie pratique décrites dans le chapitre précédent, elle inclut tous les soins personnels, du sommeil, de l'alimentation, de l'habillement et de l'apprentissage de la propreté jusqu'aux gestes de toilette – se brosser et se peigner les cheveux, se brosser les dents, se moucher, prendre son bain, se laver les cheveux, se laver les mains et le visage. Quand ces processus sont introduits durant la période sensible concernée, chacun de ces accomplissements apporte joie, fierté et confiance à l'enfant.

8.
Langage et intelligence

La capacité d'abstraction ne se développe pas seulement par la coordination de la main et du cerveau agissant en interaction avec l'environnement, mais aussi par l'expérience précoce du langage. L'intelligence des enfants est intimement liée à la qualité et à l'étendue de leur exposition au langage. Elle est constituée de deux éléments clés reliés entre eux. Premièrement, l'intelligence suppose la création d'idées et d'intentions, ainsi que la capacité d'étudier et de comprendre ces pensées en les questionnant et en les organisant en systèmes logiques. Deuxièmement, elle requiert la faculté d'utiliser ces créations de pensées analytiques et synthétiques pour mieux comprendre le monde et le transformer. Il nous faut donc avoir développé une bonne capacité à nous exprimer symboliquement. En d'autres termes, il ne s'agit pas seulement de se montrer productifs, mais aussi d'expliquer aux autres ce que nous avons fait et souhaitons faire ensuite. Notre exposé sur le développement du langage et de l'intelligence chez l'enfant traite donc à la fois de l'accession à la pensée symbolique et des compétences en matière de communication.

La communication première

La faculté de communiquer efficacement évolue progressivement à compter des premiers jours de l'existence. Les parents et le bébé engagent un dialogue au cours duquel l'enfant cherche à faire connaître ses besoins par le geste et l'expression, tandis que les parents essaient de les deviner et d'y répondre. Dès le début, le langage corporel est donc un élément clé de la communication humaine. Le son constitue également un aspect essentiel de ce dialogue préverbal. Tous les bébés pleurent, et la plupart le font beaucoup durant les premiers mois. Ces pleurs sont de diverses natures et expriment des besoins différents : « J'ai faim », « J'ai froid » (ou j'ai chaud ou je suis mouillé), « J'ai besoin de dormir » ou « J'ai besoin d'activité ». En écoutant attentivement les différents types de pleurs et en observant le comportement de l'enfant, les parents parviennent peu à peu à réagir de manière appropriée.

C'est par cette première communication avec un autre que le jeune enfant débute le long voyage qui le mènera à la découverte de lui-même comme entité séparée du reste du monde. Par le biais du corps et des sons, le bébé provoque et accueille les actions de ses parents tout au long de sa vie préverbale. Il fait ainsi l'expérience de l'influence qu'il peut exercer sur autrui. Dans la mesure où, durant les premières années, cette influence n'est pas totale, il finit par comprendre que sa place dans le monde est celle d'un être parmi d'autres. En revanche, si les parents sont excessivement anxieux et vont trop au-devant de ses besoins, ils lui donnent sans le vouloir un sentiment erroné de toute-puissance qui augure mal des relations qu'il nouera dans l'avenir, et de sa capacité à accepter les limites de l'existence. C'est donc bien avant la réunion du son et du symbole dans le langage oral que sont établis le fondement des pensées sur la réalité – qui nous sommes, ce que nous sommes, où nous sommes – ainsi que notre faculté à communiquer efficacement avec d'autres sur cette réalité[1].

---

1 Voir Stanley I. Greenspan, M. D., *The Growth of the Mind, Reading*, Mass., Perseus Books, 1997 [*L'esprit qui apprend : affectivité et intelligence*, trad. Annick Baudoin, Paris, Odile Jacob, 1998].

Nous allons à présent retracer la façon dont le son et le symbole se relient dans le langage du petit humain : un processus qui développe l'intelligence et, tout comme la prise en pince, est propre à l'espèce humaine.

LE DÉVELOPPEMENT DU LANGAGE ORAL

Dès la naissance

Nous avons dit que les bébés étaient programmés pour le langage symbolique dès le début. Ils reconnaissent le langage humain dès la naissance car ils ont entendu des voix assourdies pendant qu'ils étaient dans le ventre maternel. Cette expérience prénatale induit chez eux une préférence pour la voix de leur mère. Cependant, à la naissance, leur cerveau est capable de distinguer les phonèmes représentés dans tous les langages humains. Dès lors, durant les premières semaines de leur existence, ils ont la faculté de s'adapter à n'importe quel langage. À six mois, toutefois, les bébés ont déjà activé les structures neuronales qui leur permettent d'identifier les phonèmes de la langue parlée autour d'eux, et celles qui concernent les autres langues s'affaiblissent.

Les premiers babillements

Le langage humain requiert de prendre des sons dépourvus de signification et de les combiner de manière spécifique et complexe pour produire du sens. Les animaux ne peuvent porter ce processus au même degré de raffinement que les êtres humains. Pour eux, son et sens sont une seule et même chose. Les bébés humains, en revanche, peuvent s'exercer à émettre les sons « p » et « a », puis à les combiner pour produire « pa » – un phonème encore dénué de sens. Et, un jour, ils ajoutent un second « pa » et le miracle du sens advient.

À deux mois, les nerfs moteurs de la gorge, de la langue et de la bouche sont myélinisés, si bien que le bébé devient capable de babiller. Au début, les sons qu'il émet ne représentent que des voyelles. Les phonèmes vocaliques sont communs à presque toutes les langues et sont physiquement plus faciles à produire durant les premiers mois. Presque partout dans le monde, les bébés commencent donc à peu près au même âge à sortir les sons « ooh » et « aah ».

Une fois qu'il babille, l'enfant apprend non seulement en écoutant les sons des autres, mais aussi en écoutant et en prononçant les siens. Il s'exerce à émettre des sons comme pour en éprouver l'effet et la justesse, renforçant ainsi son appareil et ses muscles vocaux par la répétition. À partir de l'âge de deux mois, l'importance du babillage dans l'acquisition du langage est une autre raison importante de proscrire la tétine. Celle-ci impose silence à l'enfant. À cinq mois, les bébés sont en mesure de combiner des consonnes et des voyelles pour produire ce qu'on appelle le « babillage canonique ». En tétant le sein, ils ont développé les muscles des lèvres et de la langue nécessaires pour prononcer les sons « b », « d », « m », « n », « w » et « j ». À présent, ils créent d'interminables séries de sons répétitifs : « ma, ma, ma » et « ba, ba, ba », exerçant leurs muscles vocaux et écoutant leurs productions.

Un dialogue essentiel

On constate que la quantité et la qualité du babillage sont liées à l'attention que les parents accordent à l'enfant. S'ils réagissent en écoutant et en imitant, le bébé babille encore plus. À l'inverse, un manque de réaction entraîne une diminution du babillage. Par conséquent, dès le début, le dialogue est essentiel. En tant que parents, nous devons parler et attendre la réaction du bébé, que nous soyons en train de lui donner son bain, de l'allaiter ou de l'habiller. Nommez les objets que vous utilisez et décrivez les actions correspondantes. Servez-vous de mots simples, mais en veillant à respecter le sérieux du travail d'autoformation de l'enfant. Parlez lentement en gardant présent à l'esprit que, jusqu'à l'âge de douze ans environ, la vitesse neuronale du cerveau de l'enfant est moitié moins importante que celle du cerveau adulte. Parlez comme si, à un certain niveau, l'enfant pouvait vous comprendre. Rappelez-vous que vous posez les bases d'une communication intelligente. Nous ne savons jamais à quel moment la compréhension viendra, et la plupart du temps c'est une surprise.

L'apparition de la compréhension

En règle générale, c'est vers neuf ou dix mois que le bébé accomplit cette prouesse. Il découvre que le sens peut être transmis par le son, commence peut-être à employer des mots comme « bonjour » et « au revoir », et à nommer les membres de la famille. Peu à peu, il établit des liens entre toutes sortes de sons, d'objets et d'actions. Il comprend davantage qu'il n'est capable d'exprimer, ce qui est une source fréquente de frustration – il teste ses sons, il essaie de les faire comprendre en espérant obtenir de ses parents la réponse souhaitée. Cette frustration, nous avons tendance à la voir comme une expérience négative et nous nous hâtons de lui donner ce qu'il veut dès que nous devinons ce qu'il cherche à nous dire. Pourtant, c'est ce qui le pousse à aller au-delà de l'élaboration pure et simple du son. Établir des relations entre le son et le sens requiert beaucoup d'efforts.

L'explosion du vocabulaire

À douze mois, l'enfant possède souvent déjà six mots. Chaque mois, il acquiert quelques substantifs et expressions. Quand il arrive à une cinquantaine de mots, il se produit un tournant, il commence à apprendre quotidiennement de nouveaux termes. Cette explosion du vocabulaire, qui survient généralement entre douze et vingt-quatre mois, coïncide avec une évolution rapide et concomitante du cerveau. L'activité métabolique et la formation des synapses du cortex cérébral (plus spécifiquement le lobe pariétal gauche, zone de stockage et d'extraction des mots) sont à leur maximum d'intensité.

Pendant les quatre ou cinq années suivantes, l'enfant peut apprendre un nouveau mot toutes les deux heures en période de veille. Cette incroyable facilité à acquérir du vocabulaire se poursuit tout au long de sa scolarité primaire. C'est la raison pour laquelle Maria Montessori consacrait autant de temps à donner à l'enfant un aperçu du monde aussi vaste que possible durant les douze premières années de sa vie : tout d'abord par le biais des « clés du monde » comme elle appelait le matériel pédagogique pour les trois à six ans dans la Maison des enfants ; puis, grâce aux « clés de l'univers », pour les six-douze ans.

L'un des aspects les plus intrigants du développement langagier est la capacité innée du cerveau de considérer le mot comme une référence à un tout et non à une partie ou une caractéristique spécifique de l'objet – comme dans le terme « feuille », par exemple. L'enfant comprend aussi que certains termes renvoient à des classes d'éléments plus qu'à un élément lui-même. Le mot « feuille » désigne toutes sortes de feuilles : érable, saule, tremble, etc. Une troisième hypothèse innée lui permet de saisir qu'un terme nouveau, associé à un objet déjà détenteur d'un nom connu, indique une de ses propriétés ou parties. « Vert » renvoie à un aspect de la feuille, « pétiole » à une de ses parties.

La grammaire

Les sons s'associent au sens pour nous donner le vocabulaire et la faculté de nommer ce qui nous entoure. Toutefois, c'est la grammaire qui nous permet de communiquer nos pensées. Le passage à la grammaire survient très rapidement après l'explosion du vocabulaire. À quatre ans, la syntaxe est assimilée. La grammaire montre que le sens est déterminé par l'ordre des mots et par d'autres règles. Un enfant de deux ans dit, par exemple : « Je cours » ou « Vois balle », et non « Cours je » ou « Balle vois » (s'il veut dire qu'il voit sa balle). Les enfants commencent à combiner un nombre croissant de mots dans le bon ordre, mais au début ils font peu d'usage des marques de conjugaison, omettent les articles ou d'autres termes. Ils diront « Chien court vite » au lieu de « Le chien court vite ». Peu à peu, ils apprennent à se servir des prépositions, du pluriel et des possessifs. Pour finir, ils ajoutent les articles, le passé et le présent des verbes et les pronoms et adjectifs de la troisième personne : « Il saute sur le lit » et « Il a sauté sur son lit ».

La logique nous montre que l'acquisition de la grammaire ne procède pas d'une imitation des phrases de l'adulte. Elle ne vient pas non plus par le biais d'un processus d'expérimentation et d'erreur. Il semblerait plutôt que l'enfant saisisse intuitivement les règles qui président à l'assemblage des mots et à leurs terminaisons ainsi qu'à leur fonction dans la phrase : noms (ce qu'est telle ou telle chose), verbe (ce qu'elle fait), adjectif (sa manière d'être). Arrivé à un certain point, il détermine une règle, pour les verbes par exemple, ce qui le conduira en l'occurrence à commettre des erreurs qu'il ne faisait pas auparavant dans l'emploi des irréguliers. Il lui faudra mémoriser ces verbes, tout comme le pluriel des noms et des pronoms, les comparatifs et les superlatifs d'adjectifs. Exemples de fautes typiques résultant d'une généralisation abusive des règles grammaticales au moment où l'enfant commence à les percevoir : « des chevals » au lieu de « chevaux » ou « plus bon » pour « meilleur ».

L'importance de l'environnement et le rôle parental

Comme le développement du langage joue sur la façon dont le bébé comprend ce qui se passe autour de lui et sur sa capacité de faire part de ses besoins – afin de provoquer une réponse en retour –, il exerce une influence considérable sur l'intellect et l'existence sociale. La qualité du langage auquel l'enfant est exposé modifie à la fois la structure du cerveau et sa fonction. À trois ans, l'approche du langage et, par conséquent, le niveau d'accomplissement dans de nombreux domaines de l'autoformation sont déjà largement déterminés. Il est donc essentiel de fournir à l'enfant une aide linguistique spécifique dès la naissance, mais aussi d'écarter tous les obstacles. Les otites, par exemple, doivent être soignées tout de suite, et si le pédiatre le recommande, il faut insérer un tube de ventilation dans l'oreille pour permettre l'écoulement du fluide et faciliter l'audition.

Il est vrai que l'héritage génétique joue un rôle dans l'acquisition du langage tout comme il décide de la taille et de la couleur des yeux. Cependant la recherche a établi que la capacité de lire n'était génétique qu'à 50 %, celle d'épeler à 20 %. Ces chiffres montrent que la marge de manœuvre de l'environnement est considérable. Nul besoin, en l'occurrence, d'avoir des parents particulièrement instruits ou financièrement très à l'aise. La variable la plus importante, en effet, est la manière dont ils interagissent avec leur enfant. Cela se retrouve tout au long de la scolarité primaire dans tous les domaines du langage : lire, épeler, parler, entendre, écouter.

Il est rassurant de savoir qu'il n'est pas nécessaire d'avoir fait des études (ni même de savoir lire) pour aider son enfant à acquérir des bases linguistiques solides. Cela étant, il est nécessaire d'avoir une grammaire correcte et une prononciation claire. Qui plus est, la quantité de mots à laquelle le bébé est exposé est en relation directe avec son développement langagier. Et, point essentiel : seuls comptent les mots qui lui sont directement adressés. Surprendre des conversations téléphoniques, entendre la télévision ou une cassette vidéo ne lui sont d'aucune aide. En fait, ce sont des expériences négatives parce qu'elles instaurent une barrière entre les parents et l'enfant. Celui-ci ne peut donner du sens au langage qu'en établissant une relation directe avec les personnes et les objets concernés. Il a besoin d'interagir avec vous quand vous parlez et de se concentrer sur le monde réel qui l'entoure à ce moment-là.

Par conséquent, il faut absolument que vous lui parliez souvent durant la journée pour nommer des objets, commenter des actions, raconter des événements, décrire des personnes et leurs sentiments. Restez simple et clair. Il semblerait que nous haussions naturellement la voix et que nous adoptions par instinct une élocution spécifique qui plaît au bébé, aussi tout cela se fera-t-il à votre insu. L'enfant a besoin qu'on lui répète les choses pour pouvoir renforcer ses trajets neuronaux. En revanche, seriner les informations provoquera de l'ennui à tout âge et n'a assurément pas sa place dans la vie du jeune enfant, quel que soit le domaine concerné.

Vous remarquerez qu'aucune de nos suggestions n'oblige les parents et le bébé à sortir de chez eux pour se rendre au supermarché, au centre de loisirs ou ailleurs. L'environnement domestique est largement suffisant. Encore une fois, ce qui est primordial, c'est le contact direct avec les parents. Votre bébé doit vous voir en train de parler afin d'observer et d'entendre la façon dont vous prononcez les mots. Comme tout le monde, il a besoin de savoir qu'on lui parle et qu'on l'entend. Prêtez une grande attention à ses réactions. Si vous passez à côté de ses premières tentatives d'utiliser le son comme un signifiant – « ba » pour « balle », par exemple –, il renoncera peut-être à le faire pendant un temps.

Posez-lui des questions, servez-vous de la répétition et de l'explication pour l'encourager. Imitez ses mots et ses phrases pour lui faire prendre conscience qu'il est partie prenante d'un dialogue. Les enfants s'efforcent de reproduire le langage qu'ils entendent autour d'eux. Réitérer leurs phrases ou répéter leurs mots sans autre commentaire leur procure un soutien suffisant. Et surtout, prenez plaisir à la dimension spéciale que le langage apporte à vos relations. Des jeux comme « Coucou, il est là » ou des comptines avec jeux de doigts sont une grande source de joie pour l'enfant comme pour l'adulte.

LE DÉVELOPPEMENT DU LANGAGE ÉCRIT

Le rôle des sens dans l'acquisition du langage

Jusque-là, nous avons parlé de l'acquisition du langage oral. Passons maintenant à l'écrit. Pour ce faire, nous devons repartir de ce qui constitue le fondement du développement linguistique, à savoir la façon dont l'enfant absorbe inconsciemment le monde par l'intermédiaire de ses sens. Dès la naissance, en effet, l'ouverture sensorielle est maximale, elle lui permet de se constituer une compréhension globale de son environnement qui l'aidera par la suite à s'adapter « au temps, au lieu et à la culture » qui sont les siens, ainsi qu'à sa langue. Il commence à réfléchir sur son monde et à décrire avec des mots l'expérience qu'il en fait.

Lorsqu'on voit la richesse d'expériences sensorielles nécessaire au développement du langage et de l'intelligence, on comprend mieux le peu d'efficacité de la méthode d'apprentissage des langues étrangères en primaire. L'enfant, en effet, doit pouvoir se relier au mot de diverses manières. Prenons l'exemple de l'eau : son aspect, les sensations qu'elle procure, la façon dont elle coule, sa température, sa consistance, son poids ; ce qu'il pense de ses usages, l'humeur ou les émotions qu'elle suscite en lui ; est-elle calme et paisible comme dans un étang, intemporelle comme les vagues, ou violente et dangereuse comme dans une tempête marine. Seules ces expériences l'aident à pleinement comprendre la richesse de ce terme et à l'utiliser avec la créativité requise pour une bonne pratique du langage. Il ne lui est pas possible d'atteindre ce degré de maîtrise si on se borne à lui donner une liste abstraite de mots étrangers avec des définitions et des règles de grammaire à mémoriser.

Poser tôt les bases de l'écrit

De même que nous avons exposé l'enfant au langage oral dès la naissance, nous voulons poser les bases de l'écrit aussi tôt que possible. Au début, le fondement sensoriel du langage nécessite une expérience des objets réels : le visage et le sein de la mère, les mains et les pieds du bébé. En quelques semaines, nous aidons l'enfant à entamer le voyage qui le mènera à la représentation symbolique en lui présentant de petites répliques d'objets réels – un animal en peluche, une poupée aux traits réalistes et aux proportions corporelles équilibrées, ou un mobile avec des papillons ou des oiseaux.

Vers dix-huit mois, quand les mains et les doigts sont suffisamment développés par la découverte de l'environnement (cf. chapitre 4), on peut donner au bébé des objets miniatures à explorer : poêles et casseroles, ustensiles de cuisine, outils, animaux domestiques, oiseaux, fruits, légumes, et ainsi de suite. Il est tout à fait possible de placer une petite corbeille avec trois ou quatre objets d'une même catégorie sur l'étagère prévue pour les jouets. Présentez-la en nommant chaque objet et en les alignant de la gauche vers la droite sur la table de l'enfant ou sur un tapis. De temps en temps, jouez avec lui en nommant un objet à plusieurs reprises, puis en lui demandant de vous l'indiquer quand vous dites son nom. Une fois qu'il a acquis de l'expérience et lorsque vous êtes à peu près certain qu'il connaît les réponses, vous pouvez lui demander d'identifier l'objet en lui posant la question : « Qu'est-ce que c'est ? » C'est un moyen de vérifier ses connaissances. Par conséquent, il ne faut la poser qu'après avoir répété un bon nombre de fois les deux premières étapes, au cours desquelles c'est vous qui nommez l'objet.

Les enfants sont très différents dans leur capacité à mémoriser des faits de langue. En ce domaine, la répétition, pendant des jours, des semaines, voire des mois, est un facteur de développement essentiel. N'oubliez pas qu'il s'agit d'un jeu auquel vous jouez avec votre enfant, vous ne lui administrez pas une « leçon ». Si vous vous amusez tous les deux, l'activité est fructueuse. S'il y a de l'ennui ou de la frustration, c'est que quelque chose ne va pas. Peut-être qu'au lieu de vous ménager à l'un et à l'autre cinq minutes agréables, vous reproduisez les longues « séquences d'enseignement » qui étaient courantes à l'époque de votre scolarité primaire. Ou alors c'est vous qui éprouvez de la frustration parce que loin de vous passionner pour le processus d'apprentissage, vous montrez trop d'anxiété ou de désir de maîtrise dans votre « enseignement ».

La représentation illustrée et l'importance des livres

Une fois que votre enfant se sera familiarisé avec une corbeille d'objets – différentes sortes de chiens, par exemple –, vous pouvez ajouter un ensemble de cartes illustrant les espèces. Pour commencer, essayez d'en trouver qui reproduisent l'animal dans sa totalité. Par la suite, vous en utiliserez qui sont similaires, mais pas identiques, montrant un spécimen d'une taille différente ou juste une partie de l'animal. Les cartes similaires (par opposition à identiques) requièrent de l'enfant qu'il mobilise davantage d'informations et représentent la faculté de généralisation. Pour finir, vous pouvez jouer avec votre enfant en vous servant uniquement des cartes. À présent, il doit se remémorer encore plus de données et montrer par là qu'il a accès à l'acte symbolique de la représentation illustrée.

Nous voulons qu'il prenne d'emblée conscience de l'importance des livres. Procurez-vous des ouvrages fondés sur la réalité plus que sur l'imaginaire. Le jeune enfant a besoin d'explorer le monde réel avant de pouvoir apprécier l'univers imaginaire créé par les adultes – un univers où les lapins parlent, s'habillent et vont à l'école, où les enfants égarés volent dans le ciel pendant la nuit, où les pirates sont à la recherche de trésors perdus. Les premiers livres doivent avoir des pages en carton pour ne pas se déchirer facilement. Conservez-en juste un petit nombre à la fois dans un panier à côté du fauteuil de sa chambre. Vous pouvez également disposer à son intention des paniers de deux ou trois livres à d'autres endroits de la maison, par exemple près d'un petit fauteuil à bascule dans le salon. Veillez à ne jamais mélanger livres et jouets. Les livres ne doivent pas être manipulés ni explorés de la même manière que les autres jouets. Dès le début, nous apprenons aux enfants à les manier avec précaution, en tournant les pages depuis le haut. Comme nous l'avons dit, il est préférable de limiter leur nombre : pas plus de quatre pour un enfant de deux ans. Vous pouvez laisser le livre favori du moment dans le panier, mais variez les autres à partir d'une réserve que vous gardez dans le placard.

Outre les livres auxquels l'enfant a accès, conservez dans un placard fermé un ensemble d'ouvrages de qualité avec de belles illustrations. Vous vous en servirez pour lui faire la lecture à voix haute le soir avant le coucher ou à un moment particulier de la journée. Ces livres doivent eux aussi être un reflet de la réalité et lui permettre d'élargir sa connaissance du monde. Peu importe qu'il comprenne ou non tout ce que vous lui lisez. Aucun enfant ne saurait avoir la compréhension d'un adulte même quand il connaît bien les mots utilisés, les gens, les actions et les objets décrits. L'essentiel, à ce stade, c'est qu'il s'imprègne d'un langage ayant un bon niveau et d'une pensée expressive.

Si votre enfant ne parvient pas à faire un choix approprié, vous pouvez le laisser choisir le livre du soir parmi deux ou trois ouvrages de votre réserve. En revanche, s'il est de ces enfants qui veulent toujours être en situation de contrôle, nous vous suggérons d'opérer vous-même la sélection. La dimension la plus marquante de ce moment de lecture commune, c'est l'interaction émotionnelle qui se produit entre vous. Il est important que vous le rendiez agréable pour vous deux. Choisissez des livres que vous trouvez intéressants. Si votre enfant a le sentiment que vous vous ennuyez ou que vous agissez par devoir, il a peu de chances d'aimer la lecture en grandissant. Déterminez à l'avance la durée de votre séance de lecture et tenez-vous-y. Ne tombez pas dans le syndrome du « Encore une page » ou « Encore une histoire ». L'enfant cherche à contourner l'heure du coucher et les parents, fatigués, n'aspirent plus qu'à pouvoir se relaxer pendant la soirée.

Tout aussi important que la lecture à voix haute, votre enfant doit vous voir lire pour votre plaisir. Les enfants ont tendance à apprécier ce que leurs parents apprécient. S'ils ne vous voient jamais lire, ils sauront que les livres ne présentent pas beaucoup d'intérêt pour vous quoi que vous puissiez dire. Au cours des premiers mois, vous pouvez lire sans difficulté devant votre enfant parce qu'il reste au même endroit et qu'il s'occupe facilement avec un mobile ou un hochet. Mais il commencera bientôt à se déplacer dans toute la maison. À partir de ce moment-là, essayez de vous réserver un temps de lecture pendant lequel vous aurez pris la décision de ne pas lui répondre, sauf, bien sûr, s'il se met dans une situation dangereuse. Une mère de notre connaissance avait choisi de lire pendant un quart d'heure après la sieste de son bébé de dix-huit mois. Elle s'installait tranquillement avec son livre sans céder à ses efforts pour attirer son attention. Elle se contentait de lui dire : « Je suis en train de lire, je t'aiderai quand j'aurai fini. » Elle nous a expliqué qu'au début elle trouvait cela parfois difficile. Mais elle avait tenu bon parce qu'elle savait combien il était important pour son fils de comprendre la valeur de la lecture. Qui plus est, à ce moment-là, il était reposé et pouvait se passer d'elle pendant quelques instants. De fait, à deux ans, son fils avait compris tout seul qu'il pouvait regarder un livre pendant qu'elle lisait.

Des enfants différents

Si vous voulez pouvoir aider votre enfant dans l'acquisition du langage oral et écrit, n'oubliez pas qu'en ce domaine il y a de grandes disparités. Certains développeront des compétences précoces, d'autres non. Ce qui ne les empêchera pas de devenir, les uns comme les autres, des enfants réfléchis, capables de s'exprimer, sachant lire et écrire au début de leur scolarité primaire. Voici deux anecdotes qui illustreront notre propos. Tommy, vingt-trois mois, était en train de jouer dans sa chambre à l'heure de la sieste au lieu de rester au lit. Sa mère a ouvert la porte et a dit : « Tommy, où est-ce que tu devrais être ? » Il a répondu avec une petite lueur dans l'œil : « Dans la cuisine pour faire un gâteau ? » À vingt et un mois, il avait réprimandé sa mère pour l'avoir laissé pleurer dans sa chambre pendant dix minutes après une dispute : « Quand Tommy pleure, tu dois venir, maman. » Un dimanche matin, pendant le petit-déjeuner, son père était en train de lire le journal. Quand sa mère lui a dit qu'il devait finir ses céréales, il a répondu : « Non, maman, je suis très occupé à lire. » Et, imitant son père, il s'était mis à regarder attentivement le journal. Il avait alors vingt-sept mois.

David, pour sa part, était un enfant paisible, d'allure pensive, peu enclin à répondre à sa mère avec des mots. Elle constatait cependant qu'il agissait avec méthode. Par exemple, jouant avec deux petites pelles dans son bac à sable, il utilisait ses deux mains pour transférer le sable d'une pelle dans l'autre avec beaucoup de soin et en s'efforçant de ne rien renverser. Sa mère y voyait le signe d'une pensée ordonnée. Qui plus est, ce n'était pas un enfant qui avait l'habitude de courir dans tous les sens à la maison et, quand sa mère se penchait pour lui parler, il ne détournait pas le visage et les yeux avec un air d'incompréhension et ne s'esquivait pas. Par conséquent, elle ne s'inquiétait pas. Fidèle à lui-même, David n'a pas montré un grand désir de parler à sa maîtresse, Mme Eggerding, quand il est entré à dix-huit mois dans la communauté des jeunes enfants. Puis, un jour qu'il était assis à côté d'elle – il avait alors deux ans –, il a dit très tranquillement : « J'aime tes chaussures, Eg. » Et il a détourné rapidement les yeux d'un air timide comme pour signifier : « Oh là là, je lui ai montré que je savais parler ! »

Tommy comme David ont des parents qui leur font régulièrement la lecture et qui aiment lire eux-mêmes. Chez eux, il y a de l'ordre et le quotidien est structuré. Les enfants ont les jouets qu'il faut et disposent de suffisamment de temps et d'espace pour s'occuper de façon créative. La télévision n'est jamais allumée quand ils sont réveillés et leurs parents communiquent directement avec eux, en parlant lentement et en écoutant avec attention. Ce soutien avisé et dévoué leur permettra à tous deux d'acquérir une bonne maîtrise du langage malgré leurs différences initiales de comportement verbal.

ART ET MUSIQUE

L'importance de l'écoute musicale

Outre l'écriture, il y a d'autres domaines d'expression et de langage symbolique que l'enfant devrait connaître. La musique, par exemple, communique des états d'âme et des messages. Elle fait partie de l'histoire humaine depuis que les tambours des premiers hommes marquaient le début de la chasse, le temps de la fête ou l'approche du danger. La tradition orale de la ballade, du chant, de l'hymne et de la poésie constitue l'une des plus grandes richesses de notre héritage culturel. Les bébés adorent entendre les parents leur chanter des chansons. Une berceuse fredonnée par la mère apaise l'enfant, qui a appris à connaître sa voix durant la grossesse. Une chanson avant de se coucher est un moyen rassurant de l'aider à s'endormir à tout âge. Peu importe que vous chantiez bien ou mal, ce qui compte c'est votre présence et votre engagement. L'enfant voit comment se forment les sons vocaux, et les répétitions et allitérations en usage dans les chansons et les ballades améliorent sa capacité de mémorisation.

Vous pouvez également lui faire écouter des CD. Nous savons que son esprit absorbant assimile tout ce qu'il entend sans distinction. Par conséquent, comme en littérature, il est important de lui donner accès à ce qu'il y a de mieux dans notre héritage culturel. La musique de Bach et de Mozart avec sa structure formelle et ses schémas musicaux récurrents est particulièrement utile pour conforter l'acquisition de l'ordre. Veillez toutefois à ne pas transformer la musique en bruit de fond. Réservez un moment de la journée pour en écouter quand cela vous convient à tous les deux ou que vous êtes engagés dans une activité qui ne demande pas de concentration particulière.

Jouer d'un instrument

Si vous pratiquez un instrument de musique, jouez pour votre enfant. Lui montrer que vous aimez la musique est tout aussi important pour lui que le rendre témoin du goût que vous avez pour la lecture. Les enfants enregistrent bien plus de choses que vous ne l'imaginez. Une mère nous a raconté que lorsqu'elle travaillait son piano après le déjeuner, elle annonçait les morceaux qu'elle allait jouer en indiquant leur titre et le nom du compositeur. Pendant ce temps, sa fille était installée sur une couverture placée sous le piano. L'habitude avait été prise dès l'âge de deux ans et demi. Un jour, sa fille avait alors quatre ans, elle a oublié d'annoncer son choix et a commencé à jouer la sonate n° 8 de Prokofiev sans dire de quoi il s'agissait. Sa fille, assise sous le piano, s'est approchée d'elle, a levé les yeux et dit : « Encore du Prokofiev, maman ? »

En choisissant des livres pour votre enfant, n'oubliez pas les compositeurs, l'histoire de la musique et des instruments. En ce domaine, il y a beaucoup de bons ouvrages que vous aurez plaisir à lire ensemble le soir. Quant aux instruments de musique, ils se prêtent bien à l'exercice des objets de langage et des cartes que nous avons évoqué plus haut.

Les activités musicales

En général, c'est avec le hochet que les bébés commencent à produire des sons et des rythmes. Même un nouveau-né de sept à huit semaines est capable de saisir et d'agiter les petits hochets d'argent conçus pour cet âge. Il va de soi qu'à ce moment-là il n'en est pas encore à pouvoir agir de façon délibérée. Ses petits yeux s'ouvrent chaque fois que les mouvements de son bras et de sa main engendrent un son à l'aide du hochet, comme pour dire : « Qu'est-ce que c'est ? Qu'est-ce que c'est ? » À huit mois, il a plaisir à secouer une petite gourde et, à douze, à frapper dans ses mains. Vers dix-huit mois, il aime taper sur un petit tambour, remonter sa boîte à musique et même utiliser un xylophone. Ne vous servez pas de ces objets comme de jouets, ce sont des instruments de musique. Sortez-les au moment où vous pouvez participer à l'activité. Choisissez des instruments qui émettent de véritables notes de musique et non les bruits métalliques produits par tant de jouets conçus pour les enfants. La qualité des boîtes à musique, par exemple, est très variable. Et surtout, il est inutile d'alourdir votre quotidien en mettant votre enfant dans ces ateliers d'éveil musical qui ont le vent en poupe à l'heure actuelle. Comme dans tous les domaines d'autoformation, il vaut mieux travailler de façon détendue et naturelle dans le cadre du foyer ou d'un environnement similaire.

Le matériel musical

La classe Montessori suit le même schéma d'initiation qu'il s'agisse du langage musical ou du langage parlé. On commence par identifier le son. Puis on lui associe un symbole. Pour finir, on combine le son et le symbole. On se sert de deux ensembles de clochettes musicales de qualité tonale pure que l'on fait tinter séparément, en associant les clochettes par paires, puis en suivant la gamme. Cela permet à l'enfant de trois ans d'apprendre à reconnaître la hauteur des sons. Ensuite, on lui enseigne la désignation « *do central* » et ainsi de suite. Pour finir, on lui montre que les sons sont représentés par des notes que l'on place sur une portée. Ce matériel revêt une forme concrète pour que l'enfant puisse le manier.

Le matériel musical est intégré à l'environnement scolaire, en maternelle et primaire, et il est en libre accès. L'enfant peut donc découvrir la lecture et l'écriture musicales de façon indépendante, comme pour les livres. Maria Montessori disait que l'apprentissage de la lecture musicale pouvait se faire tout aussi naturellement que la découverte des liens entre langage oral et écrit dans la littérature. De même que les enfants de maternelle ont plaisir à écrire leurs propres histoires avant d'être capables de lire des livres, de même nombre d'élèves de primaire composent leurs propres chansons avant de pouvoir lire facilement la musique écrite par d'autres. C'est en primaire que les enfants aiment le plus découvrir la musique d'autres cultures et d'autres époques historiques.

L'art ou la communication non verbale

L'art constitue un autre domaine très important. Comme la musique, il fait partie de l'histoire humaine depuis l'origine. Les peintures rupestres de la préhistoire représentent les premiers efforts de l'homme pour communiquer par le biais du symbole. Les premières langues écrites exprimaient les idées au moyen de symboles picturaux, comme le montrent les hiéroglyphes égyptiens. Puis les Phéniciens ont découvert que l'on pouvait tracer de petits signes pour chacun des sons présents dans un mot et éliminer ainsi la confusion introduite par l'utilisation des dessins pour les choses et les actions. Ce sont eux qui nous ont donné notre alphabet de vingt-six lettres. Nous n'en continuons pas moins à accompagner les mots d'illustrations picturales. Quant à la peinture et au dessin, ils sont restés un langage permettant de s'exprimer et de communiquer en dehors des mots.

S'apercevant que l'enfant était capable de transmettre des idées par le biais du dessin avant de savoir écrire, Maria Montessori a voulu encourager cette compétence. En lui donnant la possibilité d'apprendre à coordonner le pouce et l'index, elle l'a rendu capable de tenir correctement un crayon ou un pinceau dès l'âge de dix-huit ou vingt mois. Les premiers dessins sont souvent des « gribouillis » circulaires, mais à trois ans les enfants expliqueront qu'ils ont représenté « un arbre » ou « une maison ».

Développer la créativité

Le matériel artistique étant en libre accès dans les classes Montessori, les élèves prennent très vite l'habitude d'ajouter des illustrations à leurs écrits. Des enfants de quatre ans qui inventent une histoire à l'aide de l'alphabet mobile[1] parce qu'ils ne savent pas encore écrire l'accompagnent d'un dessin. Ce dessin leur permet de communiquer bien plus d'informations et de détails qu'en « écrivant » avec les lettres de l'alphabet mobile. En renforçant leur capacité d'exprimer des pensées abstraites, il contribue au développement de leur intelligence. Cette forme d'expression ne tarde pas à leur devenir naturelle et ils continuent spontanément d'illustrer leurs histoires lorsqu'ils ont acquis la capacité d'écrire avec fluidité. La créativité de ces enfants, qui illustrent leurs

1 L'alphabet mobile est un ensemble de lettres cursives en carton dont les enfants se servent pour former des mots en analysant les sons qui les composent, puis en les épelant phonétiquement. Ils peuvent ainsi composer leurs propres histoires avant de savoir lire ou écrire.

exposés en se servant non seulement de l'art graphique, mais aussi des représentations en trois dimensions – diorama, sculpture, maquette en bois ou en métal –, contribue à expliquer l'énergie et l'implication qui frappent d'emblée les visiteurs d'un environnement Montessori.

Le rôle des parents

Même si l'expression artistique, tout comme l'expression musicale, est naturelle à l'être humain, l'environnement a son importance. Le rôle des parents est essentiel à cet égard. Là aussi, montrons à l'enfant ce que notre héritage culturel a produit de meilleur, mais sans le bombarder d'images. On choisira, par exemple, une ou deux reproductions de grandes œuvres picturales, ou même un original (aquarelle, photographie), à suspendre au mur de la chambre d'enfant. Faites en sorte de les fixer suffisamment bas pour que le bébé puisse les voir facilement, mais pas trop afin d'éviter qu'il y porte la main et les fasse tomber. Il serait bon qu'il y ait d'autres œuvres d'art dans la maison. Notre intérêt à cet égard est d'une importance déterminante, il sert de modèle et fournit des occasions de sorties au musée. Les parents peuvent inclure des biographies d'artistes et des catalogues d'œuvres dans les ouvrages lus à voix haute au moment du coucher. Quand votre enfant a deux ans et demi ou trois ans, vous pouvez lui donner un panier de cartes représentant des tableaux et lui apprendre leurs titres : *Jeunes Filles au piano* ou *Enfant en habit blanc* de Renoir, etc.

Les activités artistiques

Pour aider l'enfant à produire ses dessins, les parents doivent lui fournir un matériel adapté au développement de sa main et à sa capacité d'organiser une activité simple. Nous vous suggérons, par exemple, de lui donner un plateau avec un crayon de couleur et un petit bout de papier dès que son pouce et son index auront acquis suffisamment de dextérité, c'est-à-dire vers deux ans et demi. Vous pouvez couper des feuilles de 25 sur 30 centimètres en deux, ou même en quatre, et en garder une réserve, qui servira aussi plus tard pour la peinture. Les crayons de couleur présentent plusieurs avantages : à l'inverse des feutres, ils peuvent produire des teintes claires ou sombres en fonction de la pression sur le papier, ce qui amène l'enfant à prendre conscience du contrôle qu'il exerce sur sa main. Contrairement aux crayons gras, ils ont une pointe fine, qu'on peut facilement tailler si la mine s'émousse. Qui plus est, ils sont adaptés à une petite main. Vous pouvez progressivement introduire d'autres activités : peindre (au début en n'utilisant qu'une couleur primaire, rouge, bleu ou jaune), dessiner à la craie blanche sur un petit tableau noir, travailler la glaise, couper et coller (prenez des ciseaux de bonne qualité qui coupent vraiment), enfiler des perles, coudre du fil sur des morceaux de carton, etc.

Comme les activités de vie pratique, les activités artistiques sont organisées sur des plateaux ou dans des corbeilles et supervisées par les parents. On commence toujours par une présentation du matériel. Celui-ci doit être utilisé avec tout le soin approprié. Autrement dit, si l'enfant porte un crayon ou un morceau de glaise à sa bouche, ôtez-les-lui et mettez un terme à l'activité en attendant de la reprendre un autre jour. Comme l'attention des parents est requise, les mères sont nombreuses à trouver que la petite table et la chaise installées dans la cuisine sont idéales pour ces activités. Le matériel artistique pourra donc être rangé dans un placard ou sur une étagère dans la cuisine. Outre le panier ou le plateau dédié à une activité spécifique, on utilisera avec profit un panneau d'acrylique ou un simple morceau de carton pour protéger la surface de la table. Il serait bon aussi que l'enfant ait un tablier spécial en plus de celui dont il se sert pour préparer la nourriture ou faire ses devoirs. Ce tablier est moins une protection qu'un élément servant à lui rappeler qu'il est en train de se livrer à une tâche spécifique.

Avant tout, il est essentiel d'éviter la pléthore d'articles et de produits que l'on trouve dans le commerce. Au fur et à mesure que les enfants grandissent, cela devient de plus en plus difficile. À partir de trois ou quatre ans, ils sont attirés par les « Peintures aux numéros », les albums de coloriage et autres modèles de toutes sortes qui demandent moins d'efforts. Mais ce que nous souhaitons, c'est qu'ils fassent l'expérience de l'énergie qui mène à produire des idées et à acquérir les moyens de s'exprimer. Au lieu d'acheter divers kits et modèles préfabriqués à assembler, donnez à votre enfant une « boîte à tout faire » pour qu'il crée ses propres projets artistiques. Placez-y toutes sortes de choses pour fabriquer des objets : bobines de fil vides, petits bouts de tissu et de papier, petits morceaux de bois, cure-pipes, bouts de fil de fer et de ficelle – ce qui est présent à la maison et avec quoi l'on peut créer en faisant preuve d'un peu d'imagination. Alimentez fréquemment cette boîte avec ce que vous pouvez trouver chez vous ou dans un magasin de loisirs créatifs. Mettez de côté une boîte complète de crayons de couleur et des coffrets d'aquarelle jusqu'à ce que votre enfant ait cinq ans ou plus. Cela lui donnera tout le temps de s'exercer aux nuances et aux mélanges de couleurs avant d'avoir à utiliser la palette de quelqu'un d'autre.

Les cours de dessin et de peinture pour jeunes enfants ne sont pas nécessairement intéressants. Ce dont l'enfant a besoin, c'est de pouvoir s'exprimer en développant sa propre activité artistique. Il aura tout loisir par la suite d'apprendre à l'école les techniques du dessin, de la peinture et de la sculpture. Le plus utile pour lui, ce sont des parents qui lui servent d'exemples et lui fournissent le matériel adapté. Les parents doivent respecter la production artistique de leur enfant et lui apprendre à apprécier l'héritage culturel qui nous a été transmis par les meilleurs peintres, sculpteurs et architectes de l'histoire humaine.

JOUETS ET JEU IMAGINATIF

Les moyens de communication « traditionnels »

Jusqu'à présent, nous avons parlé de communication au travers de nos traditions orales, écrites et artistiques. Cet ensemble de traditions nous a dotés d'un riche héritage de modes de pensée, d'apprentissage et d'expressions littéraires, musicales et artistiques. Nous avons expliqué que toutes ces traditions sont fondées sur une expérience sensorielle du monde et que l'être humain se développe au fil d'une interaction soutenue avec ce qui l'entoure. Nous avons décrit la manière d'aider l'enfant à acquérir une vaste compréhension sensorielle du monde par l'intermédiaire de l'ouïe, de la vision, du toucher et de la sensation – d'abord avec des mobiles et des hochets qui exercent l'œil et la main, ensuite avec des objets réels suivis par leur représentation miniature, puis avec des objets associés à des images, et enfin avec des images seules.

Les jouets, créateurs de langage et de pensée

Nous avons aussi une autre manière de donner à l'enfant des symboles sensoriels du monde. Ces symboles, il les manipule également et s'en sert pour créer du langage et de la pensée. Nous voulons parler des jouets traditionnels destinés, selon l'adulte, au jeu. Il est certain que tous les objets que nous donnons aux très jeunes enfants ont une vocation ludique. Que nous appelions leur activité jeu ou travail, ils sont toujours occupés à explorer et à découvrir ce qui les entoure et à se servir de ce moyen pour former leur esprit.

Les jouets que nous choisissons sont tout aussi essentiels que le reste. Pour nous aider dans cette tâche, revenons à notre objectif initial: encourager l'enfant dans son travail d'autoformation. Tous les parents aimants veulent élever un enfant pour qui le monde ait du sens, qui soit capable de réflexion, qui éprouve de l'amour et du respect pour lui-même et pour les autres. En choisissant ses jouets avec soin, vous lui montrez l'importance qu'il a pour vous. Vous lui faites partager ce que vous trouvez beau et significatif. Vous l'incitez par-là à chercher la beauté et la logique dans le monde qui l'entoure. Sous l'effet du stress quotidien, les parents oublient parfois à quel point le monde réel est magnifique, exaltant et magique. Décider en toute conscience de ce que nous apportons à nos enfants dans chaque domaine de la vie peut nous aider à retrouver l'émerveillement et la gratitude.

Des jouets représentatifs du monde réel

Nous savons qu'à la naissance les enfants ont un esprit absorbant et non raisonnant. Ils ne sont pas encore capables de pensées abstraites et ne disposent pas de l'imagination qui en découle. Ils se servent de leurs six premières années pour développer progressivement leur potentiel en la matière. Au cours de ce processus, tous les objets fondés sur la réalité leur sont utiles. Un problème survient, toutefois, lorsque les jouets qui leur sont donnés relèvent de l'imaginaire ou fournissent des informations erronées sur le monde : créatures fantaisistes ou invraisemblables – un ours en peluche rouge. Cette difficulté a toutes les chances de s'intensifier avec la prospérité croissante de notre société dans son ensemble. Il suffit de se promener dans un magasin de jouets pour mesurer l'étendue du problème.

Si l'enfant n'a pas les moyens de développer son esprit raisonnant sur des bases saines, d'apprendre à réfléchir de manière productive, d'accueillir les idées et de les brasser dans son esprit, à l'âge de six ans il aura du mal à cultiver ses facultés d'imagination et d'abstraction. Maria Montessori avait observé que c'était entre six et douze ans que les enfants développent deux dons essentiels de l'autoformation humaine : la raison et l'imagination. L'enfant du primaire se sert de ces dons pour devenir un être social indépendant capable de se confronter à ses sentiments et à ceux des autres. Ce processus devient problématique quand il passe une grande partie de son temps avec des objets inertes, tels que les ordinateurs, les jeux vidéo et les jouets. Ces objets ne lui renvoient pas de sentiments comme le font les êtres réels, il peut les traiter comme il veut, il n'y a pas d'obligation de respect. Ils tendent à se substituer aux relations familiales et amicales et constituent le ferment de l'égocentrisme.

Les enfants de moins de trois ans peuvent être indûment amenés à aimer quelque chose qui ne leur rendra pas leur affection. Paula se souvient du jour où la fille d'un voisin avait délibérément piqué le ventre de son baigneur en caoutchouc avec une épingle à nourrice. Elle s'était alors rendu compte pour la première fois que sa poupée bien-aimée ne ressentait pas les choses comme elle. Cette évolution qui conduit à abandonner les objets inertes pour les êtres vivants, humains et autres, est inhérente à notre espèce. La plus noble capacité de l'être humain est de pouvoir aimer une autre créature vivante et, par là, d'embrasser la création dans sa totalité. Mais il y faut un long processus de découverte, qui exige de multiples expériences de la réalité. Les jeunes enfants apprennent ainsi à ne pas tirer sur les oreilles ou la queue du chien ni à s'en prendre continuellement à un frère ou une sœur plus âgés s'ils veulent pouvoir prétendre à leur affection.

Le problème des jouets modernes

Pour ce qui nous concerne, en matière de jouets les modes se suivent. Ce qui est gênant, ce sont leurs tendances et les réactions qu'elles engendrent chez les parents. Dans leur ensemble, les fabricants de jouets ne pensent qu'à leur propre intérêt. Ils doivent créer chez l'enfant (ou l'adulte) un désir pour tel ou tel jouet. Si l'enfant en avait véritablement besoin, ils n'auraient pas à essayer de convaincre qui que ce soit de sa nécessité. Or, le problème c'est que seuls quelques jouets traditionnels sont utiles pour servir de base à des jeux imaginatifs (poupée, animal en peluche et cubes, par exemple). Aussi les concepteurs cherchent-ils à embellir ces quelques objets de base afin d'accroître les ventes. Non contente de répondre quand l'enfant lui parle, la poupée fait ce qu'il lui demande. Le chien en peluche ne se borne pas à aboyer, il obéit à ses ordres. Il y a même des jouets programmés pour réagir à la voix de tel enfant ou fabriqués à sa ressemblance. Ces objets intriguent les adultes, mais ils n'offrent pas suffisamment d'ouverture pour être profitables à l'enfant.

Former le caractère ou rendre heureux

Autre facteur gênant, la réaction des parents face à la pléthore de jouets modernes. Dans la première moitié du XXe siècle, les adultes s'inquiétaient surtout du caractère de l'enfant. Ils voulaient être sûrs qu'il serait capable d'affronter l'adversité qui ne manquerait pas de survenir, que ce soit dans sa vie privée ou au plan national. Cela impliquait de l'autodiscipline et la capacité de sacrifier ses propres désirs au nom du bien commun. La pédagogie Montessori, élaborée au cours de cette période historique, met elle aussi l'accent sur la formation du caractère. De nos jours, toutefois, les parents diront plutôt que leur vœu le plus cher est de voir leurs enfants heureux. De ce fait, ils les gâtent – souvent inconsciemment – à un point surprenant pour les générations précédentes. Il ne faut pas oublier que le véritable bonheur vient du caractère, de la discipline et de la manière dont on peut contribuer à la société dans laquelle on vit, et non de la possibilité d'avoir ou de faire ce que l'on veut.

Vous sentez-vous dans l'obligation d'offrir monts et merveilles à Noël ou aux anniversaires pour ne pas vous faire la réputation d'un rabat-joie ? Faites-vous des sorties au magasin de jouets pendant le week-end ? Personne, ni parents ni enfants, ne peut gérer l'afflux de jouets qui en résulte et la maison ne tarde pas à être envahie. Comme nous l'a dit une mère de deux enfants, deux ans et quatre ans : « Les jouets de mes enfants sont un véritable fléau ! »

Parents et grands-parents pensent qu'en donnant des choses aux enfants ils leur montrent leur amour. En réalité, cette pratique est susceptible d'induire une méprise. L'enfant peut en conclure que si les gens vous font des cadeaux, c'est qu'ils vous aiment. Si le fait de recevoir des choses est perçu comme une preuve d'amour, vous en viendrez très logiquement à évaluer ce que vous valez à l'aune de ce que vous avez, non de ce que vous êtes. Or les très jeunes enfants ne peuvent véritablement aimer qu'une poupée, qu'une peluche et quelques jouets à la fois. Cette expérience les prépare à la vie d'adulte où l'on doit apprendre à chérir un conjoint, une famille, une vie au lieu d'imaginer qu'il est possible de « tout avoir ».

Les jouets « formateurs »

Quels sont les jouets que les parents peuvent choisir pour aider au développement de l'enfant au lieu de l'entraver ? L'objectif reste d'encourager la relation avec autrui et la compréhension du monde environnant. Évitons par conséquent les jouets qui sont le pur reflet d'un esprit adulte et ne permettent pas à l'enfant d'accroître ses capacités créatives. Malheureusement, les magasins en sont pleins : guitares en plastique qui n'offrent aucune ressemblance avec les vraies guitares, ni par l'aspect ni par le son, ou boîtes d'éveil censées pouvoir être manipulées, mais qui ont des boutons qui ne sont reliés à rien, des roues qui tournent, des touches sur lesquelles appuyer, des clochettes qui sonnent – le genre d'objet que vous mettez plusieurs jours à identifier comme étant un train ou une caserne de pompiers. Offrir ce type de chose à un enfant (parfois même ils sont labellisés « jouets éducatifs »), c'est comme le nourrir de bonbons au lieu de lui donner une alimentation saine. Ces jouets n'entraînent pas de bénéfices durables parce qu'ils se bornent à divertir au lieu d'encourager la réflexion.

Pour l'enfant de moins de trois ans, les voitures et les camions entrent dans la même catégorie. Il est capable d'imiter des bruits et des mouvements aléatoires, de faire tourner ces jouets sans arrêt en disant « vroum vroum », mais rien de tout cela ne l'aide à élaborer une vision ordonnée. Un ours en peluche, en revanche, renvoie à un animal réel, doté d'une vie propre, de sentiments et de réactions. Une poupée à câliner représente un être réel capable d'aimer en retour. Le jeune enfant s'en sert pour reproduire sans relâche les actions de ceux qui l'entourent : donner le bain, mettre au lit, nourrir, habiller et déshabiller. Ce « jeu » répétitif l'aide à développer ses compétences pour se nourrir et s'habiller et renforce son identification avec la poupée, symbole de lui-même ou d'autres membres de la famille.

Cependant, pour encourager sa faculté d'inventer des scénarios et, par la suite, de créer une intrigue et une histoire mettant en scène des poupées et des animaux en peluche, il est besoin d'activités exigeant une réflexion soutenue. Les activités de vie pratique décrites au chapitre 6 lui apportent toute l'expérience voulue. Ainsi, couper des carottes suppose de mettre en place une série de séquences : autrement dit, c'est une action qui a un début, un milieu et une fin, tout comme une intrigue. L'enfant doit élaborer la base d'une histoire en agissant dans la réalité et en travaillant un enchaînement de mouvements maîtrisés. De ce fait, les activités de vie pratique, quoique fondées sur des expériences réelles avec des objets réels dans le monde réel, jouent un rôle déterminant dans le développement de la créativité.

Comprendre le monde en jouant

Cherchez des jouets qui puissent aider un enfant de moins de trois ans à distinguer le réel de l'imaginaire, à chercher l'ordre et à comprendre les catégories et les processus. Une maison de poupée, par exemple, peut procurer des heures et des heures de jeu créatif au-delà de trois ans. Mais un enfant de dix-huit mois y trouvera aussi matière à intérêt si vous lui montrez comment répartir les meubles dans les pièces : lits dans la chambre à coucher, table et chaises dans la salle à manger, canapé au salon, etc. Les reproductions réalistes d'animaux que l'on peut voir dans la vie constituent également une excellente base de jeu. Faites des corbeilles séparées : animaux de la jungle et animaux domestiques ; races de chiens ; famille avec père, mère et petits ; animaux d'Amérique du Nord ; animaux du désert, et ainsi de suite. En donnant à votre enfant un moyen de créer de l'ordre, vous l'engagez sur la voie de découvertes ultérieures. La première fois que vous lui montrez une corbeille d'animaux, vous pouvez les aligner et les nommer un par un, en tirant parti de cette expérience pour travailler le langage. Variez les paniers en fonction de l'intérêt manifesté par votre enfant. La répétition est indispensable, mais essayez de sentir à quel moment il peut avoir envie d'élargir ses connaissances.

Les voitures, les camions et les cubes seront utiles entre quinze mois et trois ans si vous assignez un objectif à l'activité. Mettez dans un panier trois objets identiques ne différant que par la couleur (au début, utilisez les couleurs primaires : rouge, bleu et jaune). Alignez-les et désignez-les en les associant avec leur couleur : « voiture bleue, voiture rouge, voiture jaune ». Jouez à un jeu consistant à nommer les voitures, puis à demander à votre enfant de vous indiquer celle qui correspond. L'unique objectif est de partager avec lui votre connaissance du monde. Dans un autre panier, vous pouvez placer trois véhicules de la même couleur et en donner le nom : « voiture, camion, bus ». Dans un troisième panier, différents types de camions : un camion benne, un camion de pompiers, un camion remorque.

Répétons-le, votre seul but est de donner à votre enfant les clés qui lui permettront de découvrir son monde. Par conséquent, vous pouvez lui dire : « Oh, regarde, le camion remorque ! » Mais pas : « Qu'est-ce que c'est ? » Cette question-là constitue un test, alors que vous devez faire don de vos connaissances. La scolarité a fait passer dans les mœurs l'habitude de l'examen. Or cette pratique est totalement inadéquate s'agissant de jeunes enfants. C'est à vous de donner le nom des objets : « Tiens, voilà le camion remorque » ou « Où est le camion remorque ? ». Vous faites de ces activités impliquant des objets inanimés l'occasion pour l'enfant d'apprendre le langage de son monde. Vous lui ouvrez ainsi la possibilité d'autres découvertes tout en ayant la joie de partager avec lui votre expérience de la vie. L'instinct dicte aux animaux de transmettre les compétences nécessaires à la survie de leur espèce. Le savoir humain est d'un autre ordre, car il doit refléter l'époque, le lieu et la culture qui sont les nôtres. Nous devons faire un effort conscient pour dispenser des connaissances à nos enfants par le biais du langage. Pour y parvenir, quelques principes : aller du simple au complexe, user de la répétition et « enseigner » par intervalles de cinq ou dix minutes maximum.

Les cubes en bois sont une institution. Nous pouvons les utiliser pour élargir le champ de connaissances de l'enfant et l'encourager à faire des découvertes de son propre chef. Si possible, préférez le bois au plastique, car il est source d'une grande diversité d'expériences : le fil et ses détails magnifiques qui changent en fonction de la variété (chêne, érable…) ; l'odeur (pin, bouleau…) ; le poids, là aussi différent selon les espèces (teck, tremble…) ; et les sons lorsqu'on cogne dessus ou qu'on le tapote. Qui plus est, les produits en bois enseignent à l'enfant le respect de la nature. Ils doivent être traités avec soin si l'on veut qu'ils durent. Le bois est un produit naturel, que le monde nous a toujours offert et nous espérons qu'il continuera d'en être ainsi. Les enfants ont besoin d'expérimenter avec des objets qui viennent de la terre et qui, en tant que tels, nous rappellent que nous devons préserver le monde naturel et user de ses ressources avec discernement. Le plastique, pour sa part, est un produit artificiel, virtuellement indestructible, qui ne requiert pas de soin particulier. Et il ne procure pas une grande variété d'expériences sensorielles. Ajoutons que, dans la mesure où l'être humain n'est jamais à court d'inventions, il est peu probable qu'il durera éternellement.

Préparez un panier avec un assortiment de cubes qui serviront aux jeux et à l'exploration. Vous pouvez en constituer un deuxième avec des éléments de formes différentes : un prisme, un cylindre, un cône, etc. Nommez-les et alignez-les d'une manière ordonnée. Dans un autre panier, vous placerez deux exemplaires de chaque forme. Sortez un triangle et dites : « Je vais trouver l'autre triangle. » Alignez toutes les formes deux par deux. Choisissez l'une d'elles, le prisme par exemple, mettez-en six dans un panier et servez-vous-en pour construire une tour ou autre chose.

Même les jeunes enfants peuvent utiliser des éléments en bois pour créer leurs constructions. Pour ce faire, ils n'ont pas besoin de beaucoup d'encouragement. Laissez-les construire à leur guise. Cela étant, vous pouvez en passant dire incidemment : « Je peux jouer à mon tour ? » Proposez une idée, mais ensuite, il est sans doute préférable de ne pas insister. Votre objectif est simplement de rendre le jeu plus intéressant en suggérant des possibilités que votre enfant ne serait pas en mesure de trouver tout seul, faute de connaissances ou de compétences. Veillez soigneusement à ne rien forcer ni contrôler.

Les enfants sont incroyablement différents les uns des autres, d'où la difficulté de doser l'aide. Aussi faut-il les observer sans préjugé dès la naissance. C'est pour vous la seule manière de découvrir qui est votre enfant et comment vous ajuster à sa spécificité. Vous devez arriver à le connaître intimement pour pouvoir prendre les mesures adéquates, celles qui l'encourageront sans interférer, que ce soit dans le jeu ou le travail.

Favoriser le développement de la main et du cerveau

Enfin, il y a des jouets destinés à améliorer certains aspects de l'autoformation que vous pouvez acheter ou fabriquer vous-même. Nous avons parlé au chapitre 4 de ceux qui favorisent le développement de la main et du cerveau. Faites très attention à ce que vous choisissez. Un puzzle ou une « boîte d'éveil » en plastique criard n'ont guère d'utilité. La boîte émet un klaxon quand l'enfant frappe sur un bouton ou un bruit de cloche quand il tourne une « roue », mais cela n'a aucun sens. Les enfants s'intéressent au phénomène de cause à effet, mais en l'occurrence ils ne voient rien. La cloche est dissimulée à la vue. Les effets produits par leurs gestes ne manifestent aucune logique. Ces objets ne font que proposer un « divertissement » stupide.

Pensez en revanche à la balle en bois que l'enfant laisse tomber dans le trou du couvercle coulissant d'une boîte. Ce genre de jouet est conçu pour qu'il puisse commencer à comprendre ce qui se passe et répondre à ses propres questions : où est-ce que la balle est passée ? qu'est-ce qu'elle a heurté quand elle a fait ce bruit ? pourquoi est-ce que le couvercle coulisse ? pourquoi est-ce qu'on ne peut pas l'enlever ? Pendant ce temps, ses mains effectuent des gestes de plus en plus précis et il envoie des informations à son cerveau. Il saisit la balle, sent sa forme et sa température. Il vise le trou dans le couvercle, lâche la balle et entend le son qu'elle produit en tombant au fond de la boîte. Il empoigne le bouton du couvercle, attentif aux sensations que cela lui procure. Il effectue un mouvement du bras sur le côté pour ouvrir le couvercle. Il lâche le bouton et attrape la balle. Ce jouet lui apporte un savoir des plus utiles : la réalité ne change pas.

À l'inverse, quel est l'intérêt de la boîte d'éveil représentant un train ? Ou des créatures de l'espace, des animaux imaginaires et des personnages bizarres créés par les adultes ? Même les enfants plus âgés reprennent le scénario de l'adulte quand ils jouent avec ce genre de jouet au lieu de mobiliser leur propre imagination. Donnez aux jeunes enfants des cubes en bois et des reproductions fidèles d'animaux ou d'humains de manière à ce qu'ils soient libres de créer leurs histoires. Ils passeront peu à peu du jeu d'imitation au jeu imaginatif. À six ans, un enfant peut prendre un cube et imaginer qu'il s'agit d'un bateau. Il peut le faire parce qu'il a désormais l'image d'un bateau dans la tête. Voilà pourquoi vous ne le verrez pas courir partout avec un bateau en faisant « vroum vroum ». Il s'attachera plutôt à créer un endroit où il puisse accoster. Il fabrique un port et invente une histoire. C'est à ce moment-là que la maison de poupée devient un véritable vecteur d'imagination.

Laisser le champ libre à la créativité

Cela étant, méfiez-vous des jouets trop précis conçus pour les enfants du primaire : les petits salons de toilettage canin, par exemple. Rien à voir avec le temps que l'enfant passera à s'occuper réellement d'un animal domestique. Il est important de l'autoriser à inventer ses outils pour ses jeux créatifs. Il a besoin de boîtes, de draps, d'oreillers, de bâtons et d'objets tels que des rouleaux de Sopalin, des élastiques et de la ficelle. Nous privons les enfants de leur faculté de création en leur donnant des jouets contraignants. Ce que nous avons fait, dans notre culture, c'est remplacer leur créativité par des produits issus de celle d'un designer. Du coup, les enfants perdent confiance en leurs capacités, parce qu'ils trouvent leurs productions moins bonnes que celles des adultes. Il existe, par exemple, des coffrets de Lego pour construire un objet spécifique, un avion, une station spatiale. L'enfant se conforme aux indications, comme si on lui disait comment assembler les pièces d'un puzzle. L'expérience restera unique. Une fois l'objet achevé, l'activité est finie. Et pis encore, si on égare la moindre pièce lors du démontage, l'objet perd tout son sens. Les pièces restantes viennent s'ajouter à la pile des autres jeux incomplets.

Tous ces jouets, qu'ils soient livrés en kits d'assemblage ou tout faits, sont le produit de notre société d'abondance et de notre usage du plastique, substance bon marché et facile à façonner. Nous les utilisons pour divertir nos enfants alors que ceux-ci ont besoin de se créer des activités. L'enfant est attiré par ces jouets conçus pour captiver un esprit encore non formé. Il nous les réclame et trop souvent nous cédons tout en reconnaissant qu'il ne peut pas savoir ce qui est bon pour lui. Lynn se souvient de la fois où elle passait de la musique pour enfants en prévision d'un atelier où elle voulait expliquer aux parents ce qu'il fallait éviter. On y entendait cette musique aux accents métalliques et ces chansons banales souvent produites pour les petits. Sa fille de sept ans, qui passait par là, lui a dit : « J'aime cette musique ! J'espère que tu me la donneras ! »

Nous ne pouvons pas protéger nos enfants de la vie, mais nous pouvons les y préparer. Leur apprendre à respecter l'argent et à choisir avec discernement leurs biens et leurs possessions. La question n'est pas de savoir si nous avons les moyens financiers d'acheter telle ou telle chose. Le problème, c'est le gaspillage et le manque de réflexion. L'aisance matérielle implique une responsabilité, elle doit nous faire comprendre qu'il faut partager le surplus avec ceux qui sont moins chanceux.

Le temps et l'espace pour jouer

Cela dit, si vous donnez à votre enfant des jouets et du matériel qui favorisent le jeu créatif (plutôt que le simple divertissement) sans lui accorder de temps ni d'espace pour les utiliser, ce ne sera pas très profitable. Ne lui programmez pas d'activités (même fructueuses) tous les jours. Une journée passée à la maison et dans le jardin recèle une foule d'aventures pour un très jeune enfant. Et quand il sera en primaire, une ou deux activités par semaine seront amplement suffisantes. Autrement, il n'a plus assez de temps à lui pour réfléchir et développer sa pensée imaginative. Aménagez la chambre d'enfant ou une autre pièce avec l'idée de créer une aire de jeu paisible. Installez de petits espaces au sein d'autres pièces : des coins tranquilles dans un renfoncement avec un panier de cubes ou quelques animaux en peluche, ou derrière un canapé avec un petit fauteuil à bascule et une corbeille contenant trois ou quatre livres.

Les cadeaux inadaptés

Les parents nous disent invariablement que ce sont les cadeaux des autres qui leur compliquent la tâche et font qu'il est difficile de limiter les jouets. C'est ainsi que, pour son anniversaire, une fillette de quatre ans avait reçu de ses grands-parents une pelleteuse suffisamment grande pour qu'elle puisse monter dedans. Quand les grands-parents font des cadeaux inadaptés ou en quantité excessive, vous avez trois possibilités : les ranger, les donner ou les laisser chez eux de façon à ce que l'enfant s'en serve quand il leur rend visite. Donnez-leur des idées, et si vos parents se demandent quel peut être l'intérêt pour un enfant de recevoir un kit de nettoyage ou de cuisine, photographiez-le entrain de s'en servir avec plaisir et envoyez-leur la photo. Expliquez-leur qu'en offrant une seule peluche, mais de qualité, pour Noël ou l'anniversaire, ils l'encouragent à jouer de manière créative. Quand votre enfant aura trois ans, il possédera plusieurs peluches auxquelles il sera attaché et vous pourrez décrire ses jeux à ses grands-parents. Si vous ne parvenez pas à vous faire entendre, sortez les cadeaux superflus des grands-parents lorsqu'ils viennent vous voir en expliquant que vous les réservez pour ces occasions. Quand ils s'en vont, vous pouvez les ranger de nouveau en attendant la visite suivante. Comme un parent nous l'a dit avec sagesse : « "À Rome, fais comme les Romains" et quand les Romains viennent vous voir, faites également comme les Romains ! »

Le langage pour communiquer la joie

Tandis que nous aidons nos enfants à cheminer sur la voie du langage oral et écrit, de l'expression artistique, de l'imagination et du jeu symbolique, n'oublions pas que c'est le langage qui nous permet de communiquer la joie que nous éprouvons à vivre. C'est le plus grand cadeau que nous puissions faire à nos enfants. Grâce au langage, nous partageons notre connaissance du monde et l'enthousiasme qu'il nous inspire. Nous parlons de ce qui nous tient à cœur, de ce que nous trouvons intéressant et important dans tous les domaines, histoire, sciences, mathématiques, expression artistique, religion ou tout autre sujet intellectuel ou culturel. Le langage constitue le fondement de notre intelligence et de notre civilisation. C'est par son intermédiaire que nous faisons part de nous-mêmes et de la sagesse que nous avons accumulée aux générations futures.

9.
Le développement de la volonté

De tous les domaines d'autoformation de l'enfant – coordination des mouvements, indépendance, langage et volonté –, c'est la volonté qui rencontre le moins de soutien ou de compréhension dans notre société actuelle. Or, nous savons que la confiance en soi suppose d'être capable de se maîtriser. Cette maîtrise s'applique aussi bien au mental qu'aux actes physiques. L'enfant doit apprendre à discipliner ses pensées comme ses actions.

Les sociétés civilisées s'en sont toujours remises à la discipline de leurs citoyens. Discipline, obéissance, contrôle de soi : tout cela commence dès l'enfance. Les enfants doivent apprendre à obéir à une autorité légitime, c'est ce qui fonde la capacité de l'adulte à comprendre et à accepter les attentes de la civilisation dans laquelle il est né. Ces attentes concernent les gestes les plus simples (s'arrêter au rouge, repartir au vert) comme les engagements les plus profonds : l'intérêt pour autrui, le respect de la loi, de la liberté et la recherche d'une vie heureuse.

L'acquiescement des enfants à ce « code de la route » – qui renferme les valeurs essentielles de la société – n'implique nullement que nous devions faire d'eux des adultes présomptueux et inféodés. Tout ce que nous avons exposé montre que l'éducation Montessori poursuit l'objectif inverse. L'expérience du fascisme, du nazisme et du communisme avait convaincu

Maria Montessori de l'absolue nécessité de la liberté de pensée. Des dogmes rigides, qu'ils soient politiques ou religieux, ont pour effet d'asservir l'individu et mènent inévitablement à la destruction et au déclin du progrès humain. C'est précisément l'importance que Maria Montessori accordait à la faculté de penser par soi-même – et la réussite de son approche éducative en la matière – qui a conduit Mussolini et Hitler à ordonner la fermeture de tous les établissements Montessori en Italie et en Allemagne dans les années 1930. Ce sont les seules institutions scolaires laïques à avoir été l'objet de pareille mesure.

Comment élever des enfants capables de se contrôler, respectueux de l'autorité des adultes, pour en faire des individus capables de penser par eux-mêmes ? Comment passer de « l'obstination têtue » de l'enfant de moins de trois ans à la volonté et au courage requis pour maintenir le cap face aux défis de la vie adulte ? Comment aider les jeunes enfants à développer dans les premières années de leur vie la capacité de choisir une tâche bénéfique et de s'y tenir sans se soucier des distractions extérieures ni s'inquiéter de ceux qui voudraient les en détourner ?

Une évolution progressive

De même que l'acquisition de la coordination, de l'indépendance et du langage relève d'un processus d'autoformation, de même Maria Montessori voyait dans le développement de la volonté le résultat d'une évolution mentale progressive. L'idée qu'il faut « briser la volonté de l'enfant », encore si répandue dans la première moitié du XXe siècle, est donc une hérésie pour la pédagogie Montessori. Il est tout aussi absurde de parler de briser sa volonté que de préconiser de détruire son potentiel langagier, de contrecarrer délibérément son évolution vers l'indépendance ou de lui refuser la possibilité d'instaurer des mouvements coordonnés. Les enfants ne naissent pas avec une volonté toute faite. Ils doivent la développer par un effort conscient dès la naissance. C'est un long processus qui requiert à chaque étape une aide très spécifique des parents et de l'environnement. En l'absence de soutien, la volonté ne pourra s'établir, ce sont les impulsions et les caprices du moment qui auront le dessus. À l'âge adulte, cela signifiera une existence chaotique, une absence de constance, de sentiment de sécurité, de confiance en soi et dans les autres.

Un environnement favorable

Comme dans les autres domaines d'autoconstruction, nous ne pouvons aider l'enfant à développer sa volonté qu'en ayant une bonne compréhension des étapes de sa formation. Là aussi, l'environnement joue un rôle essentiel. L'enfant en choisit un segment auquel il s'intéresse à l'exclusion du reste. En d'autres termes, il impose une direction et des limites à son attention par le biais de la maîtrise de soi. Nous avons vu au chapitre 2 qu'il apportait en naissant ce potentiel d'attention. Nous l'encourageons à le cultiver en créant un environnement favorable. Au début, cela signifie l'amener à se concentrer sur un stimulus à la fois. Dès lors, quand la mère allaite son bébé, il est bon qu'elle le fasse dans un endroit calme. Il peut alors se focaliser sur le visage maternel et sur le processus d'alimentation au lieu d'être distrait ou exagérément stimulé par ce qui l'entoure. Nous suspendons un seul mobile à la fois au-dessus du lit et nous accordons au nouveau-né du temps à lui pour qu'il puisse se concentrer sur son environnement.

L'évolution de l'enfant suivant son âge

Au cours des huit ou neuf premiers mois, le bébé passe de l'action réflexe à la capacité d'intégrer l'information qu'il recueille par le biais de son exploration sensorielle. À neuf mois, il peut décider de traverser la chambre à quatre pattes pour récupérer une balle, voire, dans une certaine mesure, refréner les impulsions qui viendraient faire obstacle à ce projet.

Toutefois, il faut attendre l'âge de dix-huit mois et la formation du lobe frontal pour qu'apparaissent une faculté de contrôle significative et une conscience de soi et de l'action. Pour la première fois, l'enfant devient capable d'inhibition. Ainsi, il peut apprendre à contrôler ses fonctions corporelles dans le cadre de son acquisition de la propreté et, dans un contexte approprié, à attendre avant de manger.

À trois ans, la conscience de soi s'étend à la vie mentale. L'enfant commence à s'apercevoir que ses pensées sont différentes de celles des autres. Cependant, ce n'est pas avant quatre ou cinq ans qu'il développe ce que les psychologues cognitivistes appellent la « théorie de l'esprit ». À présent, il crée sa propre histoire, ce qui ouvre des possibilités de jeu supplémentaires, plus élaborées, où d'autres tiennent des rôles importants et bien définis : par exemple, une famille comprenant le père, la mère, l'enfant et le chien.

À six ans, enfin, il possède un cerveau apte à raisonner et à élaborer des pensées abstraites. Pour la première fois, il devient capable de se contrôler en se fondant sur une compréhension et une évaluation des désirs et des pensées d'autrui. Dès lors, comme nous l'avons dit, l'aube de la raison et celle de l'individu social adviennent de manière simultanée. La lenteur de cette évolution doit absolument être prise en compte par l'adulte dans son effort pour aider l'enfant à travailler sa volonté durant les six premières années de sa vie. À cet âge, l'enfant ne peut pas comprendre pourquoi certains comportements sont inadaptés. Il est impossible de lui expliquer de façon abstraite pour quelle raison il faut se maîtriser. Au lieu de chercher à raisonner, il vaut mieux s'en remettre à d'autres stratégies – le contrôle extérieur et les conséquences.

Le contrôle vigilant des parents

Quand l'enfant est très jeune – jusqu'à huit ou neuf mois –, il ne peut se restreindre que très sommairement. C'est aux parents qu'il revient de faire usage d'attention et d'énergie. À dix-huit mois, le bébé a acquis un certain degré de conscience de soi. Les parents doivent continuer à exercer la même vigilance, mais désormais il s'agit davantage d'une surveillance. À trois ans, l'enfant comprend mieux la différence qui existe entre lui et les autres. Telle chose qui l'affecte, par exemple, ne produira pas le même effet sur quelqu'un d'autre, et inversement. La surveillance de l'adulte doit se poursuivre (même si elle est moins constamment nécessaire) dans la mesure où l'enfant n'est pas encore capable de faire face à tout ce qui peut survenir. Ainsi, il ne mesurera pas le danger potentiel d'un four chaud ou d'une aiguille, par exemple.

Il est clair qu'avant l'âge de six ans l'enfant a besoin d'adultes qui exercent à sa place leur énergie et leur volonté, car il n'a encore aucune compréhension de son existence ni de ce qu'elle signifie. Le rôle de l'adulte est de le faire progressivement entrer dans un univers ordonné et de l'initier aux limites de l'existence dans laquelle il s'inscrit en tant qu'être lui aussi limité.

Comprendre l'ordre du monde

On ne saurait trop souligner l'importance d'une compréhension fondamentale de l'ordre universel. La civilisation et les progrès de l'homme reposent sur la perception de l'ordre qui régit l'univers et sur la croyance en la capacité humaine de le découvrir. Cet ordre nous a libérés de l'incertitude des croyances magiques basées sur les doctrines et les dogmes. Il nous a menés du Moyen Âge aux Lumières, puis à la technologie globalisée et à la possibilité d'échapper à la misère. Par ses liens avec les faits sensoriels, il constitue le fondement de la pensée humaine, de l'imagination, de la volonté. En explorant la réalité des phénomènes sensoriels, l'enfant accède à celle des pensées abstraites. Il développe la capacité réflexive et l'ordre mental nécessaires pour organiser ses pensées et les communiquer par le biais du langage. Après avoir instauré cet ordre mental, l'individu créatif peut réagencer ses pensées et ses idées et les mettre en œuvre au travers d'actes concrets. Einstein formule une nouvelle expression de la réalité, $E = mc^2$, et c'est la naissance de l'âge de la technologie. Toute cette exploration créative du monde par l'adulte commence par l'apprentissage des limites et de l'ordre dans l'environnement immédiat.

Un adulte « préparé »

Nous remplissons cette mission éducative en appliquant les principes formulés par Maria Montessori à propos de l'autoformation de l'enfant (cf. chapitre 1), à savoir la préparation de l'adulte, celle de l'environnement et une liberté associée à la responsabilité. Que signifie un « adulte préparé » au regard du développement de la volonté et de sa relation à l'ordre universel ? Le premier soutien que nous pouvons apporter à l'enfant est de lui offrir, dans notre propre vie, un exemple d'ordre et de maîtrise. Si la vie que nous menons est placée sous le signe de l'ordre, cela nous semblera tout naturel. En revanche, si elle est chaotique, si nous nous sentons épuisés et dépassés, il nous faut ralentir le rythme et faire le point. Et plus spécifiquement, nous devons examiner de près notre collaboration avec nos enfants. Ramassons-nous les jouets sans ordre ni méthode, ou bien en plaçant les peluches dans un panier, les cubes dans un autre, les puzzles sur l'étagère et les livres dans la corbeille à côté du fauteuil à bascule ? Quand nous rangeons la chambre ensemble, mettons-nous le linge sale dans le panier, la serviette dans la salle de bains, alignons-nous les chaussures dans le placard, que faisons-nous des vêtements propres ?

Lorsque nos actions quotidiennes sont placées sous le signe de l'ordre, les enfants perçoivent la discipline qui régit notre pensée. Voir cet ordre mental en action leur permet de l'assimiler pour leur propre usage. Nous avions dans une de nos classes une enfant de douze ans qui, lorsque les membres de la famille laissaient la cuisine en désordre, la rangeait régulièrement. Elle semblait le faire facilement, abordant cette tâche avec méthode. Un enfant qui vit dans un univers ordonné finira par avoir une pensée ordonnée. Dès lors, il devient possible de simplifier ce qui peut apparaître au premier abord comme une tâche irréalisable et de la rendre faisable, voire agréable.

Un environnement adéquat

Passons maintenant à la préparation de l'environnement. L'enfant est nourri, les objets qui l'entourent manifestent un ordre rassurant. Par conséquent, il nous faut préparer un cadre où ordre et structure soient visibles. L'expérience de l'ordre engendre chez le jeune enfant des attentes dont il peut se servir en retour pour créer de l'ordre dans sa pensée et pour développer sa volonté. Pour susciter ces attentes, nous allons travailler sur le « quoi, quand et où ». Qu'est-ce que l'enfant est en droit d'attendre, quand et où ?

Qu'entendons-nous par « quoi et où » pour des enfants de moins de trois ans ? La nourriture reste à la cuisine ; nous mangeons assis à une table au lieu de déambuler dans la maison avec un cracker à la main (ou bien en voiture, ou dans un lieu public). Nous nous lavons dans la baignoire, pas dans l'évier de la cuisine. L'urine et les selles vont dans les W.-C. ou le pot de chambre, pas dans des couches portées par un enfant de deux ans. Les jouets et les puzzles n'ont rien à faire dans l'espace de travail à la cuisine. Les jouets destinés au salon doivent y rester. On ne les trimballe pas partout. Nous dormons dans nos lits. On a le droit de courir et de crier quand on est à l'extérieur, etc.

Ensuite, il y a le moment où l'on fait ces activités, le « quand ». L'emploi du temps du bébé et du jeune enfant comporte des repas, des siestes, des activités et une période de sommeil. Nous voulons également introduire du temps de réflexion afin d'optimiser sa capacité d'assimiler ses impressions sensorielles et, par là, de renforcer sa faculté d'apprentissage. Nous avons aussi suggéré que les parents fassent la lecture à leurs enfants le soir au moment du coucher et ce dès les premiers mois, afin d'instaurer des habitudes de calme et de réflexion durant la soirée.

C'est cette régularité qui permet à l'enfant de comprendre ce qu'on attend de lui. Pour le moment, ses lobes frontaux ne sont pas encore formés, son cerveau et son langage pas suffisamment développés pour appréhender les changements. Par conséquent, essayez de respecter des horaires fixes quand vous sortez avec votre enfant, que ce soit pour faire des courses, aller au parc, assister au service religieux ou rendre visite à des amis. S'il passe la matinée dehors, dans un environnement Montessori ou ailleurs, prévoyez si possible de le ramener ensuite directement à la maison et repoussez vos autres activités à plus tard. Comment un enfant de deux ou trois ans peut-il s'y retrouver si, au lieu de déjeuner régulièrement à midi, puis de faire une sieste, il doit chaque jour faire face à une situation différente ? Et ce non par nécessité (ce qui peut arriver), mais parce que ses parents ignorent ses besoins réels. Un jour, il va au parc en sortant de l'école, le lendemain chez l'épicier, le surlendemain, déjeuner chez des amis puis séance de courses. Et le quatrième jour, retour au déjeuner et à la sieste à la maison. Il ne peut absolument pas comprendre ces changements. S'il a apprécié ce qui s'est passé la veille, il va vouloir recommencer : « Je veux aller au parc ! » Les parents prennent cette insistance pour de l'obstination. Mais l'enfant, lui, ne comprend pas pourquoi vous ne l'emmenez pas au parc ou chez des amis. De la même façon, il ne comprend pas que nous allons chez l'épicier quand nous en avons besoin. Ou encore qu'il doit porter un manteau parce qu'il fait froid, alors que la veille il n'en avait pas besoin parce qu'il faisait chaud. Il va de soi que vous ne serez pas toujours en mesure de sortir aux mêmes heures. Dans ce cas, vous pouvez aider votre enfant à développer sa confiance en conservant toutes les apparences de la routine. Mettez-lui son manteau ou son sweater habituel. Quittez la maison toujours de la même manière. Prenez le même itinéraire. Pendant le trajet, montrez les panneaux indicateurs familiers. Faites tout votre possible pour lui donner le sentiment de s'inscrire dans un schéma prévisible.

L'ordre instauré par le « quoi, quand et où » crée la structure nécessaire au travail sur les limites et la discipline. C'est le fait de vivre à l'intérieur de ces limites et d'expérimenter l'ordre par leur intermédiaire qui permet à l'enfant de développer sa volonté. Ces limites extérieures sont nécessaires dans tous les domaines jusqu'à ce qu'il les ait intériorisées et soit en mesure de se contrôler.

Conviction et fermeté

C'est là un long processus, que les parents doivent veiller à ne pas retarder involontairement par manque de conviction et de fermeté. Quand ils disent « non », c'est « non ». Cela ne signifie pas : « Demande-moi une deuxième fois et peut-être que je céderai. » Ou : « Hurle tant que tu peux, frappe-moi, casse quelque chose, dis-moi "Je te déteste, tu es méchant", fais-moi honte en public ou chez mes beaux-parents, et peut-être que je te donnerai ce que tu veux. » Ce scénario pourra paraître extrême, pourtant il n'est pas si rare dans notre société actuelle. En tant que parents, vous devez vous demander : « Quel enfant est-ce que je veux ? » Les enfants autorisés à manipuler leurs parents y consacrent leur énergie et leur intelligence naissante. Cela devient une tournure d'esprit. Ceux dont les parents se montrent restrictifs avec conviction et fermeté deviennent des individus capables de comprendre les responsabilités et les limites imposées par la vie. Pour reprendre ce que disait un formateur Montessori : le rôle de l'adulte est « d'enseigner les limites aux enfants avec amour ou c'est le monde qui le fera sans amour ».

Pourquoi y a-t-il aujourd'hui tant de parents qui ont du mal à aller jusqu'au bout quand ils disent non à leurs enfants ? Pour ceux d'entre nous qui font partie de la génération précédente, c'est une énigme. Nos parents et nos grands-parents n'avaient pas ce problème. Les générations antérieures agissaient en vertu du constat que les adultes sont plus grands que les enfants – mais pas pour longtemps ! On n'avait pas de temps à perdre pour aider l'enfant à acquérir la maîtrise de soi et à comprendre les limites imposées par la civilisation. Nos parents et nos grands-parents avaient également conscience du pouvoir de l'adulte. Tous les enfants veulent plaire à leurs parents. C'est un besoin inconscient, profondément ancré, qui est peut-être un résultat de l'évolution. Les parents avisés se servent de cette caractéristique naturelle pour aider le jeune enfant à s'adapter à la société qui est la sienne.

Il se peut que les parents actuels aient du mal à dire non à leurs enfants parce que ce rôle d'autorité légitime les embarrasse. Ils ont grandi à une époque où remettre l'autorité en cause était non seulement accepté, mais encouragé. Dès lors, ils représentent la première génération à être mal à l'aise devant la nécessité d'endosser eux-mêmes le rôle de l'« autorité » au nom de leurs enfants. Qui plus est, au lieu de considérer qu'ils doivent œuvrer en faveur de la discipline et de la force de caractère, ils se sont laissé abuser par la culture ambiante qui se concentre sur le bonheur présent des enfants. Comme nous l'a dit un jeune parent : « Nous vivons dans une culture où le bonheur est présenté comme le but principal de l'existence et où l'immédiateté règne en maître. Réunissez ces deux principes et vous comprendrez pourquoi nous voulons rendre nos enfants heureux ici et maintenant, sans trop réfléchir à ce qui fera leur bonheur par la suite.» Peut-être aussi que la façon dont les parents d'aujourd'hui ont organisé leur vie les empêche de trouver l'énergie et l'attention nécessaires pour dire non à leurs enfants. Il est très facile de céder à l'impulsion du moment si l'on n'a pas pris le temps de réfléchir aux limites et aux habitudes qui seraient utiles aux enfants.

L'importance de l'habitude et de la routine

Plus il y a d'habitudes dans l'existence du jeune enfant, plus la vie est simple pour tout le monde, car elles rendent l'acceptation plus facile. Bien sûr, il y a des différences de caractère : certains sont très passifs ou dociles, tandis que d'autres, plus fonceurs, tannent le cuir à leurs parents pour avoir gain de cause et passent souvent pour obstinés. En fait, ce sont eux qui ont davantage besoin qu'on les aide à accepter les limites, tout comme d'autres ont plus de mal avec la lecture, les mathématiques ou les relations avec autrui.

Cela dit, quelle que soit la personnalité de l'enfant, le fait que l'habitude encourage l'acquiescement tient à la manière dont le cerveau se forme. Le cerveau de l'enfant n'est pas prêt à accepter le changement comme celui d'un adulte. Les jeunes enfants sont activement engagés dans un élagage synaptique et constituent des « autoroutes » d'information. Ils sont dans leur période sensible de l'ordre. Cela nous rappelle un enfant de quatorze mois qui accompagnait sa mère quand elle amenait sa fille plus âgée à notre école. Un jour, il a montré une grande agitation en arrivant dans l'allée. Il n'arrêtait pas de gémir en désignant l'endroit où se trouvait normalement le cadran solaire. Sa mère nous a expliqué qu'il était tout excité chaque fois qu'il passait devant. Il était contrarié parce que, ce matin-là, il était en avance et les élèves de primaire n'avaient pas encore sorti le cadran pour la journée. Cette réaction à un changement dans l'environnement, fût-il minime, n'a rien d'anormal chez un enfant aussi jeune. Sa mère était attentive et vigilante. Elle a tout de suite su quel était le problème, ce qui lui a permis de réagir comme il fallait, en l'occurrence d'essayer de détourner son attention.

La routine donne au jeune enfant des informations que les mots ne peuvent lui communiquer. Ces mots, il les entend, mais ils ne lui apportent aucune compréhension. Sa mère lui expliquera, par exemple, qu'il n'ira pas au parc ce jour-là parce qu'il fait froid et qu'il pleut. Mais il n'en déduira pas que ce serait une mauvaise idée d'y aller parce que le temps rendrait la sortie désagréable et qu'il risquerait en outre de tomber malade. Nous avons évoqué le fait que l'enfant habitué au froid insiste pour porter un manteau en été. À l'inverse, un enfant qui prend conscience de ses vêtements durant l'été dira peut-être « Bobby pas manteau » quand le froid débutera. Un jeune enfant qui n'a pas encore de pensée logique interprétera notre décision comme un changement arbitraire alors qu'il commençait tout juste à décrypter son univers. Bobby n'est pas là à se dire : « J'ai froid. J'ai besoin d'un manteau. » Il pense juste « J'ai froid », sans pouvoir résoudre le problème. Un enfant, installé sur le siège arrière de la voiture, qui a soif va dire : « Je veux à boire. » Au lieu de lui donner un verre d'eau, comme à la maison, le père répond : « Je suis désolé, je n'ai rien sous la main. » Il faudra attendre l'âge de cinq ans pour que l'enfant puisse se dire : « OK, papa ne peut rien me donner. »

Nous savons bien qu'il est difficile pour les parents d'établir un emploi du temps régulier pour leurs jeunes enfants. Voilà pourquoi il faut qu'ils soient au fait de ce que signifie un changement d'habitude afin de consacrer davantage de temps et d'énergie à calmer l'excitation et l'anxiété qui en résultent.

Les limites

Parlons maintenant de la liberté associée à la responsabilité. C'est un terrain difficile pour les parents. Que répondre à un enfant lorsqu'il veut faire quelque chose qui dépasse ses capacités ou dont il vaudrait mieux s'abstenir ? Quel que soit le soin que nous mettons à construire son environnement pour répondre à ses besoins d'autoformation, son égocentrisme initial induira nécessairement de la frustration et des conflits. Pour savoir comment l'aider dans ces situations comme dans toutes celles qui touchent à son autoformation, revenons-en à ce que nous savons du développement de son cerveau. Cela nous permettra d'adopter des approches différentes à neuf mois, entre neuf et dix-huit mois, à trois ans et après six ans. Au cours de ces quatre étapes, nous devrons – à des degrés variables – substituer notre volonté à celle de l'enfant. Après six ans, il s'agira de substituer notre esprit de raison au sien et, de douze à vingt-quatre ans, de faire valoir notre jugement. Mais ce faisant, nous devons respecter les étapes de sa formation.

Le meilleur moment pour introduire la notion de limite se situe avant que le bébé se mette réellement à marcher à quatre pattes. Au cours des neuf premiers mois, nous nous servons de son intense désir d'exploration pour remplacer un objet à prohiber par un autre. Comme il s'intéresse à tout ce qu'il peut découvrir avec ses sens, il est facile de lui soustraire promptement un objet pour en substituer un autre, quel qu'il soit.

Entre neuf et douze mois, les bébés acquièrent leur pleine et entière mobilité et se déplacent sans problème à quatre pattes jusqu'aux objets qu'ils ont envie d'explorer. Comme ils oublient encore facilement, il suffit en général d'un stimulus sensoriel pour leur faire retrouver leur concentration. Mais entre douze et dix-huit mois, il se produit un changement important : l'enfant paraît plus têtu. Il devient impossible de le détourner facilement vers un autre objet. Son cerveau s'est suffisamment développé pour qu'il s'accroche à son idée même quand l'objet n'est pas sous ses yeux. Évolution passionnante, mais cela signifie que notre stratégie de substitution n'est plus efficace. À présent, il faut un éloignement physique.

C'est une étape cruciale dans le développement de la volonté. La façon dont vous poserez des limites à l'enfant durant ces six mois décidera de l'image qu'il se fera de lui et de son désir de discipline et de maîtrise de soi. S'il vous échappe, essayez de ne pas foncer sur lui pour le soulever de terre par-derrière. Passez devant lui pour l'arrêter. Vous réorienterez alors son énergie avec tout le respect dû. S'il est en âge de marcher, prenez-le fermement par la main et menez-le vers une autre situation. Vous lui montrez ainsi qu'il n'est pas un « morceau de glaise » à vos yeux, mais une personne en plein développement, qui devra un jour « se retourner » sans attendre d'être « sauvée par-derrière ».

Réorientez son comportement aussi souvent que nécessaire. Ne croyez pas que, cette fois peut-être, vous pouvez céder. C'est une erreur. L'enfant ne pourra intérioriser la fermeté et une bonne compréhension de la finalité et des limites que si vous vous montrez constant et confiant dans votre soutien. « Jamais veut dire jamais », cette conscience grandit progressivement en lui tandis qu'il approche de l'âge adulte où les frontières et les promesses sont vitales tant pour soi que pour les autres.

La période qui va de dix-huit mois à trois ans inclut ce que notre culture baptise irrespectueusement « la crise des deux ans ». Cette désignation dépréciative vient peut-être de notre impréparation. Les parents ne comprennent pas du tout pourquoi leurs enfants, jusque-là relativement coopératifs, deviennent soudain impossibles et ils ne savent plus quoi faire. Pour l'adulte, le problème n'est pas tant que l'enfant pense à un objet, c'est qu'il puisse continuer d'y penser – et ce pendant un certain temps. Plus l'esprit se développe, plus l'enfant est en état de poursuivre son itération mentale.

Que faire ? Nous devons l'aider à retrouver sa concentration en substituant le changement de pensée au changement d'objet. Comme il est désormais capable de se souvenir de ses pensées, notre nouvelle stratégie sera de l'encourager à penser à autre chose. Il ne s'agit surtout pas de le « raisonner ». Essayer de lui faire entendre raison comme nous le ferions avec un enfant plus âgé est une erreur classique. Exposer à un enfant de moins de trois ans toutes les raisons pour lesquelles on lui interdit un objet dont il a terriblement envie ne fait que conforter son idée fixe. Son désir s'accroît chaque fois qu'il y pense. Pendant que vous lui expliquez pourquoi il n'a pas le droit de toucher à la précieuse théière toute brillante de sa grand-mère, tout ce à quoi il pense, c'est : « Théière, théière, théière brillante ! »

Si nous ne pouvons plus détourner son attention en lui proposant une nouvelle exploration sensorielle et qu'il n'est pas encore en mesure de raisonner, y a-t-il une nouvelle évolution du cerveau qui puisse nous servir ? Oui. C'est le moment où l'enfant se forme dans le domaine du langage. Aussi pouvons-nous ajouter le langage à l'objet ou à la situation utilisée pour réorienter son attention et l'amener à penser à autre chose. Il y a au moins deux manières de faire. Nous pouvons lui présenter un choix d'objets et d'activités ou nous servir de la description pour focaliser son attention sur ce qui est en face de lui. Nous illustrerons ces stratégies par des anecdotes tirées de situations observées dans notre Communauté de jeunes enfants. Les détails ne seront peut-être pas adaptés au contexte domestique, mais les principes restent les mêmes et sont applicables en toutes circonstances.

Mise en pratique

Un matin, un enfant de dix-huit mois a décidé qu'il ne voulait pas aller sur le pot. Pour être plus précis, il avait juste dit d'un ton clair et net: « Non, pas de pot. » L'enseignant, considérant l'intervalle de temps qui s'était écoulé et le langage corporel de l'enfant, savait que le petit ne pouvait plus attendre. Il a donc répondu avec tout autant de fermeté, mais sans agressivité: « Tu veux utiliser le bleu ou le rose ? » (vous noterez la restriction à une alternative. En général, la limitation à deux choix garantit une réponse positive chez l'enfant de dix-huit mois.) De cette façon, l'enseignant l'aidait à se concentrer sur la question et ce qu'il en pensait. Les jeunes enfants aiment réfléchir. À dix-huit mois, ils sont aussi occupés à explorer mentalement la question « Quel est le pot que je veux utiliser ? » qu'ils l'étaient auparavant à découvrir un objet par les sens. À présent, l'enfant a oublié qu'il ne voulait pas se servir du pot.

Le but est de le détourner de son refus pour le guider vers une autre pensée. À ce stade, il aime s'entendre contester. Ne le laissez pas s'enferrer en tombant dans le piège de la négociation : « Il faut que tu ailles sur le pot. Ça fait une heure. Sois gentille. Fais-le pour maman. » Ou pis encore : « Si tu vas sur le pot, je te donnerai des M&M's. » Restez simple. Un enfant de dix-huit mois n'a pas la volonté nécessaire pour sortir de cette situation sans un soutien clair et directif.

Avec la description, on a un autre moyen d'action. Un matin, un enfant nouvellement arrivé à la Communauté avait protesté au moment de quitter son père à la porte. La maîtresse l'a aussitôt emmené voir le bocal de poissons rouges, mais sans se presser. D'une voix apaisante, elle lui a dit lentement: « Oh, regarde le poisson. Ça, ce sont ses nageoires noires. » Elle a marqué une pause. « Tu vois comme elles bougent dans l'eau ? Tu vois comme il remue la bouche ? Il a besoin de manger. Je te montrerai comment le nourrir. » Cette façon d'attirer l'attention sur un détail et de proposer une action dans la foulée rappelle les points d'intérêt utilisés par les enseignants Montessori au cours d'une activité de vie pratique (cf. chapitre 6). Ces deux stratégies permettent de recentrer la pensée et de solliciter l'esprit en engageant le corps dans une activité. Elles arrachent l'enfant au passé pour le rendre pleinement attentif à l'instant. Pour que la description puisse produire l'effet escompté, choisissez un objet ou une activité qui l'intéresse réellement.

Un autre point à considérer dans cette anecdote est la facilité avec laquelle un jeune enfant peut oublier ses parents quand ils ne sont plus là. C'est parce qu'il n'a pas une vraie notion du temps. Mais il intériorise l'ordre. L'enfant dont nous venons de parler a recommencé à pleurer trois heures plus tard en voyant ses camarades enfiler leurs manteaux. Il savait alors que son père allait revenir, ce qui le lui a remis en mémoire. Le poisson a été oublié jusqu'au lendemain. Les parents doivent comprendre cette faculté des enfants à vivre dans le présent. On peut empêcher un enfant de penser à ses parents quand ils ne sont pas là, et s'il peut les oublier, alors il peut oublier n'importe quoi. Cela vous aidera peut-être la prochaine fois que votre enfant s'arc-boutera sur ce qu'il veut en protestant violemment s'il n'arrive pas à ses fins.

La répétition nécessaire

Souvenons-nous aussi que, dans ce genre de situation où l'on essaie de réorienter l'enfant, on ne peut pas compter sur un acquiescement immédiat. Il faut attendre un petit moment, peut-être aussi répéter ce que nous avons dit. Nous savons que le cerveau de l'enfant fonctionne deux fois moins vite que celui de l'adulte jusqu'à l'âge de douze ans environ. Il peut se révéler nécessaire de répéter nos paroles deux ou trois fois très patiemment et sans ton de menace. Ainsi, la maîtresse dira à une petite fille qui vient d'aller sur le pot et n'a pas remis sa culotte : « Karen, tu dois remettre ta culotte. » Trente secondes plus tard : « Va chercher ta culotte et remets-la. » Au lieu de cela, Karen s'assied par terre à côté d'elle. « Lève-toi. » Elle aide Karen à se redresser et la fait gentiment se tourner vers la salle de bains. Elle répète : « Il faut que tu mettes ta culotte. » Cette fois, Karen réagit et se dirige vers la salle de bains.

Contrôler la colère et l'agressivité

Encore une fois, l'essentiel est de ne montrer aucune agressivité. Dans le cas contraire, on déclenche chez l'enfant une réaction émotionnelle qui submerge toute la volonté qu'il a réussi à développer. Dans le cerveau, le siège des émotions est situé juste à côté de la mémoire. Voilà pourquoi lorsque l'apprentissage s'accompagne d'émotions, cela crée un souvenir extrêmement prégnant. Des gens de la génération de Paula se souviennent parfaitement où ils étaient et ce qu'ils faisaient lors de l'attaque de Pearl Harbor. La génération de Lynn a connu le même phénomène avec l'assassinat de

John F. Kennedy. Le rôle de l'émotion dans la constitution du souvenir explique que nous nous rappelions ce qui nous a intéressés à l'école et que nous ayons rapidement oublié ce qui nous ennuyait, même si, sur le moment, nous l'avions soigneusement mémorisé.

Si le choix et la description restent sans effet, l'adulte doit se montrer direct. Prenez l'enfant et passez à autre chose : éloignez-le des bonbons à la caisse, enfilez-lui sa culotte, portez-le dans la voiture et mettez-vous immédiatement en route pour l'école, etc. N'attendez pas d'être en colère pour prendre ces mesures. Vous êtes plus grand que lui. Vous savez que, d'une manière ou d'une autre, vous atteindrez votre objectif. Le fait de savoir que le résultat est assuré vous libère de l'anxiété.

Se caler sur l'évolution de l'enfant

Les parents ne devraient pas se sentir coupables d'instaurer des limites. Ce que nous savons de la formation de la volonté chez l'enfant nous permet d'évaluer si nous lui en demandons trop. En nous montrant réalistes, nous évitons de nous transformer en managers obsédés par le contrôle et la docilité. Nous comprenons que sa capacité d'obéissance est liée à son développement cérébral et nous distinguons trois étapes. De douze à dix-huit mois, l'enfant comprend, mais ne peut s'exécuter sans le soutien massif de l'adulte. Entre dix-huit mois et trois ans, il comprend les demandes, mais il a encore besoin d'une aide ponctuelle. Vers trois ans, il atteint un niveau de développement qui lui permet d'obéir, mais il peut choisir de ne pas le faire.

Ces étapes reflètent son évolution, depuis le nouveau-né à l'esprit inconscient jusqu'à l'enfant de trois ans doué d'une volonté consciente. C'est la raison pour laquelle Maria Montessori estimait que « l'école » pouvait commencer à trois ans. Les enfants obéissent s'ils le veulent bien. Ils peuvent ranger leur chaise, rapporter le matériel sur l'étagère, manier les objets avec précaution et accomplir tout ce qui est nécessaire à la vie en commun.

Pour illustrer la façon dont l'adulte doit se caler sur l'évolution de l'enfant, prenons l'exemple d'un bébé de quatorze mois au moment du repas. Si l'adulte veut qu'il patiente, il faut éloigner la nourriture. Autrement, l'enfant n'aura qu'une idée : « Je veux manger. » Il n'est pas en mesure d'ajouter : « Mais il faut que j'attende que tout le monde soit à table. » À dix-huit mois, il en sera capable si le contexte le lui permet. Par exemple, s'il se trouve dans la Communauté de jeunes enfants où il est assuré de trouver de l'ordre et des habitudes en plus du soutien des enseignants et de l'exemple de ses camarades. Cependant, l'adulte devra attendre qu'il ait trois ans pour dire : « Non, tu ne peux pas encore manger », en ayant bon espoir d'être obéi.

Le travail, clé de l'autoformation

Comme c'est à trois ans qu'on entre à la Maison des enfants, les enseignants attendent de leurs élèves qu'ils sachent obéir lorsqu'on leur dit non. Sachant toutefois que le « travail » est la clé de leur autoformation, ils s'attachent immédiatement à les mettre en relation avec l'environnement par le biais d'une activité. Ils s'efforcent de le faire avant l'apparition d'une attitude négative. Par exemple, lorsqu'un enfant qui est là depuis peu arrive en classe le matin, la maîtresse lui dira : « Mets ton tablier. » Quand il se sera exécuté, elle poursuivra : « Prends ce plateau », puis « Pose-le là ». Et en moins de temps qu'il n'en faut pour le dire, l'enfant se retrouvera joyeusement absorbé dans le nettoyage d'une table.

Si les enseignants obtiennent ce résultat positif avec une apparente facilité, c'est que les tendances humaines – exploration, orientation, ordre, abstraction, manipulation manuelle, répétition et perfection – sont continuellement à l'œuvre chez l'enfant. Ils ont noué une alliance avec ces actions universelles en créant un environnement approprié et en incitant les enfants à travailler. Ce travail demande de l'effort, de la volonté, de la concentration. Lorsqu'ils l'ont mené à bien, les enfants se sentent détendus et satisfaits. Après un bref intervalle de temps, ils se regroupent et, cette fois, choisissent tout seuls une activité. Le cycle d'autoformation se poursuit. La coordination des mouvements, l'indépendance, le langage et la volonté progressent, et l'intelligence se développe rapidement avec les années.

C'est la préparation indirecte à l'apprentissage scolaire qui permet aux élèves de la Maison des enfants d'apprendre à lire et à écrire, à utiliser le système décimal dans les opérations mathématiques, à mémoriser les éléments de l'addition et les pays d'Asie et de maîtriser tout cela à six ans et demi. Cela ne se fait pas tout seul. Il y faut toute l'attention et la réflexion des parents à la maison et des enseignants à la communauté Montessori des jeunes enfants. Quand les parents viennent visiter notre école de Forest Bluff, ils demandent chaque fois : « Comment faites-vous pour la discipline ? » Sans doute croient-ils qu'il est nécessaire de prendre des mesures pour maintenir les enfants au travail, les obliger à être respectueux des autres et du matériel dont ils se servent – pourtant, ces enfants éprouvent manifestement du plaisir à ce qu'ils font.

Comment sommes-nous arrivés à ce résultat ? Nous expliquons que nous répondons aux besoins d'autoformation des enfants. Les enseignants en ont une bonne compréhension et préparent l'environnement en conséquence. Après quoi ils donnent à chaque enfant toute la liberté dont il peut user en faisant preuve de responsabilité. Une fois que les élèves sont engagés dans un travail qui requiert de la concentration, la discipline s'opère d'elle-même. Quand, pour une raison ou pour une autre, on ne parvient pas à susciter chez un enfant une réaction indépendante, on lui retire cette liberté en lui demandant de rester temporairement avec la maîtresse, qui assure alors la discipline et le contrôle. Qui plus est, l'enfant prend conscience de ce qu'elle fait à ce moment-là. La plupart du temps, il la voit s'occuper d'un autre enfant ou d'un groupe et finit par retrouver son intérêt pour le travail.

Développer sa concentration

Les enfants exposés chez eux à l'excès de stimulation et de divertissement produit par la télévision, les jeux vidéo et les jouets en plastique et soumis à un programme d'activités chargé à l'extérieur ont du mal à développer la concentration nécessaire pour forger leur volonté et faire preuve de discipline dans l'apprentissage. Nous permettons trop souvent à l'idée que nous nous faisons du divertissement d'empiéter sur la vie des jeunes enfants. Nous oublions le rôle que jouaient autrefois les livres. À l'époque où John et Abigail Adams, Thomas Jefferson et, plus tard, Abraham Lincoln étaient enfants, lire était un luxe et une occasion bienvenue d'exercer son esprit au lieu de travailler dur physiquement. Une fois adultes, ils considéraient leurs bibliothèques comme leur bien le plus précieux. Pour aider nos enfants à devenir de dignes citoyens, nous devons nous réinterroger sur ce qui peut aider au développement de la volonté et de la concentration durant les premières années de la vie.

Commencer tôt

Notre objectif est un enfant ouvert à l'apprentissage et capable de collaborer avec l'adulte pour découvrir le monde. C'est un travail qui débute dès la naissance. Nous détaillons au bébé les différentes étapes d'une action en l'invitant à coopérer : « Voici ton sweater. Je l'enfile par-dessus ta tête. Donne-moi ton bras. Voilà », etc. Comme nous l'avons dit à propos de toutes les actions de vie pratique et de soins personnels, cette association de l'acte et du langage permet d'établir une collaboration et un système d'alternance « Chacun son tour ». Répétition et pratique sont la clé de l'apprentissage.

La plupart du temps, cependant, les parents doivent user de leur énergie et de leur volonté à la place de l'enfant jusqu'à ce qu'il soit en mesure de le faire. Pour cela, il leur faut la confiance en soi nécessaire à une bonne guidance. Ils pourront dire avec douceur : « Je vais t'aider », mais leur ton et leur manière d'être ne doivent laisser aucun doute sur ce qu'ils attendent. Les paroles et les actes des adultes contribuent à structurer l'environnement de l'enfant, ils sont aussi réels que des éléments physiques. Ils doivent refléter l'autorité.

Les chefs nés agissent comme s'ils savaient ce qu'ils font. Traverserait-on un fleuve en crue à la suite de quelqu'un qui dirait : « Je ne sais pas si tu y arriveras. Sans doute que oui, mais ce fleuve est vraiment très profond. Peut-être que tu devrais attendre ou même renoncer ? » Et ainsi de suite. Quand les parents manifestent ces hésitations et se montrent peu convaincus de leur rôle, les enfants se mettent à agir comme s'ils étaient aux commandes. Et en grandissant, lorsqu'ils n'obtiennent pas ce qu'ils veulent, ils se comportent comme si c'était la fin du monde.

Les embûches liées au développement de la volonté

Une chose est claire. Nous pouvons espérer que l'enfant agira au sein des limites que nous lui assignons, mais nous ne devons pas oublier pour autant que l'obéissance relève d'une décision intérieure. Le processus décisionnel suscite souvent chez l'enfant de l'irritabilité et de l'inconfort. Notre objectif n'est pas d'éliminer ce conflit, mais de le rendre acceptable.

Malheureusement, aider l'enfant à développer sa volonté n'est pas une tâche facile dans notre société. La culture actuelle se montre ambivalente à l'égard de l'autorité en général et de l'autorité parentale en particulier. Au cinéma et à la télévision, par exemple, on voit fréquemment des enfants plus compétents que leurs parents. Ces messages irréalistes encouragent chez l'enfant une rébellion malsaine et une croyance en sa supériorité. À l'adolescence, il découvre qu'il est bien moins préparé à affronter la vie qu'on ne le lui avait fait croire et cette méprise provoque un sentiment d'insécurité, de crainte et d'infériorité.

Les parents rendraient la vie beaucoup plus facile à leurs enfants et à eux-mêmes s'ils s'inspiraient de l'exemple suivant. Il s'agit d'une mère qui a participé à notre atelier. Elle avait une fille de deux ans et un garçon de cinq ans, et elle nous décrivait quelques-uns des problèmes qu'elle rencontrait avec eux, notamment avec son fils. Nous lui avons suggéré d'assister à une conférence organisée sous l'égide de quelques établissements d'enseignement du quartier. Celle-ci portait sur les enfants et la discipline, et était assurée par John Rosemond, auteur de *Six Point Plan for Raising Happy Healthy*

Children[1] *[Un plan en six points pour élever des enfants sains et heureux]*. Le lendemain de la conférence, elle nous a laissé un message à l'école: «Je suis inflexible ! Plus de négociations ! J'assume le rôle et l'attitude de celle qui commande !»

Les conséquences positives d'un bon encadrement

Qu'en résulte-t-il pour le jeune enfant quand les parents acceptent la responsabilité de lui enseigner les limites et l'ordre universel qui fonde l'existence humaine? Cela signifie qu'il peut développer sa maîtrise de soi. Les difficultés et les défis surviendront, comme dans toute vie, mais il aura acquis suffisamment de force intérieure pour les affronter. Il est capable d'accepter que le monde soit un espace fini et nous, des êtres limités, de faire face à la limite ultime – le terme de la vie sur cette Terre – avec courage et optimisme, et de prendre plaisir au voyage. Et surtout, cette maîtrise lui donne toute liberté pour s'accomplir et insuffler du sens à sa vie en aimant les autres, la nature qui assure notre subsistance, et en se mettant à leur service.

---

1 Kansas City, Mo., Andrews and McMeel, Universal Press Syndicate, 1989.

Conclusion

Nous avons retracé les progrès de l'enfant depuis le nourrisson apparemment sans défense jusqu'à l'enfant indépendant de trois ans, capable de mouvements conscients, disposant du langage et d'une volonté maîtrisée. Nous avons suggéré divers moyens de seconder cet exploit remarquable que constitue l'autoformation de l'enfant, fondée sur les principes universels du développement humain découverts au début du xxe siècle par une femme médecin dont les observations intuitives ont depuis été corroborées par des études en pédagogie et en sciences du comportement. Parmi ces principes : les périodes sensibles et l'esprit absorbant de l'enfant durant les premières années de sa vie. Nous avons présenté l'équation pédagogique montessorienne – un adulte préparé, un environnement préparé, une liberté associée à la responsabilité – et expliqué la nécessité de l'adosser aux tendances humaines (exploration, orientation, ordre, abstraction, imagination, manipulation, répétition, exactitude, contrôle de l'erreur, perfection et communication) pour assurer son succès.

Le contexte dans lequel appliquer nos recommandations pratiques est très variable. Par exemple, dans certaines familles de notre école, la répartition traditionnelle des rôles est inversée. C'est la mère qui travaille à l'extérieur, se déplace pour raisons professionnelles et rentre tard le soir. Plutôt que d'embaucher une personne extérieure, le père a choisi d'assumer lui-même la responsabilité des enfants et du foyer. Ces pères nous paraissent tout aussi capables de comprendre les principes sous-jacents à nos suggestions pédagogiques.

Dans d'autres familles, la mère travaille à l'extérieur trois à cinq jours par semaine et il est nécessaire de trouver quelqu'un pour s'occuper des enfants. Dans ce genre de situations, les parents peuvent embaucher une garde d'enfants à domicile. C'est une bonne solution si vous prenez le temps de lui expliquer ses tâches, mais aussi la raison de vos demandes. Aidez-la à comprendre qu'il s'agit d'être « éducateur », pour reprendre le terme de Maria Montessori, et cette responsabilité l'intéressera davantage que le simple baby-sitting. Tout comme vous.

L'une de nos mères, obligée de reprendre son travail à plein-temps après ses six semaines de congé maternité, n'avait pas les moyens d'engager une garde d'enfant cinq jours par semaine. Elle a trouvé un bon arrangement en confiant son enfant à une autre famille où la mère était familière des principes Montessori, qu'elle pratiquait avec ses trois enfants de six mois, trois ans et cinq ans. L'arrivée d'un nouveau bébé dans cette configuration s'est révélée parfaite pour tout le monde. La « baby-sitter » pouvait s'occuper comme il convenait de ses enfants tout en prenant le nourrisson en charge, ce qui lui assurait les revenus supplémentaires dont elle avait besoin ; quant à la mère, elle avait trouvé pour son bébé une « famille de jour » Montessori déjà constituée.

Si vous travaillez et êtes obligé de confier votre enfant à une institution, cherchez celle qui sera le plus proche des principes que nous avons exposés. Par exemple, l'atmosphère est-elle calme et paisible ? L'environnement est-il ordonné, sobre, d'une belle simplicité ? Les enfants disposent-ils de matériels adaptés ? Ceux-ci correspondent-ils aux différents stades de développement dans les domaines de l'indépendance, des soins à la personne et à l'environnement ? Le mouvement et la coordination des gestes sont-ils encouragés ? Le langage, oral, écrit et symbolique (art, musique), y est-il de qualité ?

Aide-t-on l'enfant à développer sa volonté en encourageant et en respectant sa concentration ? Se montre-t-on suffisamment exigeant à son égard sans outrepasser ses capacités ? Y a-t-il une tranche d'âge de deux à trois ans ? Quel est le ratio adulte/enfant ? (nous suggérons un adulte pour deux enfants en dessous de douze mois ; un adulte pour trois enfants de moins de dix-huit mois ; et un pour six enfants si ces derniers se répartissent de manière à peu près égale entre dix-huit mois et trois ans.)

Notre compréhension des enfants et du rôle éducatif des adultes a connu un tournant historique. Maria Montessori avait pressenti ces changements, elle y voyait une chance pour les femmes de se libérer et de trouver leur place dans la société, ainsi qu'une possibilité de progrès pour les hommes et d'amélioration pour les enfants. Ce n'était pas une bonne chose pour les mères de vivre dans l'isolement de leurs maisons ou de leurs appartements, sans aucun moyen d'apporter leur contribution à la société, contraintes d'attendre le retour de leur époux, le soir, pour se voir soulager de leur sacerdoce. Chaque famille doit inventer sa solution pour s'occuper au mieux de ses enfants, que ce soit à la maison ou dans un autre cadre.

Ce qui n'a pas changé, c'est l'énergie et le dévouement que nous devons employer à cette tâche. Depuis les commencements de l'humanité, élever des enfants requiert des sacrifices, de la patience, de la souplesse et du discernement. Pour illustrer cette vérité et vous donner une idée de ce que signifie suivre dans un cadre domestique les recommandations formulées dans cet ouvrage, nous allons vous raconter l'histoire de Patricia et Andrew. Charlie était leur premier enfant, il avait presque six mois. Patricia avait commencé à suivre l'atelier parents/enfants alors qu'elle était enceinte. Dès le début, Andrew s'était montré très intéressé par ce qu'elle apprenait. C'était un père très dévoué et quand il était à la maison, il aidait Patricia presque tout le temps. Comme Patricia nous l'a dit : « C'est tellement plus facile quand Andrew est là, on collabore, on prend ensemble les décisions. »

Nous avons choisi de parler d'eux en raison de leur compréhension des principes montessoriens et de leur bon sens. Plus important que tout, ils avaient intégré la nécessité d'observer leur fils pour pouvoir déterminer ses besoins. Par exemple, ils ne se précipitaient pas pour prendre Charlie dans leurs bras dès qu'il se mettait à pleurer. Ils préféraient attendre en essayant de déceler ce qui pouvait causer ses pleurs avant de réagir. Cette approche était certainement bénéfique à Charlie, qui était capable de passer de longs moments seul à se développer et à explorer le monde autour de lui, tout en ayant évidemment besoin de l'attention constante de ses parents. Il adressait un sourire engageant à tous ceux qui passaient et appréciait qu'on le prenne dans les bras et qu'on joue avec lui sans toutefois être particulièrement demandeur en la matière.

Tout cela, nous l'avons appris en allant le voir chez lui pendant quelque temps. Ce qui nous impressionnait le plus, c'était sa satisfaction manifeste et aussi l'extrême concentration avec laquelle il explorait son environnement. Lors de notre dernière visite, Patricia nous a expliqué que, lorsqu'il avait quelques semaines, Charlie focalisait toute son attention sur son mobile noir et blanc dont les courants d'air agitaient légèrement les éléments. Au bout de quelques semaines, il montrait la même concentration en levant la tête alors qu'il était sur le ventre ou sur le côté pour regarder son reflet et celui du mobile dans le miroir voisin de son lit. « C'était incroyable de voir un bébé capable de se concentrer dès la naissance. Je crois que nous l'avons aidé en faisant le moins de bruit possible, on ne l'interrompait pas en agitant des objets devant lui ou en cherchant à attirer son attention par d'autres moyens. Il vivait dans deux pièces, sa chambre et la nôtre. Pendant le premier mois, on a encouragé sa faculté de "concentration" en limitant le nombre de visiteurs – il ne voyait que trois personnes de manière régulière – et en le gardant à la maison. Il paraissait très content dans sa chambre, calme, confiant. Apparemment, une pièce, c'était suffisant pour qu'il devienne très à l'écoute, qu'il "s'imprègne".»

Nous avions remarqué que Charlie était très actif de son corps, de ses bras et de ses mains, et qu'il travaillait assidûment la coordination de ses mouvements. Patricia nous a dit que, dès la naissance, on lui avait donné des hochets. D'abord le hochet pour nouveau-né, qu'il agrippait par réflexe avant de le lâcher. Ensuite, un hochet en bois lisse qui avait la forme d'un croissant et qu'on pouvait saisir à pleine main ; et un autre constitué d'anneaux en bois à tenir avec les doigts. « Il ne paraissait pas particulièrement intéressé. Il les portait à sa bouche, puis il les laissait tomber. Ça a duré jusqu'à trois mois et demi. À quatre mois, il s'est pris de passion pour eux, il s'en servait toute la journée. À cinq mois, il s'en saisissait, il les agitait et il les tenait à deux mains. Comme la couleur l'attirait davantage, on a remplacé les trois premiers hochets par trois autres en bois peint de couleurs différentes. Il en a un avec des triangles qui s'emboîtent, un deuxième avec des anneaux et le troisième combine des anneaux et des sphères. Tous ces hochets, je les ai trouvés dans des catalogues d'articles pour bébé ou dans des magasins. La plupart du temps, il les a dans la bouche, mais il aime aussi entendre le son qu'ils font quand il les cogne contre le parquet.»

Quand nous avons évoqué la force manifeste des bras, du dos et des jambes de Charlie, Patricia nous a expliqué que, dès le début, il levait la tête et la tournait d'un côté à l'autre. Dès avant trois mois, il passait du ventre sur le dos, mais pour revenir sur le ventre il avait dû attendre d'avoir quatre mois et demi. « On l'a tout de suite placé sur le ventre quand il était réveillé sauf pendant les premières semaines, quand on voulait qu'il soit sur le dos pour regarder le mobile. À deux mois, il poussait sur ses bras et gardait la tête levée quelques instants.

« Très tôt, il a été capable de se déplacer sur une grande distance. C'est incroyable de voir à quel point les bébés bougent quand on le leur permet. À deux mois, il est plusieurs fois allé tout seul jusqu'au milieu de sa chambre. En général, ça se produisait quand il était seul. À quatre mois, c'était à peu près trois fois par semaine. Maintenant, il a cinq mois et demi, il se déplace partout, il se redresse sur les genoux, il se balance aussi. Au début, il se réjouissait, mais en ce moment il est frustré parce qu'il n'avance pas.

« On a remarqué un point intéressant : chaque fois qu'il développe une nouvelle compétence, il passe par une phase de frustration et de pleurs. Les premières semaines, par exemple, il pleurait quand il relevait la tête. Et puis ça s'est calmé. Quand il a commencé à se redresser sur les genoux, il a beaucoup pleuré pendant une semaine. C'était incroyable à observer : il hurlait sous l'effort physique – enfin, non, ce n'était pas un hurlement, mais une sorte de rugissement guttural. On n'intervenait pas tout de suite, on le laissait poursuivre ses efforts jusqu'à ce qu'il n'en puisse plus. À ce moment-là, on venait à la rescousse parce qu'il semblait incapable de s'arrêter. On le prenait dans nos bras, on l'emmenait ailleurs ou on le mettait au lit s'il était l'heure de faire un somme. Ces périodes de transition duraient quelques jours, après quoi il passait à la suite et poussait un cri de ravissement à chaque victoire.

En ce moment, il commence à marcher à quatre pattes, il est passablement agité.

« Si ça fait une à trois heures qu'il est réveillé, on sait que ça peut être un signe de fatigue. Il est toujours par terre, libre de se déplacer, du coup il est très actif quand il est réveillé. Parfois un nouveau somme s'impose au bout d'une heure et demie. Quand il pleurniche, ça veut dire que l'heure de la sieste ne va pas tarder et que c'est reparti pour deux heures de sommeil. Lors des "poussées de croissance", il y a toutes les chances pour qu'il pleurniche aussi au moment de s'endormir. Parfois, même, il pleure beaucoup. Si on n'intervient pas, il ne lui faudra pas plus de cinq minutes pour dormir profondément. »

Nous avons interrogé Patricia sur ce qui lui avait paru le plus difficile. Après un moment de réflexion, elle a répondu : « Les différentes sortes de pleurs. Parfois, ça me dérange vraiment, à d'autres moments j'arrive à m'en abstraire. Ce qui fait la différence, c'est la façon dont il pleure et pourquoi. Si c'est au moment de s'endormir ou juste parce qu'il se sent frustré, qu'il veut atteindre un jouet qui se trouve par terre, même s'il est bruyant, ça ne me gêne pas. Mais quand ça veut dire "Je veux quelque chose de toi", c'est comme un coup de poignard. Même si quelqu'un d'autre s'occupe de lui, je suis incapable de l'ignorer. C'est comme une alarme qui se déclenche.

« Ça fait déjà cinq mois et demi que Charlie est né. C'est étrange de voir à quel point le temps passe vite. J'ai appris tellement de choses pendant l'atelier, ce qu'il fallait faire, mois par mois. À l'époque, six mois, ça paraissait long quand tout ce que vous aviez à faire c'était de vous occuper de votre bébé. Et puis, un matin, vous vous réveillez en vous demandant : "Où sont passés tous ces mois ? Est-ce que j'ai fait tout ce que j'aurais dû faire ? Est-ce que j'ai sorti les hochets ? " Quand on est mère, on n'a pas les idées claires. J'ai une notion du temps tellement faussée, maintenant, mon mode de vie est si différent.

«Je n'arrive pas à imaginer ce que ce serait avec plusieurs enfants. Je n'en ai qu'un et je sais tout ce qu'il y a à savoir sur le bout des doigts. Pourtant j'ai encore l'impression d'avoir l'esprit confus. J'ai besoin de réviser. On apprend vraiment "en faisant". C'est comme de jouer au tennis et de s'arrêter à la moitié du match. Vous repensez à ce que vous avez fait pour voir comment vous vous débrouillez. Mais c'est difficile à dire parce que vous ne savez pas comment ça se termine. S'il y a eu un truc qui n'allait pas – waouh – ne serait-ce que le soupçon d'un truc qui n'allait pas, ce serait absolument terrifiant !

«Je viens d'installer la table de sevrage parce que Charlie se sent mieux en étant assis. Et puis il est temps qu'il commence à goûter des aliments. Il y est presque tous les jours. Le problème, c'est que ce n'est pas forcément à la même heure. Je sais que ce serait mieux. Mais je ne suis pas encore tout à fait au point en ce qui concerne ses horaires de repas. J'ai le même problème avec le bain. Ça allait mieux et puis on est partis en vacances. C'est vraiment dur de faire quelque chose chaque jour à la même heure. Je pensais que le plus facile, ce serait d'établir un emploi du temps. Je suis plutôt bonne pour ça. J'ai toujours mon programme dans la tête, même quand je pars en vacances dans un endroit vraiment relaxant : "D'abord, je vais aller nager, ensuite je prendrai mon petit-déjeuner et je lirai un moment." Bien sûr, il faut que je m'adapte au bébé. Le deuxième enfant, on le met dans la voiture quand l'aîné va à l'école. Il doit se caler sur ces horaires. Mais quand c'est votre premier, s'il vous a tenue éveillée toute la nuit et qu'il dort jusqu'à neuf heures du matin, vous n'allez pas le lever plus tôt pour pouvoir vous occuper de vous.

« J'ai remarqué que, parfois, les familles qui n'ont que deux enfants essaient de tout contrôler. Quand le troisième arrive, elles deviennent un peu plus souples. Elles voient que l'aîné se débrouille bien, alors elles se détendent. Les parents trouvent leur rythme. Je le vois sur leurs visages quand ils amènent leurs enfants à l'école, le matin. C'est comme s'ils disaient, “OK, maintenant je suis mère” ou “je suis père”.

« En ce qui me concerne, les choses sont en train de se stabiliser. À presque six mois, Charlie perçoit mieux les habitudes et par chance ça arrive au moment où je suis plus à l'aise. J'étais plutôt confiante à l'idée d'avoir mon premier enfant. Mon couple était ma priorité et j'étais convaincue que je saurais m'y prendre avec le bébé. Mais au cours de ces premiers mois, j'ai douté trop facilement de moi. Je me laissais influencer par la moindre conversation, je me disais “Peut-être que je devrais faire autrement”. Je n'ose pas imaginer ce que pourrait ressentir une personne moins confiante, qui ne serait pas aussi informée et aidée – par exemple, avec un mari qui lui rendrait les choses encore plus difficiles. Ça doit être un vrai cauchemar. J'ai le sentiment d'avoir beaucoup de chance. »

Comme Patricia n'avait pas encore repris son travail à plein-temps, nous l'avons interrogée sur ce changement de vie si radical. Sa réponse : « À trente-deux ans, j'étais vraiment heureuse. J'étais parvenue à créer de bonnes relations avec les gens. J'adorais mon travail, je réussissais très bien. Après la naissance, les changements hormonaux et la privation de sommeil m'ont redonné l'impression d'être une adolescente perturbée. Je ne contrôlais plus rien. Je voulais des choses qui m'étaient interdites. Je ne pouvais même plus conduire, je devais m'en remettre à d'autres. Je ne sais pas ce qu'il y a de pire : être obligée de retourner travailler, de reprendre son ancienne vie, ou devoir rester chez soi pour s'adapter à une existence totalement nouvelle. C'est un sacré choc d'être une mère à plein-temps. Je me souviens de la surprise d'une collègue à propos d'une mère de quatre enfants entre deux et huit ans qui voulait une aide ménagère cinq matinées par semaine. "Elle n'a rien d'autre à faire que de s'occuper de ses enfants. Pourquoi est-ce qu'elle aurait besoin d'être aidée?" Aujourd'hui, je n'ai pas la moindre idée de ce à quoi ressemblent les matinées d'une mère qui doit emmener tout ce beau monde à l'école en même temps.

«Je pensais juste être capable de maîtriser un peu mieux les choses. Rien que d'aller aux toilettes, de me faire à manger, de me peigner, tout ce qu'on fait sans même s'en rendre compte quand on est seul, c'était la croix et la bannière. Je me disais: "Ce serait bien d'aller aux toilettes maintenant, mais je vais d'abord mettre Charlie au lit." Quand Andrew était là, c'était formidable, je pouvais lui demander de m'aider. Ça me permettait éventuellement de faire un petit truc, changer de vêtements, par exemple – pas pour sortir, juste pour me sentir propre. Maintenant, ça va mieux. J'essaie de voir ce que je peux réintégrer dans mon emploi du temps. J'ai dû laisser tomber des choses auxquelles je tenais beaucoup, c'est dur. Mais j'ai beaucoup de chance parce que j'ai le choix. Je pourrais me libérer quelques heures par jour, pas plus, embaucher une garde d'enfants et reprendre un temps partiel ou faire du sport et des activités bénévoles. Je ne sais pas si je pourrais me contenter de faire la cuisine, la lessive, de la couture et du jardinage pendant ces quelques années. En général, on a du mal à croire que les gens qui font ce choix puissent être heureux. Mais je pense que Montessori avait raison en cherchant un équilibre entre le physique et l'intellect. Il y a quelque chose qui nourrit, quelque chose de relaxant et de satisfaisant à mettre le corps et l'esprit en phase, comme les enfants dans une classe Montessori.

« Je suis très agréablement surprise, être une mère au foyer avec un bébé, c'est un défi intellectuel. On ne s'ennuie pas ! Je pense que c'est grâce à l'atelier que j'ai suivi. On vous donne beaucoup d'informations, mais ensuite il faut les adapter. Bien comprendre le rôle du lit ou de la table de sevrage, par exemple, parce qu'il y aura des moments où vous devrez faire preuve de souplesse, inventer quelque chose et déterminer si cette solution convient vraiment.

« La dernière fois qu'on est partis en vacances, on n'a pas pu sécuriser une pièce pour Charlie. Mais la configuration permettait des ajustements. À l'extérieur de notre chambre il y avait une véranda. Quand on était couchés, on voyait l'endroit où il dormait. Comme ça, on pouvait vérifier si son lit était adapté, s'il lui permettait de se déplacer. On y a mis tout un tas de couvertures en laine, avec un drap par-dessus et des oreillers autour pour que Charlie ne risque pas de rouler dans la véranda. En fait, grâce à cette situation, on a compris pourquoi il n'arrêtait pas de quitter son lit. Il se retournait pendant son sommeil. Dans un berceau, il aurait été obligé de rester dans la même position, sinon il se serait cogné contre les bords en passant d'un côté sur l'autre. Mais là, il roule dans toute la pièce. Même pendant son sommeil il développe sa mobilité. Par conséquent, une surface sur le sol, bien dégagée et équipée de coussins, convient parfaitement quand on n'est pas à la maison. On a juste vérifié que les coussins étaient suffisamment lourds et rigides (comme la plupart des coussins de canapé) pour maintenir les couvertures en place et que l'espace était assez grand. Il devait faire environ 1,80 m de long et de large.

« À six mois, il n'est pas essentiel d'avoir un champ visuel très étendu. Ce qui compte, pour le nouveau-né, c'est d'être en mesure de voir grâce au lit et au miroir mural. Il faut qu'il se construise une carte visuelle de la pièce où il va se déplacer. Mais quand il commence à bouger facilement, c'est un peu gênant si les coussins lui bouchent la vue. Charlie regardait par-dessus, il appréciait beaucoup les arbres à l'extérieur, les aiguilles de pin qui brillaient au soleil. C'était fascinant de l'observer à son insu. J'ai constaté avec surprise qu'il dormait très bien sur le dos, avec les bras et les jambes écartées. Je crois le laisser pelotonné et en quelques minutes il est tout contorsionné dans des positions diverses.

« Il y a une chose que j'ai apprise, c'est qu'il s'agit d'un processus. Tout change en permanence. On ne peut pas espérer protéger son bébé de tout. On regarde les catalogues et on croit pouvoir sécuriser le monde entier. Mais l'enfant change de semaine en semaine. Dernièrement, Charlie a commencé à se repousser avec ses bras, il basculait et se cognait le crâne par terre. J'ai compris qu'en lui mettant de chaque côté de la tête un des coussins plats du canapé je pouvais continuer à l'installer sur le sol et à lire à côté de lui ou à vaquer à mes occupations. S'il bascule, sa tête heurtera le coussin, pas le sol. Ça ne fonctionnera que pendant un temps, c'est sûr. Dans quelques semaines, il faudra inventer autre chose.

« Ces six mois ont été difficiles, mais la récompense est là : un bébé qui a l'air bien même à l'extérieur. Il est très sociable, il sourit tout le temps. C'est un enfant calme, heureux. À mesure que les semaines passent, ça devient de plus en plus agréable. »

Ensuite, nous avons parlé avec Andrew. En l'écoutant, nous avons pris encore plus conscience du rôle du père dans l'éducation des enfants et la bonne marche du couple. L'implication d'Andrew, de la grossesse jusqu'aux premières semaines qui ont suivi la naissance, a largement contribué à l'évolution positive de son fils. Paula se souvient que cette possibilité offerte aux pères d'assister à la naissance et d'être présents durant les premières semaines est un phénomène récent dans notre culture. Parmi tous les changements révolutionnaires survenus ces derniers temps dans la société occidentale, la reconnaissance de la responsabilité paternelle dès la naissance représente l'un des plus importants.

Pour commencer, nous avons demandé à Andrew ce qu'il pensait du fait d'élever son premier enfant selon les principes montessoriens. « Je ne me suis pas senti contraint d'aller contre mon instinct. Ça me paraissait sensé, logique. Il y a ces éléments de base, le lit, les mobiles, le miroir, qui servent au développement de l'enfant. Ça, ce sont les éléments matériels. Et puis il y a un engagement émotionnel. L'accent est mis sur l'enfant et la construction d'une famille. Quand j'entre dans la chambre, par exemple pour changer Charlie, je ne vois même pas ces éléments matériels. Je ne me dis pas : "Je vais mettre mon fils sur le lit." Je commence à le changer, c'est tout. Par ailleurs, il se trouve que ce lit présente des avantages pour moi aussi. Je fais plus de 1,80 m, mais on peut se coucher dessus tous les deux quand je n'en peux plus !

« Je n'aime pas le désordre, on a fait le choix de la simplicité. En décidant à l'avance, on s'épargne la nécessité de revenir sur les choses. On ne se met pas tout à coup à transformer sa maison avec un tas de trucs invraisemblables. Chez nous, c'est vraiment très dépouillé. On comprend quels sont les besoins fondamentaux de notre fils – être changé, nourri, dormir, jouer – et on y pourvoit. Il n'y a pas à rendre les choses plus compliquées.

« Je n'ai pas l'impression qu'on soit une "Maison Montessori". On est juste des parents dévoués à leur enfant et on s'inspire d'une approche éducative basée sur le bon sens. Je suis content d'être en accord avec cette méthode. J'ai simplement l'impression d'élever mon enfant. Tout ce qu'on cherche, Patricia et moi, c'est un foyer calme et paisible, qui soit notre œuvre à tous les deux. On réfléchit à ce qui est bon pour notre fils à long terme sans oublier ce qui est bon pour nous. Notre priorité, c'est notre couple, c'est ce qui donne le *la*. Ça fait six mois qu'on est parents, on commence tout juste à être rodés. On sert au mieux les besoins de notre fils en créant une atmosphère de calme et en restant simples, pragmatiques et aimants. Pour moi, c'est mon fils qui a rejoint notre famille, pas l'inverse.»

Quand nous avons interrogé Andrew à propos de l'accouchement et des premières semaines qui ont suivi la naissance, il a répondu: «On avait opté pour un accouchement naturel et je devais participer. On avait suivi ensemble un cours de préparation, j'avais prévu de jouer le rôle de "mari-entraîneur". J'ai appris les techniques de relaxation et ce qu'il faut faire pendant les deux étapes du travail et la naissance proprement dite. On avait programmé ce processus à deux. J'étais tout excité et je savais que ça rassurait Patricia. Je me suis arrangé pour voyager le moins possible pendant les deux semaines qui ont précédé la date prévue et après, j'ai pris deux semaines de congé. Je tenais à être là pour assister ma femme pendant les premiers jours et m'assurer qu'elle arrivait à se débrouiller.

«La naissance a été difficile. Notre fils est un gros bébé et la deuxième phase a duré deux heures et demie, une sacrée épreuve. La mise au monde a été un vrai travail d'équipe. Les premiers jours qui ont suivi sont un peu confus. Le médecin voulait que Patricia garde le lit pendant deux semaines, aussi c'est moi qui me suis occupé de notre fils à cent pour cent. Enfin, plutôt quatre-vingt-quinze pour cent, parce que

Patricia lui donnait le sein. Mais pour être franc, j'étais plutôt centré sur ma femme, sur sa sécurité et son bien-être émotionnels, je voulais être certain qu'elle se sente bien. Bizarrement, je ne me suis jamais inquiété pour le bébé. Il respirait normalement, il était en bonne santé, aussi je n'ai jamais pensé qu'il pouvait y avoir un problème. J'ai tout de suite été à l'aise en le tenant dans mes bras et en m'occupant de lui. Peut-être que cette naissance difficile m'avait montré à quel point il était fort. Je me sentais très proche de ma femme à la suite de cet événement qu'on avait traversé ensemble et c'était un peu comme si notre bébé était juste partie prenante du processus : son but ou son aboutissement. Je ne le négligeais pas, mais c'était à Patricia que je pensais avant tout.

« Je dis que ces premiers jours ont été confus parce que j'étais constamment sur le pont, focalisé sur les besoins du bébé ou de Patricia. J'étais si fatigué que je voulais juste en finir avec ce qu'il y avait à faire. Les choses se sont calmées au bout de trois ou quatre jours et j'ai réussi à dormir un peu. Patricia se sentait mieux, on a pu respirer. C'est à ce moment-là que j'ai enfin profité du luxe de regarder notre fils et de voir à quel point il était incroyable. »

Nous avons demandé à Andrew ce qui lui semblait le plus difficile à présent. « Je voyage beaucoup parce que c'est moi qui assure les revenus principaux de la famille. Aussi, l'essentiel pour moi, c'est de rester proche de ma femme et de mon fils. J'ai toujours sur moi un petit cadre pliant avec leur photo [bien que vêtu d'une tenue d'intérieur, Andrew sort le cadre de la poche de son pantalon et nous montre les photos]. Et puis, il y a le téléphone portable et les emails. Quand je rentre, c'est comme de sauter sur un manège en marche en essayant de ne pas l'arrêter. Il faut que je suive la cadence et que je me remette dans l'emploi du temps de mon fils.

« Autre difficulté, le changement de rythme. On a une vie plus tranquille, maintenant, même si on n'a jamais été du genre à "courir" après le divertissement. Quand on veut se faire plaisir, par exemple, au lieu de sortir on passe commande à un restaurant et on regarde une vidéo à la maison. Lorsqu'on est parent, il faut s'oublier. On ne peut pas simplement s'installer pour lire le journal. Je ne fais plus aussi régulièrement de sport. Il m'arrive de m'entraîner tôt le matin pour pouvoir ensuite relayer Patricia, ou bien à midi. Je sais que je serai de retour suffisamment tôt pour qu'on puisse faire quelque chose ensemble. Ces changements ne me posent pas de problème. J'ai renoncé à certaines choses, mais j'ai reçu beaucoup en retour.

« En ce qui concerne la suite, je crois qu'on a bien compris ce qu'il y avait à faire. Mais je ne considère pas ce qu'on a appris à Montessori comme une check-list. On nous a donné des objectifs, pas des absolus. On ne sera pas toujours de bons élèves. Il faudra qu'on observe, qu'on évalue ce qu'on fait, comme de bons "scientifiques". Ce qui compte, pour moi, c'est l'esprit Montessori, pas la lettre. Il y a tant de gens qui veulent le remède miracle. Tout ce qu'ils souhaitent, c'est qu'on leur dise quoi faire. Le problème, c'est qu'il n'existe pas d'approche standard en ce qui concerne les enfants, qu'il s'agisse du lit ou des couches lavables. Mais si on improvise, il faut que ce soit en accord avec les objectifs qu'on a définis à deux.

« Je vais vous donner un exemple. Au départ, on avait décidé que Patricia allaiterait pendant neuf mois. Mais, au bout de cinq mois, elle était dans un état pitoyable, elle avait constamment des infections du sein, elle était épuisée. En plus, Charlie faisait ses dents – il en a eu deux à ce moment-là, très coupantes. On a décidé de lui donner du lait maternisé deux fois par jour, en milieu de matinée et d'après-midi.

Patricia a tout de suite commencé à se sentir mieux. Ce qu'il y a de bien, c'est que notre fils profite du lait maternel et de l'expérience de l'allaitement avec sa mère, et en même temps Patricia n'est plus obligée d'assurer la totalité de ses repas. Maintenant, notre objectif, c'est que notre fils soit sevré vers huit mois. Ce n'est pas les neuf mois qu'on avait prévus, mais c'est une solution de rechange acceptable.

« Quand on a besoin de changer notre fusil d'épaule pour réajuster des choses comme ça, c'est très important pour moi d'être partie prenante de la décision. Ce n'est pas moi qui mène la discussion. Je ne suis peut-être pas le grand chef, mais je contribue à réaliser l'objectif final : un foyer paisible et un environnement dans lequel on puisse vivre et grandir. Et quand je rentre, je commence toujours par prendre des nouvelles de ma femme. Trop souvent, ce sont les enfants qui passent en premier. Or le bébé vient après. Il faut qu'il y ait une relation solide entre les parents. C'est ça qui permet d'être un bon père. »

Les propos de Patricia et d'Andrew montraient clairement la qualité de leur collaboration et l'amour et le respect qui les unissaient. Ils travaillaient comme il fallait avec leur premier enfant et arrivaient à répondre à ses besoins. Mais qu'en est-il des parents qui ont plusieurs enfants et qui essaient de les élever d'après les principes Montessori ? Patricia a fait allusion aux difficultés qu'elle leur supposait. Comment s'en sortent-ils ? Voici, à titre d'illustration, une anecdote qui nous a été rapportée par deux jeunes parents, Karen et John, qui suivent actuellement notre atelier. Elle concerne la mère dont nous avons reproduit dans la préface les propos qui ont contribué à inspirer ce livre. Les choses se sont passées six jours après la naissance du troisième enfant de Sarah, la mère, et de son mari, Tom. Leurs deux premiers enfants, Edith, six ans, et

Todd, quatre ans, ont fait partie de l'atelier parents/enfants à leur naissance et sont à présent élèves de l'école.

Par une chaude soirée de juin, Karen et John, se souvenant combien ils avaient apprécié que leurs amis leur apportent le repas après la naissance de leur enfant, quelques mois plus tôt, avaient décidé de passer chez Tom et Sarah pour leur déposer le dîner. C'était un peu avant cinq heures et demie. Tom, qui avait joué avec Edith et Todd au jardin, les a accueillis à la porte. En les entendant arriver, Sarah a crié depuis la chambre : "Restez donc dîner. Je finis de nourrir le bébé." Et Tom a ajouté avec enthousiasme : "Oui, on va faire un pique-nique au jardin." Karen a demandé : "Vous êtes sûrs ?" Elle craignait que ce soit un peu trop pour les deux enfants. Après tout, il y avait un nouveau bébé à la maison, et on pouvait s'attendre à ce que les frères et sœurs réclament davantage d'attention et ne soient pas disposés à partager leurs parents avec des invités à la fin de la journée. Qui plus est, Karen et John avaient amené leur fils de quatre mois, ce qui pouvait être un facteur supplémentaire d'excitation. Mais sur l'insistance de Sarah et de Tom, Karen et John ont finalement décidé de rester.

Pendant que les adultes sortaient la nourriture pour la déposer sur la table de pique-nique, les enfants ont transporté leur propre petite table – chacun à un bout – de la cuisine dans le jardin. Ensuite, ils sont allés chercher leurs chaises et, pour finir, ont pris dans un petit placard de la cuisine ce dont ils avaient besoin pour manger. Après quoi, ils sont allés cueillir des pivoines et les ont placées dans deux verres, un pour la table des adultes, l'autre pour la leur. Chose surprenante, ils ont fait tout cela très tranquillement, de leur propre chef, et Karen s'est rendu compte après coup qu'elle n'avait quasiment rien remarqué de toute cette activité. Pendant le dîner, les enfants ont mangé avec satisfaction à leur table, pendant que les adultes dînaient de leur côté.

À la fin du repas, ils ont débarrassé leur table et rapporté les assiettes à la cuisine – toujours de leur propre initiative, sans qu'on leur demande quoi que ce soit. Après quoi Todd s'est mis à « jardiner » en creusant le sol. Edith s'est assise pour regarder le bébé de Karen, qui se trouvait sur une couverture posée dans l'herbe. Pendant qu'on pique-niquait autour de lui, il était sur le ventre à pousser sur ses bras et à redresser la tête, très attentif à ce nouvel environnement. Puis Edith a rejoint Todd, qui examinait les fleurs et les arbustes du jardin, et ensuite ils se sont mis à courir et à jouer avec le chien et à lui lancer sa balle. À sept heures, Tom les a appelés pour qu'ils prennent leur bain et se mettent en pyjamas.

En rentrant chez eux, Karen et John ont parlé de la soirée, de la remarquable autonomie des enfants et de leur faculté de s'amuser même en l'absence de jouets et d'activités programmées. Du coup, les adultes avaient pu profiter d'un moment agréable de détente et de conversation en ayant la joie d'avoir leurs enfants auprès d'eux, en train de « travailler », de pique-niquer et de jouer.

L'expérience de ces couples ainsi que d'autres, similaires, qui nous ont été rapportées montrent que les parents qui mettent en pratique nos recommandations ont une vie qu'ils jugent plus facile. Tel est notre objectif. Si ce n'est pas votre cas, peut-être essayez-vous trop scrupuleusement de vous conformer aux idées que nous avons exposées. Comme le disent Andrew et Patricia, ce que vous devez vous employer à comprendre, ce sont les principes qui sous-tendent les détails pratiques. En observant votre enfant, vous pourrez les appliquer dans des situations très diverses.

La clé du succès réside dans l'observation de l'enfant, mais celle-ci n'est pas toujours simple. Pour quelle raison ? Assister les enfants dans leur développement suppose toujours de choisir le bon moment ainsi que le bon objet ou la bonne activité. *Comment* montrer quelque chose, voilà le plus facile. Les formations diverses et variées à l'intention des parents ou des enseignants aiment bien détailler le « comment », au besoin sous la forme de check-lists. Prendre le temps et faire l'effort d'observer son enfant, découvrir ce faisant ce qu'il faut lui donner et à quel moment intervenir, est difficile.

Observer, ce n'est pas regarder. Pour reprendre la formulation d'Andrew, observer, c'est penser en scientifique : être complètement ouvert à ce qu'on voit sans idée préconçue. Dès lors, quand on observe des enfants, on ne peut pas projeter sur eux ce qu'on pense. Ainsi, lorsqu'un bébé de deux mois ne cesse de lever la tête et voit devant lui le motif de l'oreiller, on ne saurait partir du principe que ce qu'il veut, c'est avoir accès à l'oreiller. Peut-être est-il juste en train d'absorber le motif en question ou de lever la tête pour renforcer sa nuque et son dos – l'oreiller se trouvant par hasard dans son champ de vision.

Quand nous observons un enfant comme le ferait un scientifique, nous n'apprenons pas seulement ce dont il a besoin et ce que nous pouvons lui donner à cet effet, mais aussi ce qu'il faut lui enlever ou arrêter de faire. En d'autres termes, nous prenons conscience des obstacles qui entravent son développement. Nous commençons à voir qu'en donnant trop promptement son hochet au bébé de cinq mois, nous le privons d'un effort tout à fait surmontable. Quand, à un an et demi, il essaie d'encastrer un cube dans le couvercle de la boîte à solides, attendons pour intervenir qu'il soit près de déclarer forfait ou que la frustration devienne trop intense. Quand un enfant de deux ans ne peut boire sans que de l'eau coule sur son menton, observons-le pour identifier le problème et agir en conséquence. Évacuer la difficulté – par exemple en lui donnant un gobelet à bec au lieu de le laisser poursuivre ses efforts – revient à l'empêcher de progresser.

Regardez et dites-vous : « Quelle est la chose que je veux faire pour l'aider ? » Votre but est de donner juste la quantité d'aide nécessaire et de le faire au bon moment. Cela signifie que lorsque vous êtes avec votre enfant, vous devez de temps en temps vous mettre en retrait. Vous n'avez pas besoin d'être constamment en interaction avec lui. Si vous êtes en train de lire un magazine, posez-le un instant pour examiner votre enfant et recueillir des informations. Que fait-il avec ses mains, avec ses doigts ? Que font ses jambes et son dos ? Travaille-t-il assidûment ? Par exemple, quand il a un an et demi et qu'il essaie de s'habiller le matin, observez-le pour voir ce qu'il fait tout seul. Demandez-vous si ce que vous vous apprêtez à faire lui sera utile, et ainsi de suite pendant toute la journée. Observez, réfléchissez, agissez. En obéissant à ce schéma, vous avez toutes les chances d'instaurer une collaboration à son bénéfice au lieu de saper ses efforts pour se former.

C'est en suivant la voie de l'observation, de la réflexion et de la collaboration avec l'enfant que Maria Montessori a découvert la raison d'être de l'enfance et les moyens de lui porter assistance. Elle y a été conduite par le respect qu'elle éprouvait à l'égard de l'enfant et c'est ce même respect qui nous permettra à nous aussi de nous engager sur ce chemin. Comme Patricia et Andrew, par exemple. Écoutez ce que nous a dit Patricia lors de notre dernière visite. Elle rapporte un échange avec un ami de la grand-mère de Charlie. Le bébé jouait tranquillement par terre dans le salon avec un hochet en bois coloré. De temps en temps, il se retournait, se redressait sur ses genoux et se balançait en souriant et en émettant des sons de contentement. Son visiteur souriait, lui aussi, et il a dit : « Il est adorable. J'aurais tout le temps envie de le prendre dans mes bras. Pas vous ? » Patricia a eu l'air songeuse. Puis elle a répondu : « Oui, mais j'essaie de ne pas le faire. C'est vraiment une question de respect. Je respecte ce qu'il fait. Il travaille vraiment dur pour se développer, il n'arrête pas. »

L'existence humaine est précieuse, la respecter est essentiel au bonheur et au progrès humains. Ce n'est qu'en respectant les êtres humains que nous pouvons découvrir notre rôle dans la création ainsi que la meilleure façon de nous y préparer. L'enfant et sa tâche d'autoformation méritent une considération toute particulière. Sa mission est réellement prodigieuse, elle n'a pas d'exemple chez les autres espèces. Il a pour objectif de construire un « être humain accompli », capable d'apporter sa contribution au monde, voire de l'améliorer. Pour ce faire, il doit employer tous ses efforts à s'élever jusqu'à un plan spirituel. Il est assurément possible pour les êtres humains d'en rester à une existence animale. Nous effectuons les mêmes actes : manger (allaiter), dormir, s'accoupler, se laver, s'abriter, s'adjoindre à des groupes. Historiquement, nous avons connu des succès divers dans l'accomplissement de notre destinée spirituelle. La lutte pour la survie nous a souvent fait négliger nos aspirations plus élevées.

Aujourd'hui, nous sommes conscients des besoins physiques de l'être humain, mais aussi des défis auxquels notre dimension spirituelle est confrontée au quotidien. Nous nous débattons face à l'accroissement d'activités engendré par le déluge d'informations qui nous arrive en permanence de tous les coins du globe. Le rythme auquel nous sommes soumis est trop souvent source de complications et de stress et engendre un profond sentiment de vide et de stérilité spirituelle. Pour aider l'enfant à devenir un « être humain accompli », capable de s'épanouir en cette époque stimulante et exigeante, il est essentiel de comprendre sa mission d'autoformation. Cela demande de l'observer, de coopérer avec lui et de manifester du respect à l'égard de son travail.

Il y a plus d'un siècle, Maria Montessori entamait sa « découverte » de l'enfant, mettant au jour son besoin de collaboration avec les adultes et la nécessité de lui témoigner tout le respect nécessaire. Cette collaboration commençant dès la naissance, elle n'a eu de cesse de souligner l'importance, pour les parents, de s'informer sur les phases de développement de l'enfance, leurs énergies et leurs exigences spécifiques. Nous espérons que ce livre vous aidera à rendre les trois premières années de la vie de votre enfant plus joyeuses et plus gratifiantes pour tous.

Remerciements

Nous remercions tous nos formateurs de par le monde pour leur dévouement à l'égard des enfants et leur contribution au développement de l'éducation Montessori. Nous exprimons notamment toute notre gratitude à nos formatrices de maternelle, Margaret Stephenson, Elizabeth Hall et Hildegard Solzbacher, et aux formatrices du cours d'auxiliaire de puériculture de Lynn, Silvana Montanaro et Judi Orion. Paula a également eu la chance de pouvoir suivre des conférences sur les classes de primaire assurées par Margaret Stephenson et Allyn Travis. Mario Montessori Jr., Mario Montessori III (Amsterdam), Camillo Grazzini (Bergame), Marsilia Palocci (Pérouse), Maria Teresa Vidales (Mexico City) et Margot Waltuch (New York) ont eux aussi grandement contribué à nous faire comprendre l'éducation Montessori et ont influencé notre enseignement et nos écrits. Renilde Montessori, présidente de l'Association Montessori internationale (AMI) (Amsterdam), et Virginia McHugh Goodwin, directrice de l'AMI/USA (Rochester, New York), ont été une source incomparable d'encouragements et de conseils. Nous remercions David Kahn, directeur de la North American Teachers' Association (NAMTA), pour ses ateliers régionaux avec des psychologues et des chercheurs.

Nous remercions Cynthia Grieshop pour son travail de secrétariat ainsi que Rahel Lerner et Altie Karper, nos éditrices de Schocken Books, pour leurs remarques avisées et leur enthousiasme. Merci à Judi Orion, Silvana Montanaro et l'AMI de nous avoir autorisées à reproduire la ligne du temps qui accompagne le texte. Nous ne pourrions pas mener une carrière professionnelle sans l'aide et le dévouement de Margaret Alvarez, qui assume notre intendance domestique. Nous la remercions de sa générosité.

Merci à nos collègues de l'école de Forest Bluff, aux parents et aux enfants de nous aider à approfondir notre compréhension des enfants et la façon dont nous pouvons encourager leur développement. Notre parcours quotidien avec chacun d'entre eux donne à l'existence tout son sens et toute sa raison d'être. Nos enfants, petits-enfants, gendres, beaux-frères, neveux et nièces, tous se sont employés à nous fournir tout le soutien possible pendant l'écriture de ce livre, qu'ils en soient remerciés. Vous êtes la famille la plus généreuse, la plus dévouée, la plus talentueuse et la plus agréable que l'on puisse trouver. Merci de la joie que vous apportez chaque jour dans nos vies.

Bibliographie

Baumrind, Diana, « Rearing Competent Children », dans William Damon (éd.), *Child Development Today and Tomorrow,* San Francisco, Calif., Jossey-Bass, 1989.

Csíkszentmihályi, Mihaly, *Flow*, New York, Harper and Row, 1990 ; *Vivre : la psychologie du bonheur*, trad. Léandre Bouffard, Pocket, 2005.

—, *Finding Flow,* New York, Basic Books, 1997 ; *Mieux vivre en maîtrisant votre énergie psychique*, trad. Claude-Christine Farny, Pocket, 2006.

—, *Becoming Adult*, New York, Basic Books, 2000.

Eliot, Lise, *What's Going on in There?*, New York, Bantam Books, 1999.

Greenspan, Stanley I., *The Growth of the Mind*, Reading, Mass., Perseus Books, 1997 ; *L'esprit qui apprend : affectivité et intelligence*, trad. Annick Baudoin, Paris, Odile Jacob, 1998.

Hunter, James Davison, *The Death of Character*, New York, Basic Books, 2000.

Kubey, Robert, Csíkszentmihályi, Mihaly, « Television Addiction Is No Mere Metaphor », *Scientific American*, 286/2, février 2002.

Lillard, Angeline, *Montessori: The Science Behind the Genius*, New York, Oxford University Press, 2005.

Lillard, Paula Polk, *Montessori: A Modern Approach*, New York, Schocken Books, 1990 ; *Pourquoi Montessori aujourd'hui ?*, introduit et traduit par Jacqueline Bigeargeal, Desclée de Brouwer, 1984.

Montessori, Maria, « Lecture on Movement by Dr. Montessori, London, 1946 », *Communications*, 1, 2001, Journal of the

Association Montessori Internationale (AMI), 161 Koninginneweg, 1075 CN Amsterdam, Pays-Bas.

Rathunde, Kevin, « Montessori Education and Optimal Experience », *NAMTA Journal*, 26/1, hiver 2001, Journal of The North American Montessori Teachers' Association, 13693 Butternut Road, Burton, Ohio 44021.

Weissbluth, Marc, *Healthy Sleep Habits, Happy Child*, New York, Ballantine Books, 1987.

MARABOUT
s'engage pour l'environnement
en réduisant l'empreinte carbone
de ses livres.
Celle de cet exemplaire est de :
300 g éq. CO_2
Rendez-vous sur
www.marabout-durable.fr

PAPIER À BASE DE
FIBRES CERTIFIÉES

Achevé d'imprimer en octobre 2021 par Liberdúplex en Espagne
pour le compte des Éditions Marabout (Hachette Livre)
58, rue Jean-Bleuzen, 92178 Vanves Cedex

ISBN : 978-2-501-14153-6
6639166 / 03
dépôt légal : août 2019